精 选 本

爱弥儿
Emile or On Education

【法】让-雅克·卢梭 著
檀传宝 傅淳华 陈国清 译

中国轻工业出版社

图书在版编目（CIP）数据

爱弥儿：精选本／（法）让－雅克·卢梭著；檀传宝，傅淳华，陈国清译．—北京：中国轻工业出版社，2016.10

ISBN 978-7-5184-1059-0

Ⅰ.①爱… Ⅱ.①让… ②檀… ③傅… ④陈…
Ⅲ.①教育思想－法国－近代 Ⅳ.①G40-095.65

中国版本图书馆CIP数据核字（2016）第187519号

总 策 划：石　铁
策划编辑：吴　红　　　　　　责任终审：杜文勇
责任编辑：吴　红　王慧超　　责任监印：刘志颖

出版发行：中国轻工业出版社（北京东长安街6号，邮编：100740）
印　　刷：三河市鑫金马印装有限公司
经　　销：各地新华书店
版　　次：2016年10月第1版第1次印刷
开　　本：710×1000　1/16　印张：16.00
字　　数：195千字
书　　号：ISBN 978-7-5184-1059-0　定价：48.00元

读者服务部邮购热线电话：400-698-1619　010-65125990　传真：010-65181109
发行电话：010-65128898　传真：010-85113293
网　　址：http://www.wqedu.com
电子信箱：1012305542@qq.com

如发现图书残缺请直接与我社读者服务部（邮购）联系调换
160334Y1X101ZYW

译者导读

一、卢梭和《爱弥儿》

卢梭（Jean-Jacques Rousseau，1712—1778）是18世纪法国杰出的启蒙思想家和教育思想家。《爱弥儿》这部著作系统、深邃和深入浅出地呈现了卢梭教育思想的精髓。

卢梭出身于日内瓦。他的父亲是一名钟表匠，他的母亲在生下卢梭一周后便离开人世。卢梭的少年时代、青年时代受到了舅父和华伦夫人的照顾。他曾求学、流浪，也做过秘书、仆役、伙计、家庭教师等多种职业。卢梭的成长如同他的人生一样复杂而有内涵。虽然卢梭没有受过正规的学校教育，但是勤奋的阅读造就了他的博学、自由和创造性人格。1742年，卢梭来到巴黎，后与狄德罗、伏尔泰、霍尔巴赫等启蒙学者相识，并参与了《百科全书》的撰写工作。1749年他参加法国第戎科学院开展的征文活动，以《论科学与艺术的复兴是否有助于使风俗日趋纯朴》一文，获得头等奖而一举成名。此后他又撰写了《论人类不平等的起源和基础》（1755）、《新爱洛伊丝》（1761）、《社会契约论》（1762）、《爱弥儿》（1762，又名《论教育》）等经典之作，晚年撰写了《忏悔录》《论波兰的治国之道及波兰政府的改革方略》等著作。《爱弥儿》的出版触怒了教会，这本书很快受到查禁。卢梭本人也因此受到了迫害，一度流亡国外。

卢梭是法国大革命的思想先驱。"他为反封建政治而倡说社会契约论，为反宗教压迫而呼吁自然神论，为反传统文明而否定科学艺术促进道德的进步，为反封建榨取、剥削而指出人类不平等的根源是私有财产制……至于他为反对戕害天性的陈腐教育而高呼自然发展的新教育，乃是他那多方面改造社会的一个组成部分,当然是它的极其重要的一个组成部分。"[1] 卢梭的教育思想主要体现在《爱弥儿》《新爱洛伊丝》和《论波兰的治国之道及波兰政府的改革方略》等著作中。在《爱弥儿》中,其教育思想的主要内容包括以下几个方面:

第一,关于人的自然天性。卢梭认为,由于上帝的恩赐,人生而禀赋着自由、理性和良心。自然状态的人性是善良的,由于社会文明尤其是城市文明的污染才使得人性扭曲。"造物主创造的东西都是好的,而一到了人的手里,就全变坏了。""人的心灵并不存在生来就有的邪恶。"人的堕落都是由于社会的负面影响。所以人和对人的教育都应该"归于自然",即顺乎自爱和怜悯等自然情感或天性。人当然也具有理性,使人可以学习知识和道德。但这一理性又只能通过尊重儿童发展的自然法则这一合理方式才能获得。

第二,自然主义的教育主张。卢梭教育思想的核心是"归于自然"。"大自然希望儿童在成人之前就要像个儿童的样子",所以"要按照你的学生的年龄去对待他"。教育的培养目标应当是身心调和发达的自然人。卢梭认为,儿童所受的教育包括自然的教育、事物的教育和人的教育。但是只有后两者与自然的教育趋于一致,这三种教育才能相互协调,获得良好的教育效果。教育应当遵循儿童的天性。教育者(教师、家长)不能强制灌输,而应创造学习环境,防止不良影响。在很多情况下,教育的作用不应是"积极"的,而应当是"消极"的。教育的目的是培养独立自主,追求平等、自由,能够自食其力的"自然人"。教育应当尊重儿童,给儿童以自由发展的权利。卢梭还按照自己的主张,设计了婴儿期、儿童期、少年期、青年期这四个阶段的教育过程。

第三,关于道德教育。卢梭认为道德教育、宗教教育应当在青春期进行。因为青春期是情欲发展的时期,也是人们开始意识到社会关系的阶段。卢梭认为应当培养那种能够克服情欲、遵照理性和良心的指引、恪尽责任的"有德之人"。但是应当依靠激发青年自然涌现的善良情感,防止卑劣情操的滋生的方

---

[1] 滕大春先生语。见:赵祥麟,主编. 外国教育家评传:第1卷[M]. 上海:上海教育出版社,1992:520.

式去实施这一教育。所以卢梭特别强调历史、寓言的学习,强调道德实践的磨炼,而坚决反对一味向儿童灌输戒律的道德教育模式。关于理想国家的公民教育,卢梭在《爱弥儿》中倡导培养自然人,认为自然人与国家公民是对立的。但是在另外一些论述(如给《百科全书》撰写的条目、《论波兰的治国之道及波兰政府的改革方略》)中,卢梭又强调在理想的国家中进行公民教育的重要性。卢梭认为,应当依据自然教育的原则,培养忠诚的爱国者。为此必须改变国家体制和教育制度。卢梭主张儿童都应当接受平等的教育。公民教育应当通过让儿童参加公众场合的集体游戏与竞技活动、在校内组成模拟政府的学生团体等方式加以实施。

比较吊诡的是,卢梭的《爱弥儿》受到查禁后,反倒因此获得了更为广泛的传播和深远的影响。《爱弥儿》很快就被称为教育的自然福音,卢梭也被誉为新时代的苏格拉底。据说当年康德在阅读《爱弥儿》时曾经爱不释手,竟然忘记了每天固定要到户外散步的时间! 杜威也曾经说过:"我们现在努力追求的改革,其要点已经被卢梭一语道破。"[1] 也有教育学者说,今天所有的教育原理卢梭在《爱弥儿》里都已经说过了。更有学者说,假设人类遭遇一场大火,只要柏拉图的《理想国》和卢梭的《爱弥儿》留存于世,纵使其他教育著作全都焚毁,教育园地仍然会馥郁芬芳[2]! 所以,尽管卢梭的观点用当代教育学、心理学的标准来看,还有许多不尽完美的地方,但是毫无疑问,他的教育思想已经成为超越时空的世界性的财富。

二、精选本的努力

本书是《爱弥儿》的精选重译本。在已经有多个全译本的情况下,之所

---

[1] 杜威. 明日之学校 [M]. 朱经农,潘梓年,译. 北京:商务印书馆,1993:1.
[2] 滕大春先生语。见:赵祥麟,主编. 外国教育家评传:第1卷 [M]. 上海:上海教育出版社,1992:543.

以要出版这本精选重译本,是希望节约读者的时间,同时又保证精确呈现卢梭的教育思想。因为这本书写得比较庞杂冗长,原书 800 多页的厚度常常让很多缺乏耐心的读者望而却步。

精选重译工作的标准,可以概括为一点:突显卢梭教育思想的精髓。依据这一标准,我们的主要工作就是删减书中旁出的论述政治、社会等方面的内容,尤其是剔除了占该书近八分之一篇幅的《萨瓦牧师的告白》。当然,我们对一些略显啰唆重复的内容也做了精简。在开展这项工作的时候,我们遇到一个显而易见的困难,那就是:怎样在删减诸多内容之后依然保持上下文的连贯。我们的做法是在保留全书基本逻辑结构的前提下,尽量保持论述的连贯性,在断裂的地方加上小标题——这是原书所没有的。这些小标题像路标一样,一来可以做区分,二来可以做指引。以第一卷为例,卢梭原文中并无标题,在契合该卷主题的情况下,虑及读者诸君的阅读方便,故为该卷添加了一个标题:婴儿期(0—2 岁)。与此同时,按照该卷的叙述逻辑,又将其分为六个部分,分别拟定了"成人与教育""自然的教育""爱弥儿和他的导师""教育的开始""生命的表达""语言的获得"等子标题。对其他诸卷皆做如此安排,希望读者能够喜欢。

在做"减法"的同时,我们也做了"加法"——为了保证读者能够完整地掌握卢梭的教育思想,我们还在附录部分选择了卢梭论述教育的三个重要篇章,方便大家阅读时做适当的参照和补充。

首先,我们选译了《忏悔录》中涉及卢梭早年生活经历的部分。因为,我们有理由相信,一个哲人——"三省吾身"之人,对自身生活经历的反思会在他的思想中体现出来。反之,他的思想也会影响他所过的那种生活,所谓"行之于途而应于心"是也。卢梭就是这样的情形,他是一个极富个性的思想家,他本人对自己的个性也有深刻的反思和认识,这种反思和认识集中体现在他的《忏悔录》一书中。生活即教育,因此,从某种意义上说,他的早年生活就是他的早期教育。

其次,我们还选译了《论波兰的治国之道及波兰政府的改革方略》涉及公共教育发展的部分。在《论波兰的治国之道及波兰政府的改革方略》一书中，卢梭为波兰政治改革提出了一系列建议，包括在教育方面应该采取的措施。18世纪时，人们还不怎么关注公共教育。即便在《爱弥儿》一书中，卢梭论述的也是私人教师对儿童个体进行的教育。在此，我们从《论波兰的治国之道及波兰政府的改革方略》中节选出与公共教育相关的两章，以便更全面地展现卢梭对教育的思考。

最后，我们还选译了《新爱洛伊丝》中涉及卢梭家庭教育思想的部分。《新爱洛伊丝》是一部书信体小说，由小说主要人物之间的一系列书信来往构成。这封长信是朱莉（即德·伏尔玛尔夫人）的旧情人圣·普栾写给米罗德·爱德华的。信中主要记叙了"我"（圣·普栾）和伏尔玛尔夫妇关于儿童教育思想的讨论。作为一本差不多和《爱弥儿》同时期出版的著作，该书中的大部分教育思想在《爱弥儿》这本教育巨著中都有体现，细心的读者当在寻找这一联系的过程中，体会其思想发展的轨迹及整体阅读的乐趣。

总之，正是基于对这三个重要篇章价值的认可，我们才对其进行了选译，希望能够帮助读者更好地、更精确地、更全面地理解《爱弥儿》以及卢梭的教育思想。

本书的精选重译工作由本人规划，具体节录翻译分工如下：傅淳华主要负责原著序、第一卷、第二卷、第五卷、附录一的翻译；陈国清主要负责第三卷、第四卷、附录二和附录三的翻译。本人则通读了全部书稿，并对一些具体问题提出了修改意见。两位译者十分努力的工作，为实现本书的出版初衷奠定了坚实的基础。

需要特别说明的是，《卢梭全集》的中译本已于2012年出版，且卢梭的一些代表作有许多中译本。我们的摘录与重译工作直接受惠于这些前人的贡献，特别是李平沤和彭正梅两位先生的译文，在此表示诚挚的感谢。

檀传宝

2015年9月9日

于北京京师园三乐居

原 著 序

这本包含我诸种思考与观察的文集,并没有什么次序与连贯性可言,它的诞生原是为了博取一位善于思考的贤良的母亲一笑。起初,我只打算写一篇短文。但我所探讨的话题使我不由自主,在不知不觉中一篇短文就变成了一本书。当然,就其内容而言,这本书的分量是太大了;但就其所解决的问题而言,它还是太小了。在很长一段时间内,我都犹豫着是否要出版这本书。而且在写作的过程中,我深深地感到,虽然我写过几本小册子,但是我仍不知道如何著书立说。我原本想把这本书写得好一些,但几次努力都没获得什么成效。不过,我觉得我有责任按这本书的原样将其发表,以便引起公众对这一问题的注意。即便我的想法有所偏差,但若能抛砖引玉,激发其他人产生良好的看法,那我的时间也便不算白费。一个惯于独处的人,把他的文章公之于众,既没有吹捧者,也没有任何的辩护,甚至不知道人们对他的文章会有何思考或谈论。如此,即便他的见解有误,他也不用担心自己的错误会被人们未经省察地接受。

良好教育的重要性无须我赘言,一般教育方法的恶劣之处更无须我去论述。因为这些事情已经有许多人先我而做了,我绝不想拿这些人人皆知的常识来填塞这本著作。我只想指出,在漫长的岁月里,很多人在大声控诉这种旧有的教育方法,却始终未有人试图提出一套更好的方案。我们这个时代的文学与科学,倾向于破坏的成分要多于倾向于建设的成分。人们总是以师长的口吻提出各种非难,至于为了提出建议而采用的另一种口气,高傲的哲学家往往并不喜欢。尽管许多人声称自己著书立说的目的,都是为了有益于社会福祉,然而一项最重要的有益于社会福祉的事业,即教育人的事业却被人们忽视了。在洛克[1]的著作问世之后，我阐述的这个主题，一直无人触及。我非常担心，在这本书出版之后，此种状况依然没有什么改观。

其实，我们对儿童一无所知。这样，怀着一种错误的观念，人们走得愈远，便愈会误入歧途。对于所谓的聪明人来说，他们致力于研究成人应该知道什么，却从不考虑儿童依其能力可以学到什么。他们总是把儿童当作大人看待，却不知道他们还尚未成人。我研究的正是这一问题。因此，即使我提出的方法是古怪的、荒谬的，我的见解也依然有其价值。至于应该做些什么，也许我的看法有些不对头，然而我相信，我已经清晰地看到人们必须着手解决的问题了。因此，最好先从研究你的学生开始。因为很明显，你其实对你的学生并不了解。如果你抱着这种观念来阅读这本书，那么，我相信它不会对你毫无用处。

至于人们所说的操作部分，在这里并非别的东西，只是自然[2]的运行而已，而这一点最容易使读者误入歧途。毫无疑问，也就是在这里，我会遭遇人们的攻击和非难。而且，人们的批评也许是对的。人们将来会认为，他们阅读的不是一本教育著作，而是一个空想家对教育的幻想。有什么办法呢？我所写的并不是别人的教育观点，而是我自己的教育观点。我的观点跟别人的观点毫不相同。长久以来，人们一直在指责我这一点。难道要让我借助别人的视角或采纳别人的观点吗？不！我不会改变自己的意见，但我会大胆质疑自己的观点。这便是我能做的一切，而我已经都做了。我在本书中有时候会采用断然的语气，但那绝不代表我要把自己的观点强加给读者，而是为了向读者阐述我的所思所想。

在自由地阐述我的意见时，我并不想将之视为权威，所以我总连带着说明

---

[1] 洛克（John Locke，1632—1704），英国哲学家和教育家，其教育代表作有《教育漫话》。——译者注

[2] "自然"无疑是卢梭教育思想中最重要的概念。他认为应该尊重自然的进程，由此产生了"消极性教育""需要法则"等思想。另外，自古希腊开始，"自然"和"习俗"就是两个互相对立的概念。在卢梭这里，是"自然（状态）"和"社会（状态）"的对立。英文单词"nature"有"自然、天性、本性、本质"之意，希望读者在读到这些不同的中文词语时，能想到它们对应的是同一个英文单词。——译者注

我的理由，以便别人加以衡量并评判我这个人。尽管我不愿意固执地维护我的观点，然而我认为自己有责任将这些观点发表出来。因为对于这些原则，我的观点可能会与别人的观点相左，但它们绝不是可有可无的。我们必须了解这些原则的真伪，了解这些原则是可以为人类造福，还是会给人类带来不幸。"提出可行的办法"，人们一再向我说道。同样，人们也对我说，要采取那些已经实行的办法，或者在最低限度上要使好的办法与已有的坏的办法结合起来。这样的做法比我的想法更加荒唐。因为，这样一来，好的便会变成坏的，而坏的则没有任何改观。我宁可循规守矩，也不愿把好办法只采用一半。这样一来便不会给人造成太多的冲突，毕竟一个人不能同时追求两个相反的目标。做父母的人啊，可行的办法便是你们期望用到的办法。我是否可以信赖你们的意愿呢？

任何办法都要考虑以下两个方面：第一，它本身就是好的；第二，它很容易被实行。

关于第一个方面，为了使办法本身更具可接受性和可操作性，只要它的优势符合事物的性质便可。举例来说，我们提出的教育方法须适合人，且应很好地适合人心。

至于第二个方面，它受制于特定情境中的特定关系。这些关系对事物而言往往是偶发的，且包含多样的变化，因而并不具有必然性。由此，一种教育可能在瑞士行得通，但在法国不一定行得通。另一种教育可能适用于中产阶级，却不一定适用于贵族。至于实施的难易程度，则受制于诸多环境因素。至于最终的结果，则要看其具体应用于哪个国家、哪个阶级。但就目前而言，所有这些特殊的应用问题，对于我要论述的主题来说并不重要，因而并没有列入本书的讨论范围。如果其他人愿意，可以就相关问题进行研究，每个人都可以研究他心中想研究的国家或者情况。至于我，只要做到这一点就足够了，即无论人们出生在哪里，都可以采用我提出的办法。而且，只要能把他们培养成我所想象的人，那对于他们自己和别人来说，都是一件有益的事情。如果我无法履行这一诺言，那无疑便是我的错了；如果我履行了这一诺言，而人们还要强加更多的要求，那便是他们的错了。因为我所承诺的，只是这一点。

目　录

译者导读 ·· I
原著序 ·· VII

第一卷　婴儿期（0—2岁） ·· 1
　　一、成人与教育 ··· 1
　　二、自然的教育 ··· 7
　　三、爱弥儿和他的导师 ··· 17
　　四、教育的开始 ·· 22
　　五、生命的表达 ·· 27
　　六、语言的获得 ·· 30

第二卷　儿童期（2—12岁） ······································· 33
　　一、开启新的阶段 ··· 33
　　二、童年的幸福 ·· 35
　　三、需要的法则 ·· 47
　　四、消极性教育 ·· 52
　　五、身体的训练 ·· 67
　　六、感觉的训练 ·· 70
　　七、孩子的成熟 ·· 80

第三卷　少年期（12—15岁） ······································ 85
　　一、当力量超过需要 ·· 85

二、自然科学的学习 ·· 87
　　三、孩子的理解范围 ·· 93
　　四、认识自然的状态 ·· 96
　　五、应习得一门手艺 ·· 98
　　六、爱弥儿已然 15 岁 ·· 102

第四卷　青年期（15—20 岁） ·· 107
　　一、青春的发育 ·· 107
　　二、欲念的滋长 ·· 108
　　三、情感的培养 ·· 112
　　四、历史的学习 ·· 116
　　五、虚荣心的根治及同情心的培养 ································ 121
　　六、信仰的培植 ·· 125
　　七、青春的安放 ·· 127
　　八、进入到社会 ·· 131

第五卷　婚姻 ·· 139
　　一、青年期的尾声 ··· 139
　　二、女子的教育 ·· 139
　　三、苏菲的形象 ·· 159
　　四、爱弥儿和苏菲 ··· 166
　　五、爱弥儿的游历 ··· 179
　　六、爱弥儿和苏菲的结合 ··· 187

附录一　卢梭的早年生活——《忏悔录》节选 ················ 191
附录二　卢梭的公共教育思想——《论波兰的治国之道及波兰
　　　　　政府的改革方略》节选 ··· 207
附录三　卢梭的家庭教育思想——《新爱洛伊丝》节选 ········ 213

第一卷　婴儿期（0—2岁）

一、成人与教育

　　造物主创造的东西都是好的，而一到了人的手里，就全变坏了。人强使一种土壤长出另一种土壤才可生长的东西，强使一种树木结出另一种树木才有的果实。他使得时间、空间和自然条件变得混乱不堪。他残害他的家犬、马匹和仆人。他摧毁一切，破坏万物的本来面目。他迷恋畸形且丑陋的东西。他不要自然造就的一切，甚至对人也是这样，要把人像驯马一样加以训练，像对待花园里的树木一样，塑造成他钟情的样子。但是，没有这种教育，事情可能会变得更糟，人便难以成之为人。在现实情况下，一个生来无法得到教育的人，很可能会变成一个怪物。偏见、权威、需要、惯例以及一切使我们深陷其中的社会制度，都将扼杀他的天性，而不会给他提供任何助益。他的天性就像一株偶然生长在大路中间的幼苗，被过往的行人肆意践踏。

　　我恳求你，温柔而有先见之明的母亲啊！只有你才能使这株幼苗远离大路，保护这株幼苗，使它免遭社会习俗的破坏。你要好好地照料并浇灌这株幼苗，终有一天，它结出的果实会报答你的养育之恩。从一开始，你就要为孩子的灵魂筑起一道围墙，其他人或许可以描绘出这道围墙的范围，但唯有你才能将之付诸实践。

　　植物的生长需要栽培，而人的成长则依赖教育。如果一个人生来就又高又壮，但是在他正确地学会使用他的身体和力量之前，他的禀赋对他来说可能毫无用处，甚至还会因此而无法获得他人足够的关注，进而伤害到自身。于是，他孤孤单单的，在还没有明白自身的需要之前就死去了。我们哀叹着儿童期的无助，但是我们没有意识到的是，如果没有儿童期，人类或许早已灭亡。

我们生来柔弱，所以需要力量；我们生来无助，所以需要帮助；我们生来愚顽，所以需要理智。我们出生时所缺乏的一切，我们长大成人后所需要的一切，都来自教育的馈赠！

我们的这种教育，或是源自自然，或是源自人，或是源自事物。我们的身体与能力的内在发展，是自然的教育；别人教我们如何利用这种发展，是人的教育；我们从周围环境中获得经验，则是事物的教育。

我们每一个人都受益于这三种教育。就个体而言，如果这三种教育相互冲突，那么这个学生就会受到坏的影响，而且将永远不合他的心意；如果这三种教育协调一致，那么他就会实现自己的目标，而且生活得安宁。这样的人，才算是受过良好教育的人。

目前来说，在这三种不同的教育中，自然的教育完全不能由我们决定，事物的教育只能部分地由我们决定，而只有人的教育才是我们能够真正掌控的。即便如此，这种控制在很大程度上也只是假设的，因为，谁能够对孩子周围所有人的言行都加以控制呢？

一旦教育被视作一门艺术，它的成功就几乎是不可能的了，因为成功的前提是一切都可控。我们的努力可以使我们不断地接近目标，但要真正实现这一目标，还需要有一些运气。

那么，这个目标是什么呢？正如我们刚刚揭示的，它就是自然的目标。既然这三种教育必须相互协调，那么我们就要使这两种能够控制的教育配合另外一种我们无法控制的教育。也许"自然"这个词的含义太含糊了，那就让我们努力去定义它吧！

有人说，自然就是一种习惯。这是什么意思呢？不是有一些强制养成的习惯始终无法扼杀天性吗？例如，一些被我们控制着无法垂直生长的植物，就具有这样的习性。这些植物虽然保持着人为的形态，但是它们的汁液并没有因此而改变原有的方向。而且，如果这些植物继续生长，它们还是会恢复垂直的方向。人的习性同样如此。只要环境不变，人由习惯产生的习性仍然能被保持得很好，尽管这些习惯对他们来说是最不自然的。但是，只要环境改变，人的习惯就会消失，天性又会恢复过来。教育确实不过是一种习惯而已。不是有一些人忘记或遗失了自己所受的教育，而另外一些人保持了他们接受的教育吗？这种差异从何而来呢？如果"自然"这个词只限指适合天性的习惯，那我们就无须赘言了。

我们生来就很敏感，并且自出生始，我们就通过各种方式受到周围环境的影响。当我们开始意识到自己的感觉时，我们就会趋向于寻求或逃避产生这些感觉的事物。我们首先要看这些事物是否让我们感到愉快，其次要看它们是否适合我们，最后则要看它们是否符合理性赋予我们的关于幸福与善良的观念。随着理性的发展，这些倾向会变得日益有力而持久。但是，由于受到习惯的遏制，它们或多或少都会因我们的见解而发生不同程度的改变。而在发生这一变化之前，它们便是我所说的内在的自然。

因此，一切都应与这些自然的倾向保持和谐。当然，若我们所受的三种教育仅是有所不同，这也是可以的。但是，当这三种教育彼此相互冲突的时候，当培养一个人不是为他自身，而是为了其他人的时候，我们又能做些什么呢？很显然，这三种教育之间要保持和谐是不太可能的。由于与自然或社会的斗争在所难免，所以我们必须在培养一个人和培养一个公民之间做出抉择，这二者不可能兼得。

凡是较小的社会群体，当它内部很团结并且与其他群体疏离时，往往倾向于脱离更大的社会群体。可以说，一切爱国者都讨厌外国人，在他们眼里，这些外国人只不过是人，与他们并没有什么瓜葛。这种缺陷是无法避免的，但这并不重要，重要的是我们应该善待我们的邻人。在面对外国人时，斯巴达人自私、贪婪并践踏公正，然而在他们国内，却处处洋溢着无私、公正与和谐。请不要再相信那些世界主义者了，他们在书中鼓吹要去遥远的地方探求不屑于在自己周围履行的义务。而这样的哲学家之所以爱鞑靼人，就是为了避免爱自己的邻人。

自然人只为他自己活着,他是数的单位,是绝对的统一体,只依赖于他自己和他的同胞。公民只不过是分数的分子,其价值取决于分母,取决于他与总体(即社会)的关系。好的社会制度是这样的制度:它知道怎样才能使人改变他的天性,怎样才能消除他的独立的特质而使之具有依赖性,进而融入群体之中。这样,他便不再把自己视为独立的个体,而是看作群体的一部分,并且只认同这种共同的生活方式。罗马公民既不是凯厄斯[1],也不是卢修斯[2],他就是一个罗马人,他爱自己的国家远胜于爱自己。战俘雷古鲁斯[3]宣称自己是一个迦太基人,作为一个外国人,他拒绝了罗马元老院提供的席位,除非出自迦太基人的命令。对那些挽救他生命的想法,他均报以蔑视。他有自己的决断,那就是慨然赴死。可以说,雷古鲁斯与今人之间并无很大的相似性。

　　斯巴达人佩德瑞特提交了加入三百人会议的申请,但他被拒绝了。然而,鉴于斯巴达已有三百个胜过他的人,他也就高兴地离开了。而我们也没有理由怀疑他的真诚。他,就是公民!

　　一位斯巴达母亲的五个儿子随军出征。一次一个农奴来了,她颤抖着向他询问最新的战况。"您的五个儿子全部阵亡了!""贱奴,谁问你这个?""我们取得了胜利!"于是,这位母亲便匆忙赶去神庙感谢神灵。她,就是公民!

　　如果一个人在社会生活中把自然的感情摆在第一位,他必定无法知道自己的需要。而如果他在自己的欲望与责任之间犹豫不决,并一直为这种内在冲突所困,他将既不能成为一个人,也不能成为一个公民,对自己和他人都无甚益处。这个人可能是当今时代的法国人、英国人,也可能是一个中产阶级者。

---

[1] 凯厄斯(Caius),曾担任罗马执政官。——译者注
[2] 卢修斯(Lucius),曾担任罗马执政官。——译者注
[3] 雷古鲁斯(Regulus,前307?—前250),古罗马政治家和将军。公元前250年,在罗马与迦太基的战争中,雷古鲁斯和其率领的500名罗马士兵被迦太基人俘虏。后来,迦太基人企图通过他与罗马人议和并交换战俘。但是,雷古鲁斯回到罗马后在元老院发表演说,指出元老院绝不能与迦太基人议和。之后,元老院劝他留在罗马,可是他自愿回到迦太基,履行自己对迦太基人的诺言,后被酷刑处死。——译者注

要成为能够建功立业、独立自恃并始终如一的人，就必须言行一致，必须明晰他所应采取的路线，并能够积极、执着地坚持这一路线。当我能见证这个奇迹时，我便能知道他是一个人还是一个公民，或者他是如何做到既是人又是公民的。

从这两种对立的教育目的中，产生了两种相互冲突的教育制度：一种强调公共与普适，另一种强调个体与家庭。

如果你想知道公共教育意味着什么，可以去读一读柏拉图的《理想国》。这本书并不像那些仅凭书名就进行判断的人所想的那样，是一本政治类的著作。事实上，这是一本迄今为止最好的教育著作。

在大众的评价中，柏拉图的制度意味着空想和不切实际。但在我看来，莱喀古士的制度如果仅仅停留于笔端，可能更不切实际。柏拉图只是寻求净化人的心灵，而莱喀古士却改变了人的天性。

公共教育机构已不复存在，而且也不可能存在，因为在没有国家的地方，也就不会有真正的公民。"国家"与"公民"这两个词其实都应该从我们的语言中剔除出去。至于原因，我是很清楚的，但由于它与当前的论述无关，所以我就不多说了。

至于那些可笑的学院，我从来都不把它们视作公共教育机构，我也不会把流行的教育归于它的名下，因为这种教育同时追求着两个相反的目的，最终却一无所获。它只能培养出一些伪君子，他们表面上宣称帮助他人，其实处处都在为自己着想。但是，这样的宣称骗不了任何人，因为每个人都有相同的秉性，所以他们也只是枉费心机罢了。

我们的内在冲突就是由这些矛盾导致的。由于被自然和人引向不同的道路，并且不得不屈从于这两种力量，我们便不得不做出妥协，终究哪个目标都无法实现。这样，我们终生都在挣扎与彷徨，以致在未能了却自己的心愿，未能对他人有所贡献的时候，就溘然长逝了。

现在让我们谈一谈家庭教育或自然的教育。如果一个人只是为他自己而接受教育，那么他对别人有什么意义呢？如果能够将这两种教育目的合二为一，从而消除人的内在矛盾，那么我们就消除了通往幸福生活的障碍。要对一个人进行判断，你就必须看他成人以后的状态。你必须在了解他的倾向、观察他的进步、明白他的发展道路之后，才能对其进行判断。总之一句话，我们必须了解自然的人。当你阅读完这本书之后，我相信你会在这个问题上有所收获。

要培养这样一个卓越的人，我们需要做些什么呢？实际上，我们有许多工作要做，但最重要的是要避免无所事事、一事无成。当逆风行舟时，我们只要换个方向，迂回行驶就可以了。但是，当海面上波涛汹涌，而我们要停在原地时，就必须立即抛锚。当心啊，年轻的舵手，在你发现之前，别让船的缆绳松了，别让船锚动摇。

在社会秩序中，每个人都有属于自己的位置，而这需要通过教育来获得。如果一个人离开了自己的位置，他就会无所适从。只有当命运与他父母的选择相一致时，他所受的教育才是有用的。否则，教育将通过自身造就的偏见，伤害到它的学生。在埃及，儿子不得不依从他父亲的身份，所以教育至少有一个确实可以达到的目的。在我们这里，虽然社会等级保持着稳定，但是构成不同等级的人一直在变化。谁也无法确知，教育儿子获得其父的地位，这样做会不会害了孩子。

在自然秩序中，人人都是平等的，他们共同的天职就是获得人性。因此，一个受过良好教育的人，就不会忽视这一目标及其相关要求。事实上，我的学生打算做军人，还是做教士，或者是做律师，我都没有什么意见。在他的父母为他选择一种职业之前，大自然会让他先成为一个人。生活，这就是我教给他的本事。从我的门下出去，我承认，他可能既不是文官，也不是军人或牧师，但他将是一个人。一个人应该怎样做人，他都能很快学会。命运无法让他改变地位，他将始终处在他的位置上。

我们真正研究的对象是人及其环境。在我看来，我们中间谁最能经得起生活中的安乐与忧患，谁就是受了最好教育的人。由此可见，真正的教育更多地在于实行而非口训。当我们开始生活时，我们就开始接受教育了。我们的教育始于我们自己,我们的第一位教师就是我们的保姆。古人也常用"教育"(Education)这个词来表达另一层含义,即"养育"(Nurture)。瓦罗[1]说过:"助产士接生,乳母哺育,塾师启蒙,教师教导。"因此,教育、训练和教导是三件事情,它们的目的也像保姆、塾师和教师的一样,各不相同。但是,这些差异并不应全被接受,儿童只应该接受一种目的的引导。

我们必须观察一般的问题而非特殊的问题,并且将学生视为抽象的人——他们无时不受着充满变化与偶然的日常生活的影响。如果一个人生来就被固定在我们国家的某一个地方,如果一年中没有任何季节之分,如果每个人都听天由命以致不会有任何改变,那么现有的教育方法在某些方面还是有一定价值的。一个儿童为取得与其相适应的地位而接受教育,由于永远不能脱离这种地位,所以他也就永远不需要面对其他环境带来的种种困难。但是,鉴于人生的无常本性,鉴于我们这个时代的动荡不安的精神状况,并且每一代人都会颠覆前人的功业,我们还能想出比把儿童当作永远不出家门、时刻都有人伺候的人来培养更愚蠢的计划吗?只要这个可怜的人迈开脚步在地上行走,只要他走一步下坡路,他就会迷失自我。我们所做的这一切,并不是要教他忍受这种痛苦,而是要让他感知这种痛苦。

二、自然的教育

人们往往只想着如何保护他们的孩子,这显然是不够的。我们应该教育孩子成人后怎样进行自我保护;教育他承受命运的打击;教育他勇敢地面对富贵与贫穷;教育他在必要的时候,也能够生活于冰岛的冰天雪地里与马耳他岛的灼热岩石上。你保护他不致死亡只是枉费心机,他终归是要死的。虽然他的死并不是由你的悉心照料造成的,但是你花费的一番苦心还是可能会被误解。所以,不应教他如何避免死亡,而应教他如何生活:活着,并不仅仅意味着呼

---

[1] 瓦罗(Varro,前116—前27),古罗马学者和作家。——译者注

吸，还意味着行动，意味着充分运用我们的感官、精神和才能，运用能让我们感觉到自身存在的每一个部分。生活得最有意义的人，并不是活的岁数最大的人，而是对生命最有感受的人。一个人可能活了 100 岁，但他可能从未真正生活过，这样，他还不如在年轻的时候就走进坟墓呢！

我们的智慧都是奴隶的偏见，我们的一切习俗都充斥着奴役、强制与压迫。文明人生而为奴，死时亦为奴：他一出生就被束缚于襁褓中，他一死就被钉在棺椁中。终其一生，人都被各种制度囚禁。

据说，许多助产士精通于通过按摩新生儿的头来让他有一个更好的头形，而人们也允许她们这么做。也许是因为造人的上帝没有把我们的头造得足够好，所以，才需要由助产士来塑造它的外形，由哲学家来充实它的思想。在这方面，加勒比地区的人倒是比我们幸运。

初生的婴儿需要活动并舒展他的四肢，以便从由长久的蜷曲状态导致的僵硬中解脱出来。事实上，婴儿的四肢确实伸展着，但人们不让它们自由活动。即便是头，也被帽子限制着，人们仿佛害怕婴儿看起来有活着的样子。

这样一来，促进孩子生长的内在动力，便在它要给孩子以必要的运动时遭遇了不可逾越的障碍。孩子徒劳地挣扎着，以致耗尽了体力，或者延缓了他的发育。相比较而言，他在子宫里可能更加自由，更加无拘无束。降临于世并没有给他带来任何益处。

人们把孩子的四肢束缚起来，他们感到十分拘束，以致无法活动，这样做只会抑制血液与体液的流动，妨碍孩子身体与力量的发展，并对他的体质造成损伤。而在不采用这些荒谬的防护措施的地方，所有的人都长得高大强壮，身材都十分匀称。凡是在用襁褓包裹孩子的地方，到处都可以看到驼背的、跛脚的、膝盖内弯的，患有佝偻病以及其他各种疾病的人。人们害怕孩子的身体因自由活动而变得畸形，结果却逼着孩子长成畸形。人们害怕孩子会伤害自身，结果却使他们变得无能。

像这样残酷的束缚，难道不会影响孩子的健康与脾气吗？他们的第一个感觉，就是一种痛苦的感觉。他们发现自己每一个必要的活动都受到了限制，他们比戴着镣铐的囚犯还要悲惨，在徒劳的挣扎中，他们极易变得愤怒，号哭不止。事实上，孩子发出的第一个声音就是哭泣。因为，他们一出生便受到无情的束缚。他们得到的第一件礼物是镣铐，他们受到的第一种待遇是苦刑。除了发出声音之外，孩子毫无自由，他们怎能不用声音来表达他们的控诉呢？他们之所以哭泣，是因为你们对他们造成了伤害。如果你们也被这样束缚着，也许会哭得比他们更厉害呢。

这种无知与不合自然的习俗源于何处呢？母亲们轻视她们最为重要的责任，不愿意哺育自己的亲生子女。婴儿只能被交给受雇的保姆来照料。这些保姆会觉得她们照顾的是陌生人的婴儿，与自己并无天然的关联，所以她们便会想方设法尽量减少自己的麻烦。自由自在的婴儿需要一刻不停地被照看，但是，当把他们紧紧包好之后，就可以随意放在一个角落里，随他啼哭了。只要保姆的漠不关心没有被察觉，只要那小婴儿不弄伤自己的胳膊和大腿，那么，哪怕是死了或者终身都身体孱弱，又有什么关系呢？人们保全了孩子的手足，却损害了他们的身体。而且，无论产生什么不良的后果，人们都不会认为这是保姆的过错。

那些美丽的母亲放弃了哺育自己孩子的责任，在城市里寻欢作乐。她们可曾知道孩子在乡村是怎样被对待的？当保姆忙碌的时候，她们便把孩子当作一包衣服似的搁在一边。当保姆空闲下来做自己的事情时，孩子还是会受到那样的折磨。我们发现，在这样的情况下，孩子的脸色往往发紫，他们的胸部被捆得紧紧的，血液无法正常流动，于是便集中到了头部。人们原以为这个受苦的孩子非常安静，实际上是因为他已没有哭泣的力量了。我不知道一个孩子在这种情况下能够活多久，但我想应该不会太久。

我们还没有想到过要把小猫、小狗包在襁褓里，然而，没有受到精心的呵护，它们的情况变得更糟了吗？我承认，婴儿更加笨重一些，相比之下，他们也更柔弱。他们刚刚能活动，怎么就能伤害到自己的身体呢？如果你让他们躺着，他们可能会一直躺在那里直至死去，就像乌龟一样，永远都翻不过身来。虽然女人们已经不再给孩子哺乳了，但她们还不满意，她们竟然想不生孩子，其后果是自然的。由于母亲的身份已经成为一种负担，所以她们想出了各种办法以避免怀孕。她们的这种行为，再加上其他导致人口减少的种种做法，已经向我们预示了欧洲来日的命运——它所产生的艺术与科学、哲学与道德，将很快使它变成一片贫瘠之地。它将会变成野兽的家园，它的居民将陷入悲惨的境地。

我曾见到一些年轻母亲玩的小把戏，她们假装愿意给孩子哺乳。她们知道别人一定会劝阻她们的。她们巧妙地使她们的丈夫、医生，特别是母亲和婆婆出来干涉这件事情。因为如果有丈夫想让自己的妻子给孩子哺乳，他就会失去体面，人们会把他当作一个想害死妻子的凶手。因而，精明的丈夫为了家庭的和睦，就会牺牲他的父爱。幸运的是，你们可以在乡村找到比你们的妻子更加克制的女人。如果你们的妻子因此而省下的时间，能够都花在你们而非别人身上，那你们就更幸运了！

妻子的责任是毋庸置疑的，然而，由于她们轻视这种责任，所以她们就会争辩说，由母亲哺乳和由陌生人哺乳对孩子来说是一样的。这个问题需要由医生来裁决。不过，在我看来，这个问题已经按照女人们的愿望解决了。我觉得，如果担心孩子会从生育他的母亲那里受到进一步的恶劣影响，那么宁可让健康的保姆来给孩子哺乳，也不要交给那种被宠坏了的母亲来哺乳。

但是，这个问题是否应该仅仅从生理的角度加以考量呢？孩子需要的母亲的关怀是否仅限于她的奶水呢？其他的女人，甚至畜牲都可以给孩子以母亲可能无法给予的奶水，却无法代替母亲去爱他。

那些不给自己的孩子哺乳，却给其他人的孩子哺乳的女人都不是称职的母亲，这样的人怎么能成为一个好保姆呢？也许，过一段时间后，她会变成一个好保姆，那时习惯将克服天性。但是，在保姆对孩子产生真正的母爱之前，或许孩子已经死过一百次了。

显然，这样产生的母爱之情有诸多害处。而这些坏处都足以使一切重感情的女人不敢把自己的孩子交给别人去哺育。因为，这意味着她将与他人分享自己做母亲的权利，甚至将这种权利完全交给一个陌生人。她将看着自己的孩子对别人的爱超过自己,她将感受到孩子对亲生母亲的爱只是一种礼数,而对养母的爱却是一种责任。

  为了解决这个问题,她们教唆孩子轻视他们的保姆,把她们仅仅当作佣人来看待。当保姆的授乳期一满,她们就会把孩子领回家,或者把保姆辞退。当保姆来看她曾哺育过的孩子时,总会被报之以冷漠。几年以后,孩子就再也见不到他的乳母了。孩子的母亲以为这样就可以取代保姆,以为用这种冷酷无情的方式就可以弥补她自己造成的过失。实际上,她大错特错。她培养出来的不会是一个孝顺的孩子,而是一个忘恩负义的代养子。她教自己的孩子忘恩负义,正如他现在看不起自己的保姆一样,日后他也会鄙夷自己的生母。

  如果我所谈的这些不会让人感到沮丧,我是多么想再详细地论述这一点啊!这关系到许多你想都没有想过的事情。你愿意让所有人都担负起他们的首要职责吗?那就从那些做母亲的人开始吧!这样做带来的结果将会让你感到惊讶。所有的恶果都是由最初的过错导致的:整个道德秩序被打乱了,人的天性被扼杀,家庭中充斥着悲观的氛围,发生于一个家庭的动人的情景再也无法唤起丈夫的爱意,以及外人的尊敬了。不把孩子带在身边的母亲也无法获得足够的尊重。家庭生活不复存在,习惯也无法强化血缘的关系。父不父、母不母、子不子、兄不兄、妹不妹,大家几乎成了陌生人,怎么能相亲相爱呢?每个人首先想到的都是自己。当家庭沦为一个让人沮丧的地方时,我们就只能从其他地方来获得快乐了。

  如果母亲们都能亲自哺育自己的孩子,那么,道德风气就会随之发生变化。自然的情感将在每个人的心里振奋起来,国家的人口又将因之而变得兴旺。这是首要的一点,它可以使一切都变得融洽起来。家庭生活的吸引力是抵抗坏风气毒害的最好的解毒剂。孩子们的吵吵闹闹,我们原来感到很厌烦,现在也变得很有趣了。父亲与母亲也更加依赖对方,深爱着对方,他们的夫妻关系也变得更为亲密了。在这令人愉快的家庭生活中,母亲找到了她最乐意承担的责任,父亲也找到了最让他感到开心的事情。这样,一个恶习的改变就会引发大范围的改变,自然也将随之恢复常态。一旦女人负起做母亲的责任,男人自然也会成为好丈夫和好父亲。

我的这些话其实徒劳无益！当我们厌倦了日常生活的快乐时，我们就再也不会感受到家庭的快乐！女人已经放弃了作为母亲应尽的责任，她们现在不会，将来也不会承担这种责任。虽然她们愿意承担自己的责任，但是她们能做到吗？事实上，相反的风气已经根深蒂固。每一个愿意亲自哺育孩子的母亲都必须同周围的反对态度做斗争，因为她们反对这种没有做过的行为，而且也不愿意学习这种行为。

但是，有时候仍会有一些天性善良的年轻女性，敢于在这个问题上抗拒这种不良的风尚，敢于抗拒其他女人的叫嚣，完成自然赋予她们的高尚使命。但愿因此而为这些女人带来的益处，能够吸引更多的人参与其中。根据最简单的道理，及未曾遭遇怀疑的事实所得出的结论，我敢向这些伟大的母亲保证，保证她们将获得她们的丈夫坚定不移的爱情、她们的孩子真诚的孝顺以及世人的尊敬；保证她们顺利地分娩，毫无不良的后果；保证她们身体健康，精力充沛。终有一天，她们将看到自己的女儿也以自己为榜样，其他人也会将其视为典范。

母不母，则子不子，他们之间的义务是相互的。如果一方没有很好地尽自己的义务，则另一方也不会很好地尽其义务。孩子只有知道应该爱他的母亲，他才会爱她。如果血肉之情得不到习惯的强化，它将很快消失，孩子的心可能在他还未出生之前就死了。从一开始，我们就偏离了自然的轨道。

当一位母亲不是不关心孩子，而是过度关心孩子时，她就会从另一条相反的道路偏离自然。她往往会把孩子变成自己的偶像。她本来是为了不让孩子感觉到自身的娇弱，却把孩子养得越来越娇弱。她希望孩子免受自然法则的危害，使之远离各种各样的痛苦体验，但她并未意识到，由于她想让孩子少受一些微不足道的折磨，孩子的未来将因此埋下各种各样的灾祸与危机。她没有想到这样的好心之举是多么残酷，它使得孩子幼年的娇弱延续下去，以致在成年后无法承受种种劳苦。

有一则寓言讲道，忒提斯为了使自己的儿子刀枪不入，便将其浸入冥河的水中。这则寓言的寓意十分明显。可是我所说的那些残酷的母亲，她们的做法却完全不同：她们让自己的孩子沉浸在温柔乡里。这实际上是为他们准备苦难，实际上是在把他们身上的毛孔打开，让各种疾病侵袭，以致他们长大之后，成为各种疾病的牺牲品。

观察自然，跟着它所指示的道路前进。它在持续不断地锻炼着孩子，它用各种各样的困难磨炼着孩子，它将很快教会孩子什么是痛苦与失败。出牙的时候，使他们发烧；肠腹疼痛的时候，使他们产生痉挛；咳嗽厉害的时候，使他们喘不过气来；肠虫会折磨他们；多血症会败坏他们的血液。各种各样的微生物在血液中发酵，引起危险的斑疹。在婴儿时期，他们差不多都是在疾病与危险中度过的。出生的孩子有一半在8岁前就去世了。通过这些考验，孩子便获得了力量，而一旦他们能运用自己的生命，他们就会变得更加有力。

这便是自然的法则，为什么要违抗它呢？由于你想改变自然的法则，结果却毁了孩子，让你对孩子的照料无法取得成效，你难道不明白这一点吗？孩子在室外受到自然给予的锻炼，这在你看来是倍加危险的。但恰恰相反，这可以避免危险。经验告诉我们，娇生惯养的孩子更有可能遭遇不幸。只要我们不使他们做超过其能力的事情，让他们使用体力跟怜惜他们的体力比起来，前者的危险更小一些。因此，要训练他们经得起终有一天必须面对的磨难，要锻炼他们的体格，使他们能够承受严酷的气温、气候与环境，能够忍受饥饿、干渴与疲劳。把他们浸在冥河里吧！在他们的身体习惯尚未形成之前，你可以毫无危险地使他们养成你想要他们具有的习惯。一旦习惯建立起来，任何的改变都会十分危险。一个孩子可以忍受一个大人不能忍受的变化，因为孩子的肌体是柔软而有韧性的，不用花多大力气就可以使之趋于任何方向。而成人的肌体则比较僵硬，只有诉诸暴力才能改变他们已经形成的行为模式。所以，我们可以在孩子的生命和健康不受危害的情况下，把他培养得十分健壮。即便有一些危险，也不必犹豫。因为，人的一生会充满各种危险，除了面对它们之外，还会有什么更好的办法吗？

随着年龄的增长，孩子生命的价值也在不断增长。除了他个人的价值之外，还要加上别人为了照料他而产生的各种耗费。对他而言，死亡不仅仅意味着生命的逝去，也有对于死亡的觉悟。因此，在百般呵护孩子的时候，要重点考虑他的未来。要孩子抵抗青年时期的不幸，就必须在他还未遭遇这些不幸之前就把他武装起来。因为，如果在长到能够利用生命的年岁之前，生命的价值一直在增长，那么，在童年时期使他少受一些痛苦，而结果却使他在长到具备理智的年龄时遇到更多的痛苦，这种做法岂不愚蠢！难道这就是老师教我们的吗？

人生而就会遭遇各种苦难，痛苦就是人的生存本身。人在童年期其实算是很快乐的，只能感觉到身体上的痛苦。这些身体上的痛苦较之其他形式的痛苦而言，没有那么残酷，没有那么悲哀，也很少会将人逼进自我毁灭的境地。一个人是绝不会因为患痛风而自杀的，唯有心灵的痛苦才会让人感到绝望。我们同情孩子的痛苦，我们也应该同情我们自己，因为最深的痛楚往往是我们自己造成的。

孩子一出生，就会啼哭。他的婴儿时期就是在啼哭中度过的。有时候，人们为了哄他，会轮流地安抚并摇晃他。有时候，人们为了让他安静，会恐吓他甚至打他。要么我们做他所希望的，要么让他做我们所希望的。要么我们顺从他的想法，要么让他顺从我们的想法。折中的办法是不存在的，不是他命令我们，就是我们命令他。所以，他首先获得的观念，就是统治或奴役的观念。还不会说话，他就在支配人了；还无法行动，他就在服从人了。有时候，他会因为自己的过失受罚，可是他还认识不到自己犯了什么错，更确切地说，他还没有犯错的能力啊！这样，人们很早就把负面情绪的种子植入了孩子幼小的心灵。之后，这一切又会被归于天性使然。费了许多力气把孩子教坏之后，我们又抱怨孩子的行为恶劣。

如果一个孩子以这种方式在这样的女人手里度过六七个年头，那么，他将因此成为她的和他自己的乖僻任性的牺牲品。她教给他各种各样的东西，在他的头脑中填入一些他无法理解的词汇或对他毫无用处的事物。当孩子的天性已经被这个女人培养的情绪扼杀之后，这个虚伪的人就被交到了一位教师的手里，由这位教师来完成他业已形成的人为的种子的发展。教师会教给孩子一切，但就是不会教导他怎样认识自己，怎样进行自我控制，如何生活并获得幸福。最后，当这个既是奴隶又是暴君的儿童，这个充满学问却丧失理性、身心都柔弱不堪的儿童被投入社会，其无助、骄横及其他种种缺点暴露之时，我们将开始为人类的不幸与邪恶感到悲哀。我们真的错了！这个人是我们各种怪异念头的产物，而自然人则是另外一个模样。

如果你想让孩子一直保持自然造就的样子，那么，从他出生的那一刻起，你就要好好保持它！他一来到这个世界，你就应该这样哺育他，直到他成人为止。否则，你绝不会获得成功。如果说真正的保姆是母亲，那么，真正的教师则是父亲。由一个知识有限但通情达理的父亲培养，比由世界上最聪明的教师培养，可能会让孩子受益更多。因为，热情可以弥补知识的不足，而知识却无法弥补热情的缺失。但是，他有太多关于公共与私人事务的职责啊！毫无疑问，在所有这些职责中，做父亲的职责是最后才被考虑的。无须惊讶，其妻子都会鄙弃自身的哺育之责，他自然也会鄙弃对孩子的教育之责。没有什么画面比家庭生活这幅图画更让人感动的了，但是，其中只要少画了那么一笔，整个画面就被毁了。如果母亲因身体太弱而无法照料孩子，父亲因工作太繁忙而无法教育孩子，那么，他们的孩子或将住在寄宿学校，或将住在教会女子学校，或将住在公立学校。孩子将把自己对家庭的爱恋带到其他地方。确切地说，他将养成不爱任何人的习惯。兄弟姊妹几乎彼此都不认识了，当他们聚在一起时，他们表现得都很陌生。只要人与人之间不再有信任，只要家庭聚会不再让人感到生活的甜蜜，不良的习惯势必会迅速填补这些空缺。难道真有人这么愚蠢，以致无法看清这一切的因果关系吗？

作为一个父亲，当他生养了自己的孩子时，他只是完成了自身职责的三分之一。他有为人类生育人的义务；他有为社会培养社会人的义务；他有为国家培育公民的义务。凡是能够偿付这三重债务而不履行其职责的人，都是有罪的。要是只偿付一半的话，其罪过可能还要更大一些。如果一个人不能充分履行为人父应尽的职责，他就不配成为一个父亲。贫穷、工作的压力、错误的社会偏见，所有这些都不能免除其亲自教养孩子的义务。凡是有深情厚爱的人，如果他忽视了这些神圣的义务，他将会为此流下悔恨的眼泪，而且永远无法获得慰藉。

这个有钱的人，这个家庭里忙碌的父亲，据他说，他是不得已才不管自己的孩子的，但他是怎么做的呢？他的做法是，拿钱雇一个人来替他完成本应由他自己承担的责任。满身铜臭的人啊！你以为用钱就可以为孩子找到一个父亲吗？不要欺骗你自己了，你替孩子雇来的这个人，甚至都不能说是教师，他就是一个奴仆。不久他也会把你的孩子培养成另一个奴仆。

关于一个好教师的品质，人们已经有过很多的讨论。我要求的第一个品质（它包括其他许多品质）是：他不可为了金钱而去做某些事情。有些职业是如此的伟大，一个人若是为了金钱而从事这些职业，就不能不说他是配不上这些职业的。军人、教师所从事的就属于这样的职业。

"但是，谁能教育我的孩子呢？""我已经告诉过你，这件事必须由你自己去做。""我不行！""如果你教不了，那就找一个朋友来帮忙吧！除此之外，就没有其他办法了。"

一位教师，要有多么高尚的灵魂呀！事实上，为了培养一个人，他本人就应当是父亲或者是更有教养的人。这样的职责，你怎么能交给那些为金钱而工作的人呢？

我愈是深入思考这一问题，就愈会发现一些新的困难。教师必须受过教育，才能教育好他的学生；仆人必须受过教育，才能为他的主人提供服务。所有接近孩子的人都必须首先获得他们应当使他领会的种种印象。我们必须诉诸一层又一层的教育，我也不知道这会延续到哪里。如果教师本身都没有受过良好的教育，又怎么能把孩子教育好呢？

是否能够找到这样一个难得的人呢？我不知道。在这个堕落的时代，谁知道人的灵魂能够达到何种程度的高尚呢？我相信，一个充分认识到一个好教师的整个价值的父亲，会毅然决定不再用任何教师。因为，他为了找到这样一个教师而花费的力量,要比他自己做教师花费的力量多得多。其实他也不需要另行探索,大自然已经把教育的工作做了一半了!

三、爱弥儿和他的导师

有一个十分显贵的人,曾经请我去教他的儿子。毫无疑问,这给了我很大的荣誉。不过,他不但不应该对我的拒绝表示遗憾,而且应该对我的审慎感到庆幸。因为,一旦接受了这份邀请,如果我在方法层面犯了错误,那势必会导致教育的失败。而如果我成功了,事态可能会变得更加糟糕,他的儿子也许会放弃他的头衔,拒绝成为一名公爵。

我深知教师职责的重大,同时感到自己能力的不足,所以不论什么人向我提供这个职位,我都不会接受。对我而言,朋友的引荐更是一个额外的拒绝的理由。我相信,读过这本书之后,应该很少会有人再向我提出这样的要求了。即便有,也请大家不要白费力气了。我曾经对这个职业做过充分的尝试,结果证明我不适合做这项工作。即便我的学识足以让我胜任这份工作,我的处境也是不容许的。我所做的决定是真诚的,对于那些不相信的人,我觉得我有责任就此做出公开的声明。虽然我不能胜任这一极有价值的工作,但我依然可以尝试其他较容易的事情。我将效仿前人的做法,不参与具体的工作,而只从事著述。虽然应该做的事情没有做,但我会尽力把它写出来。

我知道,在类似这种著书立说的事业中,由于作者总是在理论框架方面自由自在地进行阐述,所以他可以轻而易举地提出许多无法实施的观念。由于缺乏详细的内容和例子,即便他的论述可以被实行,在他没有说明之前,也依然无法真正地影响现实。

因此,我决定把一个想象的学生——爱弥儿,从他出生教育到他成年,并且假设我有适合这项教育工作的年龄、健康、知识以及一切才能。等他长大成人后,除了他自己,就不再需要任何人的指导了。我觉得,这种方法可以用来防止不信任他的作者脱离现实、误入幻境。因为,一旦离开了常态,他就只能用自己的方法来培养学生了。他很快就会知道，或者说读者会替他觉察到，他是不是按照儿童的成长与心灵的自然发展的要求来开展教育活动的。

关于教师，我只谈一下与一般人的观念不同的地方。我认为，孩子的教师首先应该是一个年轻人，而且，对于聪慧的人而言，他越年轻就越好。如果可能，我希望他本人就像一个孩子，希望他能够成为学生的伙伴，在与学生共同的游戏中赢得他们的信任。我希望孩子在出生以前就有一位教师，这位教师永远只教一个学生。只有一门学科是教师必须教给孩子的，即做人的天职。此外，我宁愿把具有此种知识的人称为导师而非教师，因为问题不在于传授知识，而在于指导孩子怎样做人。他的责任不是教授孩子们生活的准则，而是促使他们去发现这些准则。

如果说一定要仔细地挑选一位导师，那么也应该容许他去挑选自己的学生，尤其是在他打算为其他人树立教育典范的时候，就更应如此了。不能基于孩子的天赋与性格进行挑选，一方面是因为在他出生之前，我就已经做出了选择；另一方面是因为只有在我的工作完成时，才能知道这个孩子有着怎样的天赋和性格。第一，假如能够选择，我会按照我设想的学生的样子，选择一个智力寻常的孩子。我们要培养的只是普通人，这样他所受的教育才能成为其他同类的教育范例。

第二，出生地并不是一个与人的教育毫无关系的因素。只有住在温带的人们，才能获得十分健全的成长。因此，我将从温带的地方（比如法国）挑选这个学生，而非其他地方。

第三，穷人是不需要教育的，其地位所给予他的教育是强加的，他不可能接受其他的教育。与之相反，富人根据其地位所受的教育，无论对他本人还是对社会而言都是极不合适的。事实上，自然的教育能够让一个人适应任何地位。所以，与其教育穷人发财致富，不如教育富人能过贫穷的生活。这样做，我们至少可以多培养一个人，而穷人即使不需要我们的帮助，也可以成长为人。基于以上原因，我不认为爱弥儿出自名门有什么不好，这毕竟可以拯救一个为偏见所害的人。

第四，爱弥儿是一个孤儿，不管他是否有父母，我都承担了他的父母应有的责任，继承了他们的全部权利。他应该尊敬他的父母，但他更应该服从我，这是我的第一个条件，也是唯一的条件。除非我们两人都同意，否则谁也不能把我们分开。这一条至关重要，我甚至希望学生和教师永不分离，以至可以将他们的命运视为一体。

第五，这是一个预先做好的约定，假定分娩是顺利的，而且孩子身强体壮，活泼且健康。我不愿意教一个对自己和他人都毫无用处的学生，因为他成天担心的只是如何保全自己的生命，他的身体损害了他的精神的发展。如果我在他身上白白地浪费心血，岂不是会因此而伤害两个人，从而对社会造成加倍的损害。当然，要是有另一个人能替我来教这个病弱的孩子，我将非常乐意，而且会对他的仁爱表示赞赏。但我自己并没有胜任这项工作的才能，我不知道怎样去教一个只想保全自己生命的人如何生活。

一旦有了生命，需要自然就会产生。新生的婴儿需要一个保姆。如果孩子的母亲愿意尽她的责任，那就再好不过了。我们可以写一些文章来指导她，而这样做的缺陷是，这会使教师疏远他的学生。但是，由于孩子的利益和她对教师的尊敬，她情愿把如此宝贵的一笔财富托付给教师，所以我们可以确信她会听从教师的意见，并且只要是她愿意做的，她将会比其他人做得更好。如果我们必须找其他人做保姆，那么，首先就要好好地进行选择。

挑选保姆这件事情并没有什么奥秘，它的准则是众所周知的，但我认为，我们应该更多地关注保姆的年龄和奶水的质量。初乳是十分稀薄的，它差不多就相当于一种轻泻剂，用来清理残留在新生儿体内的浓厚的胎粪。慢慢地，奶水会变得浓稠，可以作为一种凝固的食物提供给孩子。这时候，孩子也可以消化这些东西了。可见，大自然按照新生的小动物的年龄而改变雌性动物的乳汁，并不是没有道理的。

因此，一个新生儿需要一个刚刚成为母亲的女人做保姆。她必须是一个身心都健康的人，因为情感的放纵和脾气的暴躁都会破坏她的乳汁。另外，单单考虑身体，只能达到我们所考虑的目的的一半。保姆的乳汁可能比较好，但她依然可能不是一个好保姆，因为好的品格与好的体格一样重要。如果你找了一个品行不端的人，那么，虽然我不能说她哺育的孩子会沾染她的恶习，但是孩子难免会因此而受苦。

保姆的选择之所以如此重要，是因为她所哺育的孩子除她之外，再没有其他的保姆。正如孩子除了自己的导师之外，再没有其他的老师一样。这是古代的惯例，古时的人虽不如我们好发表议论，但他们的所作所为无疑比我们更有智慧。所以在古人的戏剧中，扮演知心人的往往都是保姆，其原因就在这里。由几个人轮流抚养的孩子，是绝对不会培养好的。

保姆必须生活得舒服一些，她吃的食物必须丰富一些，但她整体的生活方式不应加以改变。因为让她突然地或全部地改变其生活方式，即便是从坏变好，对其健康来说也是有危险的。既然平常的生活方式已经让她长得健康而又强壮，那又何必要对其进行改变呢？

跟城里的女人比起来，乡村的女人肉吃得少，蔬菜吃得多。对她们和她们的孩子来说，这种素食的养生法利大于弊。因此，我认为改变保姆平常吃的食物是不必要的，只需使她吃的食物种类丰富一点，质量好一些就够了。

新鲜的空气对儿童的体格影响很大，尤其是在儿童早期其影响更为显著。它会穿过孩子柔嫩的皮肤上所有的毛孔，对他们的身体产生强烈的影响，这种影响是不可磨灭的。所以，我不主张把一个农村妇女从乡下请到城里，关在城里的一间屋子里给孩子喂奶。我宁愿让孩子呼吸乡村的新鲜空气，而不愿让他呼吸城里的污浊空气。他将和他的新母亲生活在一起，住在她的农舍里。他的导师也会跟他一起去往乡下。

人类来到世上，并不是为了要像蚂蚁那样挤成一团，而是为了要遍布于他所耕种的土地。而人们愈是聚在一起，便愈是容易腐化。疾病和恶习，都是人类过度聚集的必然结果。在所有物种中，人类是最不适宜过群居生活的。人若是像羊群一样挤在一起，很快就会消亡。人的呼吸对于他的同类来说，都有致命的危险。无论是从实际层面还是象征层面来说，这一点都是确切无疑的。

  人类正被我们的城市毁灭。经过几代人之后，人种难免会消亡或者退化。所以，必须使人类得到更新，而要完成这一任务，往往需要依赖乡村。因此，把你的孩子送到乡村去，让他们进行自我更新吧。广阔的田野能够让他们实现新生，并且可以恢复他们在人口过多的地方的污浊空气中失去的力量。

  人们常常给新生儿洗温水澡，而且会往水里加一点酒精。我觉得，往水里加酒精是不必要的。由于大自然并不产生发酵的酒精，所以我不相信它会对大自然创造的生命有什么益处。随着孩子的体质愈来愈壮实，就可以逐渐降低水的温度。直到最后，无论是在夏天还是在冬天，你都可以用冷水甚至冰水为他们洗澡。为了避免让他们受到伤害，你需要慢慢地、一次一次地、在不知不觉中降低水的温度。我们可以用温度计来进行准确的测量。

  这种洗澡的习惯一旦养成，就不要中断，而应保持一生。我之所以重视这个习惯，不仅是为了清洁和眼前的健康，而且是把它当作一种促进健康的方式，因为它可以使肌肉变得柔软，使他们在应付极端的暑热和寒冷时，既不感到吃力，也没有什么危险。

  从婴儿第一次呼吸开始，就不要把他裹在紧实的襁褓里。不要给他戴什么帽子，不要给他系什么带子，也不要给他包什么襁褓。要给他穿宽松舒适的衣服，让他的四肢能够自由地活动，既不要因太重而妨碍他的活动，也不要因太暖和而让他感受不到自然的空气。当他变得日益强壮时，就让他在屋子里爬来爬去，让他伸展自己小小的四肢。这样，你将看到他会一天比一天强壮。如果将他与包裹得严严实实的同月龄的孩子相比，你将对他们之间发育的差距感到吃惊。

  教育始于生命的诞生，孩子一出生就已经是一名学生了。不过他不是老师的学生，而是大自然的学生。老师只是在大自然的指导下进行研究，避免大自然的安排被违逆。他照料着孩子，观察他，跟随着他，守候他的智慧闪现出第一道微光。

四、教育的开始

我们生来就有学习的能力，只不过在初生时什么也不知道，什么也察觉不到罢了。我们的心灵被束缚在不完善和不成熟的器官中，甚至都无法意识到自身的存在。新生儿的动作与哭泣完全是条件反射的结果，并无任何意识或意志可言。

孩子最初的体验完全是感性的，他们感受到的只有快乐和痛苦。在这些事物能够在他们面前呈现之前，他们需要很长的时间才能对外物形成确切的感觉。但是，当这些事物时而展现时而离开他们的视线，并且在他们看来是有其大小和形状的时候，感性的体验又反过来使他们受到习惯的支配。你会看到，他们的眼睛总是转向有阳光的地方。如果光线是从旁边射来的，他们的眼睛就会在不知不觉中转向那个方向，以至我们应当想办法让他们的脸背向阳光，以免他们变成斜视眼。他们应当趁早习惯黑暗，否则一没有光亮他们就会啼哭。同样，严格地规定饮食和睡眠，会使他们觉得每隔一定时间之后就需要这些。很快，他们想吃想睡，就不是出于自然需要，而是因为有了这样的习惯，或者更确切地说，习惯使他们在自然的需要之外又增加了新的需要。我们应该严格杜绝这种情况的发生。

应该让孩子养成的唯一习惯，就是不要沾染上任何习惯。不要老用这只胳膊而不用另一只胳膊抱他。不要让他习惯于常常伸这只手而不是另一只手，或者老使用这只手而不是另一只手。不要到了固定时间就想吃、想睡、想动。不要让他白天黑夜都不能独自待一会儿。应该趁早让他能够支配自己的自由和体力，让他的身体保持自然的习惯，让他能够自己管理自己，使他一旦形成了自己的意志，就按照自己的意志办事。

一旦孩子对事物产生了辨别的能力，我们就一定要对给他的东西进行认真的选择。一个自然人会对一切事物产生兴趣。不过，他会觉得自己是那样的柔弱，以致凡是看到不认识的东西，他都会感到恐惧。如果孩子形成了看见新事物而不受其影响的习惯,那么就可以破除这种恐惧。那些在没有蜘蛛的干净房间里长大的孩子,会害怕蜘蛛,而这种害怕的心理往往会持续一生。我从来没有看见过乡下人——无论男人、女人或小孩——会害怕蜘蛛。

既然单凭我们给孩子选择看的东西,就足以使他成为一个胆小或勇敢的人,那么,为什么不在他学会表达或理解之前就对他进行教育呢?我希望人们使他习惯于看新事物,看各种丑恶的、讨厌的和稀奇古怪的动物,不过要让他先在远处看,然后在近处看,直到最后习惯这些东西。如果在童年的时候看见蟾蜍、蛇和龙虾都不怕,那么,等他长大的时候,他就不会害怕其他任何动物了。那些天天看见可怕的事物的人,会觉得它们稀松平常。

所有的孩子都害怕面具。我会先拿一个样子好看的面具给爱弥儿看,然后让一个人站在他面前,把面具戴在脸上。这时,我就会开始发笑,所有人都会开始笑,而孩子也会跟着大家笑起来。我会逐渐让他习惯于看一些比较难看的面具,最后看样子丑恶的面具。如果我把进度安排得适当,那么,等看到最后一个面具的时候,他不但不会害怕,反而会像看见第一个面具那样笑出声来。自此之后,我就不会再担心别人用面具来吓他了。

当赫克托耳[1]向安德洛玛克[2]告别的时候,小阿斯蒂纳克斯[3]被父亲头盔上飘动的羽毛吓了一跳。他认不出他的父亲,哭哭啼啼地扑到乳母的怀里,这使得他的母亲一边含着眼泪,一边苦笑起来。那么,我们应该怎样消除这种恐惧感呢?赫克托耳是这样做的:他把头盔放在地上,然后去安抚孩子。当孩子稍稍安静下来的时候,赫克托耳做了更多事情。他走到头盔那里,玩弄羽毛,并且叫孩子也过来感受一下。如果乳母敢用手去拿赫克托耳的盔甲,她就该走过去把头盔拿起来,一边笑着,一边把它戴在自己的头上,以消除孩子的恐惧感。

我曾经观察过,孩子们是不怎么畏惧打雷的,除非霹雳的声音确实可怕,

---

[1] 赫克托耳(Hector),荷马史诗《伊利亚特》中参加特洛伊战争的一个骁勇善战的凡人英雄。——译者注

[2] 安德洛玛克(Andromache),赫克托耳的妻子。——译者注

[3] 阿斯蒂纳克斯(Astyanax),赫克托耳和安德洛玛克的儿子。——译者注

甚至伤害到了听觉，否则他们是不会感到害怕的。也就是说，只有在他们知道雷电是可以伤人或杀人的时候，他们才会产生畏惧的心理。当理智开始使他们感到恐惧的时候，我们就要用习惯让他们感到安心。只要坚持缓慢而认真地步步推进，成人和孩子都可以做到对一切都无所畏惧。

在生命的初始阶段，记忆力和想象力还尚未发挥作用。这时候，孩子关注的只是那些对他的感官会产生影响的事物。由于他的感觉是思维的最初原料，所以要按照恰当的次序让他产生感觉。这样一来，记忆力能在某一天按照同样的次序，将这些原料供给他的理解力。由于他在一开始只关注自己的感觉，所以给他清楚地指出这些感觉和产生这些感觉的事物之间的联系就足够了。他什么东西都想去摸一摸，什么东西都想去弄一弄，你千万不要去妨碍他，因为这些活动可以教给他宝贵的课程。正是这样，他才能学会通过观察、触摸和聆听的办法，通过比较视觉和触觉的不同，通过用眼力来估计他用手指摸一下会有怎样的感觉，来了解物体的冷热、软硬和轻重，来判断物体的大小、形状以及能够感觉出来的种种性质。

正是通过行动，我们才能了解我与非我的区别。只有通过我们自己的行动，我们才能获得空间的观念。如果孩子没有这个观念，不管物品是在他身边还是离他一百步远，他都会不加分别地伸手去拿。你可能会将上述行为看作一种指挥的信号——试图命令物品到他身边，或者命令你把物品拿给他。事实并非如此，只是因为最初出现在他脑子里的东西，现在又出现在他的眼睛里，而他就以为伸手可及，他无法想象他不可触及的距离。因此，应该让他常常走动，把他从一个地方带到另一个地方，让他感觉周围环境的变化，以便使他学会判断距离。

当他开始辨识距离的时候，你就要改变方法了，就不能他什么时候高兴让你抱，你就什么时候抱他。因为，只要他的感觉没错，他做出行为就还有其他动机。这种改变是值得注意的，需要加以解释。

当需要别人的帮助时，这种需要所产生的不舒服的感觉，就会以各种信号表现出来。孩子之所以啼哭，就是由于这个原因。他们经常哭泣，这是必然的。由于他们仅仅对感觉很敏感，所以当他们感到舒服的时候，他们就会默默地享受；而当他们感到难过的时候，他们就会用自己的方式表达出来，寻求别人的安慰。只要他们醒着，他们就很少能够处于无感觉的状态。除非他们睡着了，否则他们必定会有所感受。

一切语言都是艺术的结晶。长久以来，人们一直在探索是不是有一种人人共通的自然语言。毫无疑问，这种语言是存在的，那就是孩子们会说话以前使用的语言。这种语言含混不清，但它也有语气、重音和语义。由于我们使用自己的语言，所以我们往往会轻视孩子们的这种语言，甚至完全忘记它。如果对孩子们进行研究，我们马上就可以从他们那里重新学会这种语言。乳母就可以教我们学习这种语言，她们听得懂乳儿所说的一切话语，她们能够回答他们，彼此之间能进行较长的对话。虽然她们说话时会使用一些字眼，但这些字词是没有什么意义的。乳母能够听懂的并不是这些字词的意思，而是伴随这些字词的、可以被理解的语气。

除了语气所传达的语言之外，还有手势语，其效果并不比前者差。不过，孩子使用的手势语并不表现在他们柔弱的手上，而是表现在他们的脸上。这些还未长成的脸上有丰富的表情，这是很令人感到惊讶的。他们的面貌以难以想象的速度变化着。你可以在他们的脸上看见微笑、欲望和恐惧，像闪电似的快速出现，又像闪电似的快速消逝。每次看他们的脸，你都会有一种不同的感觉。他们的面部肌肉无疑比我们的面部肌肉更加灵活。然而，他们的目光却显得较为呆滞。在他们处于只有身体的需要这样的年龄时，他们通常采用这种形式发出信号：感觉表现在脸上，而感情则表现在目光上。

由于人最初处于一种艰难和柔弱的境地，所以他最早发出的声音就是悲泣与啼哭。婴儿觉得他有所需要，然而自己又不能满足这种需要，于是他只能通过哭泣来寻求别人的帮助。他饿了或者渴了，就会啼哭。他太冷了或者太热了，就会哭得更加厉害。如果他需要活动，而人们却要求他保持安静，他就会啼哭。如果他想睡觉，而人们打扰他，他自然也会大哭一场。他越是感到不舒服，就越会要求人们对这种情况加以改变。所以说，他只有一种语言，因为他身上只有一种不舒服的感觉。在感觉器官还未发育成熟的情况下，他无法辨别各种不同的感受。所有一切的不如意，对他来说都是一种痛苦的感受。

人们往往认为这些哭声不值得关注，然而它却产生了人与其周围环境的最初的关系。用来构成社会秩序的那条长长的链条，其第一环就在这里形成。当孩子啼哭的时候，他感到很不舒服，他有自己无法满足的某种需要。你要观察他，探究他的这种需要，找出来并满足这种需要。如果你既找不到这种需要，又无法满足这种需要，那么，他就会不断地啼哭，让人感到厌烦。于是我们哄他，好让他安静下来，或者轻轻摇晃他，或者唱首歌催他入眠。如果他还是啼哭，我们便会失去耐心并威吓他。有时候粗暴的保姆还会打他。在他生命的初始阶段，他所受的竟是如此奇怪的教育！

我曾经看到过一个令人讨厌的、哭哭啼啼的孩子挨保姆打的事情，这件事情，我永远不会忘记。他马上停止了哭泣，我以为他是被吓倒了，还对自己说："这个孩子将来也许是一个奴性十足的人，只要采取严厉的手段就可以逼他就范。"我想错了，这个挨了打的可怜的孩子憋着一肚子愤怒，无法呼吸，整个人的脸色都变青了。过了一会儿，他放声大哭，像这么大年纪的孩子，他所有的怨恨、愤怒和失望都在这种高昂的哭声中表露出来。我很担心，他会因此而死去。我相信，滚烫的液体不小心洒在他手上，也不会像这样轻轻地然而是故意侮辱地打他，带来的伤害大啊！

我们需要小心地对待孩子这种易于激动和愤怒的性情。波尔哈维[1]认为，小孩子的疾病大部分都伴有惊厥的表现，因为按照比例来说他们的头比成人的要大，他们的神经系统比成人的分布得更广，因此更容易受到紧张的刺激。请务必让仆人们远离孩子，因为他们常常使孩子感到厌恶、恼怒、心烦。对孩子来说，这比空气和季节的变化带来的伤害还要危险一百倍。如果孩子只是在物质方面而非意志方面受到阻碍，他们是不至表现出反抗或愤怒的情绪的，而

---

[1] 波尔哈维（Boerhaave，1668—1738），荷兰医学家。——译者注

且更有利于其身体健康。自由自在、无拘无束的穷人的孩子，与那些被认为用时时刻刻限制其行动的办法就能培养好的孩子相比，前者不仅不那样体弱多病，反而更结实，其中的原因可能就在于此。不过，你要始终记住的是，顺从他们的心意和违背他们的心意二者有很大的差别。

孩子们最初的哭声是一种请求，如果你不提防，这种哭声就会变成命令。孩子的啼哭往往以请求别人帮助他们开始，以命令别人伺候他们结束。由于他们本身的柔弱，所以他们起先产生的依赖感，很容易滋生驾驭和使唤别人的想法。不过，这种想法的产生不是由于他们的需要，而是由于我们的服侍。在这里我们会发现道德影响并不是直接由自然天性产生的。由此，我们可以看出，在生命最开始的阶段就必须分辨他们做出的表情或者发出的哭声，究竟有什么秘密的意图，这一点非常重要。

当孩子一声不响地试图伸手拿东西的时候，因为他不能估计他与他想拿的东西之间的距离，所以他以为自己能够得着那个东西。当他一边哭，一边伸手拿东西的时候，那就不是错估了距离，而是在命令那个东西到他手里，或者命令你把那个东西拿给他。在第一种情况下，你应该慢慢地把他抱到他想要的东西那里。在第二种情况下，你不仅要假装没有听见，而且，他越是哭，你越要不理睬他。他必须趁早养成这样一种习惯，即：不命令人，因为他不是谁的主人；也不命令东西，因为东西是不会听他的命令的。所以，当一个孩子希望得到打算给他的东西时，最好还是把他抱到他想要的东西那里，而不是把东西直接拿给他。这样做能够使他得出与其年龄适合的观念，除此之外，没有其他办法能够启发他明白这一点。

五、生命的表达

只有理性才能教导我们认识善与恶。良心会让我们喜善憎恶，尽管它不依存于理性，但没有理性，良心就无法得到发展。在达到有理性的年龄之前，我们为善和为恶都不是出于认识，我们的行为也不含任何道德的成分，尽管有时候，我们能在感情上对别人涉及我们的行为分辨出善恶。一个孩子总想把他看见的所有东西都弄乱。凡是他能拿到的物品，他都把它摔个粉碎。他会像捏石头似的把一只小鸟捏死，他都不知道自己干了什么。

为什么会这样呢？首先，哲学家往往将这一现象归结于人类天生的罪恶、骄傲、好胜和自私。也许还会说什么由于孩子感到自己的柔弱，所以巴不得做一些用力的动作，以此来证明自己的力量。请看一看那个体弱多病的老年人，由于人的生命的循环，他又回到了孩子们那样的柔弱状态。他常常一动不动、安安静静地待着，希望他周围的一切也归于平静和安宁。一些小小的变动都会使他感到混乱和不安，他希望看到宇宙万物都处在宁静的状态。如果起因没有改变，同样是柔弱，为什么在老人和小孩之间会产生如此不同的结果呢？如果排除老人和小孩的身体状况不同这一因素，那么，我们又可以到哪里去寻找这种变化的原因呢？这两种年龄的人都拥有生命的活力，只不过在孩子的身上这种活力正在发展，而在老人的身上这种活力正在消逝。一个在不断成长，一个在走向毁灭；一个是走向生，一个是趋向死。老人心中的活力正在衰退，而孩子心中的活力却极其旺盛，且在不断地向外扩散。可以说，孩子感觉他的生命足以使周围的一切都活跃起来。无论是创造还是破坏，对他而言都是一样的。他所寻求的就是改变，而所有的改变都是一种活动。他看上去很享受这种破坏性行为，其原因就在于建设性活动要花费时间，而破坏性活动则非常迅速，所以更能满足他此时的渴望。

造物主把这种生命的活力赋予孩子的同时，又小心翼翼地只赋予他们极少的力量来使用这种活力，以免造成危害。但是，一旦孩子把人作为可以使用的工具，他们就会依赖这些人去实现他们的愿望，弥补他们的弱点。他们之所以变得讨厌、蛮横、傲慢、捣乱和不服管教，原因就在于此。之所以会有这种发展，并不是因为孩子天生就有权力欲，而是因为后天的教导。因为，不需要多长时间，他们就会感觉到，指使别人干活，只消动一动嘴就可以移动万物，是多么惬意。

随着年龄的增大，他们就不会像以前那样躁动不安。他们会获得力量，变得更加独立。精神和肉体实现了更好的平衡，而大自然要求我们的也只是维持生命所需要的活动。但是，权力欲并没有随着这种欲望的产生而消灭。权力欲会唤起并助长人的自爱，而习惯又会加强这种心理。这样，奇怪的念头便跟着需要产生了，而偏见和固执便就此扎下了根。

孩子们还远不够强大，甚至还不足以满足大自然对他们的要求。因此，必须让他们使用大自然赋予他们的一切力量。他们是不会滥用这些力量的。这是第一个原则。

无论何时，对于他们的一切身体需要，无论是在经验方面还是在体力方面，都应该满足他们，弥补他们的不足。这是第二个原则。

在帮助他们的时候，应当仅限于他们真正的需要。绝不能依从他们胡乱的想法和不合理的要求，因为，这些胡乱的想法不是源于自然，即使没有实现，也不会使孩子感到痛苦。这是第三个原则。

应当仔细研究他们的语言和动作，以便在他们还不懂欺骗的年龄，辨别出他们的哪些欲望是由自然产生的，哪些是反常的。这是第四个原则。

这些原则的精神是，多给孩子们以真正的自由，少让他们拥有权力。让他们多动手，少让别人替他们做事。这样，从一开始就教育他们，把他们的欲望限制在其力所能及的范围内，他们就不会感到自己被剥夺了力量。

只要我们注意不让孩子有跌倒的危险，不让他们接触一切可以伤害他们的东西，我们就应该让他们的身体和四肢处于绝对自由的状态。身体自由的孩子，一定比束缚在襁褓里的孩子哭的次数要少。只知道身体需要的孩子，只会在感到痛苦的时候哭，这其实有很大的好处。因为这样，我们就可以确切地知道他什么时候需要帮助。而且，如果可能的话，我们应该马上给予他帮助。但是，如果你无法减轻他的痛苦，那么你就应当保持冷静，切不可用抚慰的办法让他高兴起来。你对他的宠爱不仅不能帮他治好肚子痛，反而会让他记住怎样来博得你的关爱。一旦他知道你可以任他摆布，他便成了你的主人，这样的话，所有的教育都前功尽弃了。

六、语言的获得

　　孩子一生下来就会听我们说话。不仅在他们还听不懂我们向他们所说的话的时候，而且在他们能够模仿他们听到的声音之前，我们就已经在同他们说话了。他们的发音器官还很迟钝，只能一点一点地模仿听到的声音。并且，这些声音是不是像我们听到的那样，清晰地传入他们的耳朵里，现在还无法确定。保姆可能会用歌曲和愉快且变化多样的声调逗孩子，但是我反对她们无休止地用许多没用的话，把孩子搞得迷惑不堪。因为他们除了懂得话中的音调以外，其他什么都不懂。我希望他们最开始听到的词语要少、要清晰、要不断重复，而且这些词本身指称的是最早拿给孩子看的东西。不幸的是，我们很早就开始使用我们不理解的话，这种情况的出现比人们想象的还要早。在教室里，学生听着老师啰唆的话语，就像他们在襁褓中听着保姆的喋喋不休一样。我认为，若能不让孩子听这些废话，就算是一种非常好的教育了。

　　在对孩子的语言发展和最早说的话进行研究时，我们会产生各种各样的想法。不管我们怎样做，他们都会学着用同样的方式说话。关于这一点，哲学上的种种思辨其实并没有什么用处。

　　可以说，孩子有适合他们年龄的语法，其造句规则比我们的规则要简单。如果我们注意观察，就会惊奇地发现，他们能够准确地模仿一些同类语。当然，你可以说这种语言存在很多语病，不过它确实是有规律的。这种语言之所以让人反感，是因为它说起来很生硬，或者，大家在习惯上还不承认这种说法。如果硬要纠正孩子这些不合习惯的表达方式上的错误，那就真是一种难以容忍的迂腐的做法和多余的操心。因为随着时间的推移，他们会自行改正过来。在他们面前说话时，要保持正确性，以使他们觉得同你谈话比同任何人谈话都要高兴。要相信，不需要你的任何纠正，孩子在不知不觉中就会依据你的语言来完善他自己的语言。

　　另外一个十分重要且不易预防的弊病是，人们在教孩子说话这件事情上容易操之过急，好像担心他们自己学不会说话似的。这样轻率地训练一阵，往往会产生与人们期望的正好相反的效果。他们将因此而说话更迟、更不清晰。而过分注意他们所说的每一句话，就会使他们觉得有必要发准每一个音。这样，他们就会害怕张大嘴说话，结果他们当中的很多人终生发音都有毛病，说话也没有条理，别人几乎听不懂他们到底在说些什么。

人们十分害怕孩子染上这些语言上的小毛病，其实这些毛病一点关系也没有，很容易加以预防或纠正。但是，如果你使得他们说话无力、模糊和羞怯，如果你不断地批评他们的声调，挑剔他们使用的字眼，那因此而染上的毛病则是无法矫正的。

一个正在学说话的孩子，应该只听他能够理解的话，应该只讲他能够发清楚的音。他在这方面所做的种种努力，可以使他重复发出同一个音节，以便练习更清楚地把它发出来。当他结结巴巴地说不清楚的时候，不要试图去理解他。总是期望别人听他所讲的话，也是一种驾驭他人的表现，这不利于孩子的发展。你只需满足他的需要就够了，应该让他自己努力使你明白你还未听懂的话。急切地让他学会说话，没有任何意义。当他认识到说话的用处时，他自然会学好说话的。

孩子在还没到年龄时就过早学会说话的弊病，不仅在于我们无法理解他们最初使用的词汇的意思，而且，还会因此造成双方的误解。我们甚至觉察不到其中不同的地方，以致看上去他们好像回答得非常正确，其实他们根本没有懂我们的意思，我们也没有懂他们的意思。我觉得，正是由于我们在这方面没有注意我们所说的词句在孩子们听来究竟是什么意思，所以才造成了他们最初的错误。这些错误即使得到了纠正，也会影响他们余生的整个思想进程。因此，要尽量限制孩子的词汇。如果他们的词汇多于概念，他们会讲的事情就会多于他们对这些事情的思考，这种现象是不合理的。为什么乡下人的思路一般都比城里人的思路更清晰，我认为其中的一个原因就是他们的词汇量较少。他们的观念不多，然而他们能够很好地掌握。

孩子各个方面的发展差不多是同时进行的。他差不多是同时学会说话、学会吃东西和学会走路的。这是他生命的第一个阶段。在此以前,他与在母亲怀中并没有什么差别。他既没有情感,也没有思想,几乎连感觉都没有。他甚至觉察不到自身的存在。用奥维德[1]的话来说:"他活着,但意识不到自己的存在。"

---

[1] 奥维德(Ovid,前43—17?),古罗马诗人,与贺拉斯、卡图卢斯、维吉尔齐名,代表作有《变形记》、《爱的艺术》和《爱情三论》。——译者注

第二卷　儿童期（2—12岁）

一、开启新的阶段

从这里开始，我们就要讨论人生的第二个阶段。严格地说，婴儿期到此就该结束了，因为"婴儿"（infans）和"儿童"（puer）并不是同义语。后者包含前者，而前者指的是"尚不会说话的人"。

当孩子学会说话后，他们哭的时候就会少一些。这种进步是非常自然的：一种语言已然代替了另外一种语言。一旦他们能够说出"我受伤了"，只要不是痛得不能用语言来形容，他们就不会用哭来表达。如果他们还是哭个不停，那就只能归咎于他们周围的人了。

如果孩子是纤弱而敏感的，如果孩子天生便爱无缘无故地哭，那么，我会让他徒劳地哭一场，这样做很快就能从源头上制止他的哭泣。只要他还在哭，我就不会靠近他；他停止哭泣了，我才会马上过去。不久，他呼唤我的时候就会保持安静，或者，要哭也最多只哭一声。因为，孩子们是根据发出的信号的效果来判断其意义的。对他们来说，没有一成不变的意思。因此，当一个孩子独自一人时，无论其受了怎样的伤痛，他都很少会哭，除非他希望别人听到他在哭。

如果他摔倒了，撞到了头，抑或他的鼻子在流血，割伤了手指，我都不会惊慌，不会大惊小怪地走到他身边。至少一开始我不会搭理他。伤痛已经发生了，他就必须承受。我匆匆忙忙的样子反而会使他感到更加害怕，更加紧张。事实上，当我们受伤的时候，使我们感到痛苦的并不是伤痛本身，而是恐惧的心理。我这样做至少可以帮助他消除后一种痛苦，因为，他一定是看我怎样判断他所受的伤，由此形成他自己的判断。如果他看到我慌乱地为他而焦虑，如果我可怜他、安慰他，他会以为自己受了很重的伤。如果他发现我并不在意，他将很快变得镇定，以为伤口已经愈合，不再感到痛了。他正该在这样的年龄学习勇敢的精神，学习毫不畏惧地面对轻微的痛苦，并渐渐学会忍受更大的痛苦。

我不会煞费苦心地防止爱弥儿受伤，相反，他要是一点伤都没受过，一点苦头都没尝过就长大的话，我反而会感到十分苦恼。忍受痛苦，是他人生中最先遇到的也最有价值的一堂课。孩子们之所以如此弱小，可能正是为了让他们进行这些没有危险而有价值的学习。即使他跌倒了，也不会摔断他的腿；即使他用棍子打一下自己，也不会打断自己的胳膊；即使他抓着一把锋利的刀子，也不会因抓得太紧而弄出一道很深的伤口。除非人们漫不经心地把孩子放在高处，或者让他独自一个人待在火边，或者把危险的器具放在他可以拿到的地方，否则一个孩子单凭自己的力量，是不会把自己弄死、弄成残废或者让自己受重伤的。有些人用各种各样的东西把孩子围起来，防止他受到任何伤害，这样做导致他在长大后一遇到痛苦便不知所措。他既没有勇气，也没有经验，即使被针刺一下也以为自己要死了，看见流血便晕倒过去。

由于我们的愚蠢和迂腐，我们不仅不让孩子去学他们本就可以学得很好的东西，而且忽视了让他们学习只有靠我们的帮助他们才能学会的事情。我们费了很大力气教孩子走路，好像因为看见过某个孩子由于保姆的疏忽，长大后就不会走路似的，还有比这样教孩子更愚蠢的事吗？恰恰相反，我们看到很多人由于别人教他们走路的方法不对，一生都走不好路啊！

爱弥儿将来是不会使用学步车和学步带的，或者当他知道怎样挪动脚步的时候，就应该让他自己走。只有走到有石子的地方时，我才扶他一下，而且也只是为了使他很快走过去。我不会让他待在空气污浊的屋子里，而是每天都把他带到草地上去，让他在那里奔跑、玩耍，甚至跌倒。事实上，跌倒的次数越多，对他越好。他很快就学会自己爬起来。从自由中得到的快乐可以补偿许多创伤。我的学生也许比你的学生身上会多点伤，但这并不妨碍他永远都非常快乐。你的学生也许没有受什么伤,但他们常常感到挫败,处处受到拘束,显得那样闷闷不乐。我十分怀疑他们的境况是否良好。

二、童年的幸福

随着孩子体力的增长,他越来越没有必要哭泣了。因为他能自己做更多的事情,所以就不用经常求助于人了。有了体力,他运用体力的智慧也会随之发展起来。正是在这第二个阶段,他的个人生活才真正开始。也正是在这个阶段,他才有了自我的意识。在他生命中的每一刻,记忆都会唤起他的自我感觉。这样,他就真正地成为了一个人,成为他自己,因而他也能够感受到快乐和悲伤了。自此,我们就必须开始将其视为精神的存在了!

虽然我们大致知道人类寿命的期限,以及我们达到这个期限的可能性,但是,没有什么东西比我们每个人的寿命更为不确定的了。能够达到这个寿命期限的人其实非常少。而生命遭遇的主要危险就发生在它的初始阶段。我们对生活的体验越少,我们保全生命的希望就越小。在出生的孩子当中,最多只有一半能够长成青年。因此,你的学生极有可能无法活到成年。

如果我们看到野蛮的教育为一种不可知的未来而牺牲现在,将各种各样的束缚强加于孩子,为了让他能够在遥远的未来享用那些可能永远都无法享用的幸福,就先把他弄得极其悲惨,那么我们对此会作何感想呢?虽然这种教育有其目的的合理性,但是当我看见那些不幸的孩子被置于不可容忍的束缚之中,硬要他们像服苦役的囚徒似的持续不断地工作时,我怎能不感到愤慨,怎能不断定这种做法对他们没有任何好处呢?本应无忧无虑的快乐童年却被眼泪、惩罚、恐吓和奴役消磨殆尽。而你们却说之所以折磨这些可怜的孩子,其实是为了他们好。可是你们并不知道,你们这么做是在召唤死亡——将孩子们从这让人沮丧的环境中夺走。谁知道到底有多少孩子成了父母过度照料的牺牲品?虽然有些孩子能够幸运地逃脱这种残酷的行为,但是他们在遭受了种种灾难之后得到的唯一好处是:在死去的时候不致心怀愧疚,因为他们在这一生中知道的全部都是苦难。

人啊！对你的同类仁慈些吧，这是你们的首要职责。对不同年龄、不同身份的人，你们都应仁慈相待。除了仁慈，你还能找到比它更伟大的美德吗？要爱护儿童，让他们尽情玩耍，使他们快乐，培养他们可爱的天性。你们当中，谁不会时不时地感怀一下那始终喜笑颜开、心情恬静的童年呢？你们为什么不让天真烂漫的儿童享受那稍纵即逝的时光，为什么要剥夺他们绝不会滥用的宝贵的财富？孩子人生的最初几年也好像你们人生的最初几年一样，是一去不复返的。你们为什么要使那转瞬即逝的岁月充满痛苦呢？父亲们，你们知道死神什么时候会夺去你们的孩子吗？你们一定不要剥夺大自然给予他们的短暂时光，否则你们将会懊悔不已。一旦他能感受到生命的快乐，就让他们沉浸其中吧！不管上帝在什么时候召唤他们，都不要让他们在未尝到生命的乐趣之前就死去。

一定有不少人会反对我的观点。我从老远就听见那些虚伪的聪明人发出的反对声。他们不断地使我们迷失。他们轻视当下，不停地追求那愈追求愈不可及的未来。这个虚伪的聪明人让我们离开目前的境地，走向那个我们永远也到达不了的地方。

你们回答我说，现在正是改正人的不良倾向的时候。因为在童年时期，孩子对痛苦的感觉没有那么敏锐。这个时候让他多受一些苦，以便他成人之后少受一些苦。但是，你怎么知道你能安排好所有的计划呢？你怎么知道，你对一个孩子的稚弱心灵进行这番良善教导后，带给他的不是害处多于益处呢？你怎么能够保证施加给孩子的一切，可以减少他们遇到的麻烦呢？除非确定目前的痛苦能够将他从未来的痛苦中解脱出来，否则为什么要使他遭受他现在承受不了的灾难呢？你们如何向我证明，你们声称要纠正的这些不良倾向，不是来自你们的错误做法而是来自孩子的天性呢？你们所抱的希望无非就是让他终有一日获得幸福，然而在当下却把他弄得可怜兮兮，这样的远虑是多么的糟糕！这些庸俗的理论家竟把放纵与自由，把快乐的儿童与娇养的儿童全都混淆起来。要知道，这二者之间是有区别的。

在万物的秩序中，人类自有它的位置；在人生的秩序中，童年也自有它的位置。应该把成人看作成人，把儿童看作儿童；应该让每一个人都各有其位，各安其位；应该按照人的天性控制人的欲念，这便是我们可以为人类的福祉所做的一切。其余的事情就要依赖各种外因了，而这些外因并不是我们的能力可以控制的。

我们并不知道什么是绝对的幸福，什么是绝对的痛苦，人生常常都是苦乐参半。我们无法体会纯粹的感觉，也无法在同一种情况下感受两种不同的感觉。正如我们的身体在不断变化一样，我们内在的感受也在不断地改变。每个人都会遭遇幸福和痛苦，只不过是程度不同而已。最幸福的人就是遭受痛苦最少的人；最可怜的人就是感受到的快乐最少的人。痛苦总是多于快乐，在这一点上，我们大家是一致的。因此，在这个世界上，我们只能消极地看待人的幸福，这样说来，痛苦最少的人就应当算是幸福的人了。

每一种痛苦的感觉都无法与摆脱这种痛苦的欲望分开，每一个快乐的想法都源自享受它的欲望。因此，所有的欲望都意味着一种缺乏，而这种缺乏都会令人感到痛苦不堪。所以，痛苦正是源于我们的欲望和能力的不相称。只有能力与其欲望相称的有意识的人，才可能获得绝对的幸福。

那么，人的智慧是什么？人获得真正幸福的出路又在哪里呢？它绝不在于减少我们的欲望，因为，如果我们的欲望小于我们的能力，那么我们的一部分能力就会被闲置，我们就不能享受我们作为一个整体的存在。它也不在于提升我们的能力，因为，如果我们的欲望也同样增加的话，那么我们只会更加痛苦。因此，要实现真正的幸福，就应缩小我们的能力与欲望之间的差距，使我们的能力和欲望得到充分的平衡。所以，只有在一切力量都得到运用的时候，人的心灵才会保持安宁，人才能找到自己的真正位置。

大自然总是追求尽善尽美，所以它从人出生开始就对其做出了最好的安排。起初，它只赋予人自我保全所必需的欲望和满足这种欲望的足够的能力。其他的天赋则都被隐藏在人的心灵深处，在需要的时候才加以运用。只有在这种原始的状态中，我们才能看到能力与欲望之间的平衡，人在那时才不会感到痛苦。一旦内心潜在的能力开始发挥作用，在一切能力中最为有力的想象力就会觉醒，领先于其他能力开始发展。正是这种想象力帮助我们扩展了边界的可能性（无论这种可能性是好的还是坏的），并激发和滋长了满足这种希望的欲望。起初看来是伸手可及的目标，却迅速地跑得远远的，让人无法追赶。而当我们以为已经追上它的时候，它又变了一个样子，远远地出现在我们的前面。我们再也看不到已经走过的地方，也不会再去想它了。而这片尚待跋涉的原野依然在不断地延伸和扩展。因此，即便我们已经精疲力竭，我们也依然无法达到目标。我们越接近快乐的时候，幸福就会离我们越远。

相反，人越是接近自然状态，他的欲望和能力之间的差距就会越小，因此，人类抵达幸福的路程并没有那么遥远。只有在人一无所有的时候，他的痛苦才是最轻的。因为，痛苦的成因不在于缺少什么东西，而在于渴望获得什么东西。

真实的世界自有其边界，而想象的世界则无边无际。既然我们无法扩大一个世界，那么就必须限制另一个世界。因为，所有使我们感到烦恼的痛苦都源自真实与想象之间的差别。除了健康、力量和良知以外，所有人生中的美好事物都与人的观念有关。除了身体的痛苦和良心的谴责之外，我们所有的痛苦都是想象的结果。你也许会说，这个道理人人皆知。我同意这种说法。不过，这个原理的实际运用就不一样了，而我们在这里所谈的完全是运用的问题。

我们说人是柔弱的，这是指什么呢？"柔弱"（weak）这个词指的是一种关系，即一种生存的关系。凡是其力量超过需要的，即使是一只昆虫或蠕虫，也是很强大的；凡是其需要超过力量的，即使是一只大象、一头狮子，或者是一个胜利者、一个英雄乃至神本身，也是很弱小的。与自己的天性对着干的天使，比按照自己的天性平和生活的快乐的凡人还弱小。人对自身感到满足时，他其实就很强大；人试图超出自己的力量行事时，他其实就很弱小。因此，不要以为依靠扩大你的机能，就可以增强你的力量。事实并非如此，如果你的骄傲之心超越了你的力量，反而会使你的力量不断减少。我们要对自己的活动范围心中有数，要像蜘蛛待在蛛网的中央那样，待在自己可能的范围的中央。这样，我们就始终能有足够的力量来满足自己的需要，就不会抱怨我们的柔弱，因为我们从未感觉到柔弱。

所有的动物都只有保全自身所必需的能力，唯有人类才有多余的能力。可是，正因为这种多余的能力，才使人类遭受了种种苦难，这是不是很奇怪？在每一个地方，一个人靠劳动获得的果实都超出了他的生活所需。如果他足够聪明，不去计较这些多余之物，那么他始终都会感到自足，因为他根本不想拥有太多的东西。法沃兰说："巨大的需要来自于巨大的财富，而且，很多时候，一个人如果想获得他缺少的东西，最好的办法就是舍弃他已有的东西。"正是由于我们试图增加我们的幸福，才使我们的幸福变成了痛苦。如果一个人对生活感到满足，他就会生活得很快乐，从而成为一个善良的人，因为，做坏事对他来说并没有什么好处。

毋庸置疑，死是一件很痛苦的事情，但是，当我们想到我们不能永远活下去，想到还有一种更美好的生活将为今生的痛苦画上句号时，我们就会感到释然。如果有人允许我们在这个世界上长生不死，请问谁愿意接受这件让人感到悲伤的礼物呢？我们还有什么办法、什么希望和什么慰藉，可以用来应付命运的严酷和人类的不公呢？愚人是没有远见的，他不明白生命的价值，所以也不会害怕失去它。智者能够看到事物更有价值的一面，所以他宁愿选择这种财富。只有那些一知半解和假装聪明的人才会使我们只看到死亡，以及死亡之后的情景。他们把死看作最大的痛苦。在明智的人看来，正是因为死是必然的，所以他们才会更好地承受生活中所有的痛苦。如果我们不相信人终要一死，我们就会花太多的代价去保全生命。

我们精神上的痛苦完全是由偏见造成的。只有一个例外，那就是犯罪。犯不犯罪完全取决于我们自己。我们身体上的痛苦要么会自行消灭，要么会反过来消灭我们。时间或死亡是医治痛苦的良药，而且我们越不知道忍受，就越会感到痛苦。我们在医治疾病的过程中遭受的折磨，要比我们在忍受疾病的过程中遭受的折磨多得多。如果要依循自然而生活，就要有耐心，要远离医生。因为，人是免不了一死的，但是你对死亡的感受是一次性的，而医生会使你通过病态的想象，每天都感受到死亡。骗人的医术不仅不会延长你的生命，反而会剥夺你生命中的快乐。医术究竟给人类带来了什么真正的好处，我始终心存怀疑。诚然，医生救治了一些濒死之人，然而，他们也杀害了无数本可以保全性命的人。如果你是一个聪明人，就不要去干这种碰运气的事情了。因为如果你去尝试，十之八九是要输的。痛苦也罢，死亡也罢，痊愈也罢，无论你做什么，你都必须活到生命的最后一刻。

人类的习俗中到处都充斥着荒唐和矛盾。我们的生命越失去价值，我们就越看重它。老年人比年轻人更加怀念生命，他们不想失去为享受生命而做好的种种准备。许多人到了60岁，还没有开始过真正的生活就死去了，这确实太残忍了！人人都非常爱惜自己的生命，这是客观存在的。但我们无法认识到的是，被我们感知到的这种渴望在很大程度上是人为的结果。在自然状态下，人只是在有办法保全生命的情况下，才会想办法保全自己。一旦自我保全无法实现，他就会听从命运的安排，也就不会在死时受无谓的折磨。顺从天命，这是自然教给我们的第一个法则。一旦破坏这个法则，从理性中就会产生出另一个法则，只不过很少有人能认识这个法则罢了。人类顺从天命的法则永远也不会像自然法则那样完善。

远虑——驱使我们不停地追求未来，向往我们可能永远都无法到达的地方——往往就是导致种种痛苦的真正根源。人类的生命如白驹过隙，而人类却时刻都在向往渺茫的未来，从未重视真正属于他的当下，这简直就是疯狂至极！这种疯狂的做法之所以具有危害性，是因为随着年龄的增加，它会使老年人时刻都处在猜疑、忧愁和悭吝的状态之中，宁愿今天节省一切，也不愿百岁之后不能享受奢侈的生活。因此，我们总是在尝试掌握一切，要把一切都抓在手里。我们会为所有当前的一切以及它们的未来感到忧心忡忡。可以说，我们每一个人都与整个世界相关，在整个大地上我们都可以感觉到自身的存在。在世界的每一个地方，我们都可能因被伤害而感到痛苦，这是毋庸置疑的。有多少君王由于失去了他们从未见过的土地而悲伤不已啊！有多少商人由于在印度的不幸遭遇而在巴黎悲叹不已啊！

人啊！安于自己的生活，你就不会再感到苦恼了。要安于大自然在万物的秩序中给你安排的位置，不要让任何力量使你脱离这个位置。不要对抗那严格的需要法则[1]，不要为了反抗这个法则而耗尽你的体力，因为上天赋予你的体力，不是用来延长或扩展你的存在，而是用来按照它喜欢的样子和它允许的范围而生活的。你天生的体力有多大，你才能享受多大的自由和权力。不要超过这个限度，否则，留给你的只会是奴役、谎言和诡计。当权力要依靠社会舆论的时候，它本身就带有奴隶性，因为权力要以你所统治的那些人的偏见为转移。为了按照你的意志去支配他们，你就必须先按照他们的意志办事。只要他们改变了想法，你就不得不改变你的做法。所有接近你的那些人，只要设法控制你统治的人或者你所宠爱的人的思想，只要设法控制你的家属甚至你自己的思想，那么，这些宰相、大臣、僧侣、军人、仆人、饶舌之人以及小孩子，就能在你的地盘把你像一个小孩似的加以领导。无论你做什么，你真正的权力绝不能超过你身体的能力。一旦被要求用他人的眼光去看待事物，你就要以他人的意志为转移了。你骄傲地宣称："我的子民是我的臣属。"没错，可你又是怎样的人呢？你是你的大臣的臣属。你的大臣又是怎样的人呢？你的大臣是他们的下属和情人的臣属，他们的仆人的仆人。你占有一切，篡夺一切，然后又大把大把地挥霍金钱；你修筑炮台，竖立绞架，制造刑车；你颁布种种法令，发布种种公告；你增加几倍的密探、军队、刽子手、监狱和锁链。可怜的渺小的人啊！你的所作所为对你有什么好处呢？你既不能从中获得更大的利益，也不能因此就少受他人的抢劫、欺骗或得到更多的绝对权力。你可能经常会说"这都是我的想法"，其实你所做的往往只是在实现他人的意志。

只有根据自己的意志行事的人，才不需要借用他人之手来实现自己的意志。因此，最有价值的财富是自由而不是权力。真正自由的人，只想他能力范

---

[1] 英文为"law of necessity"。需要法则是自然法则之一，必须指出的是，自然法则具有必然性。在古希腊，"自然"有"必然"之意。水往低处流，火苗向上蹿，一颗橡树种子会长成橡树，这一切都是自然的，也是必然的。此外，"necessity"本身就兼有"需要"和"必然性"这两种含义。——译者注

围内的东西，只做他喜欢做的事情。这是我提出的第一个可应用于儿童的基本原理，由此可以衍生出各种教育法则。

　　社会能够让人变得虚弱无力，其原因不仅在于它剥夺了一个人运用自己力量的权利，而且在于它使一个人的需要远远超出了他的力量。人的欲望为什么会随着他的柔弱而成倍地增加，小孩为什么比成人显得更加柔弱，其原因就在这里。成人之所以很强大，小孩之所以很弱小，不是由于前者比后者拥有更多的绝对的力量，而是就自然的状态来说，成人能够自己满足自己的需要，而小孩则无法做到。因此，成人有更多的欲望，而小孩则有更多的妄想。我所说的妄想指的是只能借由别人的帮助才能满足的欲望，它不是一种真正的需要。

　　大自然用父母的爱来弥补这种缺陷。不过，父母的爱存在过度、不足甚至被滥用的可能。生活在文明社会中的父母，过早地使他们的孩子进入这种社会生活。他们给孩子的东西超过了他的需要。这样做不仅没有降低他的柔弱程度，反而使他变得更加柔弱了。而且，由于父母硬要孩子做那些大自然并不要求他做的事情，由于父母把自己的意志强加给孩子，而孩子只有满足自己需要的很少的力量，由于弱小的孩子和施爱的父母之间的互相依赖，变成了一方对另一方的奴役，所以孩子会变得越来越柔弱。

　　明智的人往往可以固守自己的位置，但孩子往往由于不知道自己的位置在哪里，所以也就不知道如何安于自己的位置。有千百条方法可以使他脱离自己的位置，因此要完全依靠管教孩子的人让他保持在那里，这并不是一项容易完成的任务。他既不是野兽，也不是成人，而是一个孩子。他必须意识到自身的柔弱，但不能因此而让他感到痛苦。他应当依赖成人，但不能服从成人的所有指令。他可以提出要求，但不能控制别人。只有在他确实有需要，或者别人比他更明白什么东西对他有用，什么东西对他的生存有益或有害的时候，他才可以听命于他人。没有一个人——哪怕是他的父亲——有权利命令孩子去做对他毫无用处的事情。

　　在偏见与习俗还没有改变人们的自然倾向之前，孩子和成人之所以幸福，完全在于他们能够享受自由。但是，孩子的自由会受到体力不足的限制。如果一个人能够满足自己的全部需要，做自己乐于做的事情，那么这个人就是幸福的。生活在自然状态中的成人就是这样的。如果一个人的欲望超过了他的力量，即使这个人做的事情就是自己喜欢的，他也不会得到幸福。生活在自然状态中的孩子便是这样。即使在自然状态中，孩子也只能享受不完全的自由，就像成人在社会生活中也只能享受不完全的自由一样。我们无法离开别人的帮助，就这一点来说，我们每个人都是既柔弱又可怜的。我们本来是要做成人的，而法律和习俗又让我们变成了孩子。富人、伟人，即使是国王，也全都是小孩子。他们看见别人帮他们减轻痛苦，就产生了一种幼稚的自大心理，并且为得到别人的照料而感到骄傲。他们没有想到的是，如果他们是成人，别人是不会对他们如此殷勤的。

这些看法非常重要，可以用来解决社会制度中存在的种种矛盾。这个世界存在两种依赖：一种是对物的依赖，这是自然的结果；另一种是对人的依赖，这是社会的结果。对物的依赖不含任何道德的因素，不会损害自由，也不会产生罪恶。而对人的依赖则超出了规则的要求，滋生了种种罪恶。正是由于这种依赖，才使主人和奴隶都走向了堕落。如果说有什么方法可以根治这一社会弊病，那就是要用法律来代替个人，要用那高于任何个别意志的真正力量来武装公共意志。如果国家的法律像自然法则那样，不会被任何个人的力量破坏，那么对人的依赖就可以变成对物的依赖。我们就可以在一个共同体中把自然状态和社会状态的好处统一起来，就可以把使人免于罪恶的自由和培养美德的德行结合起来。

要努力使孩子只依赖物。你要在教育孩子的过程中遵循自然的秩序。如果他有不切实际的愿望，你只需让他碰到一些有形的障碍，或者因他的行为本身而对其进行惩罚。当遇到类似的情境时，他都会记起这些经验。所以，你无须禁止他做错事，也能预防他犯错。经验和体力的不足，对他来说就意味着法则。绝不能他想要什么就给他什么，这取决于他是不是有真正的需要。不要教他怎样服从人，同时，也不要告诉他怎样指使人。当他的体力无法满足他的需要的时候，你要弥补他的不足，这种补充的标准是恰好使他能够自由活动，而不是让他拥有随意支配人的力量。因此，要使他在得到你的帮助时产生一种惭愧的感觉，从而期待自己能够独立做事，获得自我帮助的尊严。

　　大自然有促进孩子身体成长的独有方式，我们绝不能违背它。当一个孩子想到处跑的时候，我们就不应该硬要他原地待着不动；当一个孩子想安静的时候，我们就不应该逼着他去跑。只要孩子的意志没有被我们的错误损害，他就绝不会任性胡为。只要他愿意，他就可以跑跑跳跳，发自肺腑地大喊大叫。他所有的行为活动都出自其增强身体力量的一种本能。但是，你应当提防他去做力所不及和别人必须代替他做的事情。因此，你要仔细区分哪些是他真正的需要，哪些是不自然的需要，哪些需要是由不切实际的想法衍生而来的，或者是由我曾经谈到过的过于优越的生活导致的。

　　我已经说过当一个孩子哭着要这要那的时候应该怎么办。现在我只补充说明一点：在他已经能够用说话的方式索取他想要的东西的前提下，如果他依然使用哭的办法来达到目的，无论他是想马上得到那个东西，还是为了使别人不敢不给，都应当直接对他予以拒绝。如果他确有需要，不得不讲出来，你就要弄清楚他需要的是什么，并且立刻满足他的需要；如果你一看见他流眼泪就给他东西，这样做等于是在鼓励他哭泣，是在教他怀疑你的好意，而且会使他认为强取比善意的回应对你来说更有效果。如果他不认为你是出于好心，那么他转瞬就会想到坏的方面；如果他认为你很软弱，那么他马上就会变得固执倔强。因此，重要的是，对于你打算给他的东西，一旦看见他要，你就应当马上给他。不要动不动就加以拒绝，不过，一旦你拒绝了，就不应该轻易改变你的决定。

　　过分严格和过分放任，这两种情况都应当加以避免。如果你放任孩子不管，那么，孩子的健康和生命就会遭到危险，他们当下就会感到痛苦不堪。但是，如果你过分关心孩子，不让他们感到有一点不舒服，那么，你就会使他们在将来遭受更大的苦难，使他们变得十分娇嫩、多愁善感，从而使他们远离成人的地位。但是，不管你愿意不愿意，他们终有一天会达到这种地位。你或许会说，我曾经责备过那些可恶的父亲，他们为了永远无法实现的未来而牺牲孩子的幸福，而现在我已然成为这样的父亲了。

　　绝不是这样的！因为，我让学生享受的自由大大地补偿了我让他们吃的那一点点苦头。我看到雪地上有几个淘气的小鬼在玩耍，他们的皮肤都冻紫了，手指头也冻得麻木了。只要他们愿意，就可以回屋里暖和一下，可他们却没有。如果你硬要他们回去，他们或许会觉得跟寒冷比起来，这种强迫他们的做法会令其难受百倍！你还有什么不满的呢？难道我让你的孩子经受一些他情愿忍受的磨难，就把他弄得很惨了吗？我让他获得自由，可以使他当下就很幸福；我让他锻炼，使他能够抵抗必然要遭受的灾难，从而使他在将来过得更加幸福。如果要他选择做我的学生还是做你的学生，你觉得他会有片刻的犹豫吗？

　　为了感受巨大的幸福，就需要经历微小的痛苦，这是人的天性。身体的过度安逸，只会败坏道德。对痛苦一无所知的人，就不能理解人性的温情，以及同情带来的温暖。这样的人将心如铁石，与社会脱节，最终成为人类社会中的一个怪物。

　　你知道什么方法一定可以让你的孩子生活得很悲惨吗？那就是让他得到所有他想要的东西。由于他的欲望总是轻易就获得了满足，所以他的欲望也会不断地膨胀。迟早有一天，你将被迫拒绝他的要求。对他来说，这种从未遇到过的拒绝带来的伤害，将远远超过得不到他想要的东西对他造成的伤害。一开始，他想要你的手杖，转眼之间他又想要你的手表，接着，他又想要天空中的飞鸟，想要头顶上一闪一闪的星星。他想得到他看到的一切，除非你是上帝，否则你怎么可能事事都如他所愿？

　　人会把一切能够得到的东西视为己有，这是人的本性使然。从这个角度来说，霍布斯的理论是正确的，即如果满足欲望的方法能够随着我们欲望的增加而增加，那么每一个人都会成为万物的主宰。因此，如果一个孩子能够得到他想要的一切，那就意味着他会以为自己是万物的主宰，把所有的人都看作他的奴隶。当你不得不拒绝他提出的某种要求的时候，他就会把你的拒绝看作一种反叛，因为他原以为只要下一道命令，便可以得到一切。由于他还没有达到明白事理的年龄，所以他会把你说的种种原因都视为借口，他会认为你对他不怀好意。因此，他所认为的不公正感将使他变得性情乖戾。他对任何人都怀恨在心，从来不会对他人的善意心存感激，而且面对任何反对意见，他都会愤愤不平。

　　这样一个被愤怒和坏脾气吞噬的孩子，我怎能设想他会成为一个快乐的人呢？他是一个暴君；他既是最卑贱的一个奴隶，也是最可怜的一个人。我曾经遇到过几个用这种方式教养出来的孩子，他们竟然想叫人一下子就把房子撞倒，让人把教堂尖塔上的风向标拿下来给他们，让人拦住正在行进的军队，好让他们多听一会儿行军的鼓乐。只要你不按他们的心意办事，他们就会号啕大哭，不听任何人的劝告。大家白白地忙乎一阵，谁也没有办法使他们变得高兴。他们的欲望总是轻易地得到满足，于是变得越来越大。他们偏偏就要得到那些不可能得到的东西，从而处处遇到抵触、困难、失败和痛苦。他们成天指责别人，动不动就发脾气，他们的日子就是在哭泣和牢骚中度过的。这样的人能感到幸福吗？软弱和对权力的追逐结合在一起，势必会产生愚蠢和痛苦。一个被娇惯坏了的孩子要摔碎桌子，而另一个孩子要闹个翻江倒海，那不知要打坏和打烂多少东西才能让他们感到满足。

　　如果说这些专横暴戾的思想从他们的童年时代起就使他们过着不幸的生活，那么，当他们长大后与别人的关系开始扩展的时候，其情形又是怎样的呢？他们已经习惯了一切都为他让道。而进入社会之后，他们会四处碰壁，会发现他们原以为可以按照自己的意愿支配的世界竟使他们难以应对。这时，他们该是多么的吃惊啊！他们傲慢的态度和幼稚的虚荣心给他们带来的只有屈辱、轻蔑和嘲笑，而他们只能像喝水一样吞下这一切。残酷的事实不久就会使他们明白，他们并没有认识到自己的地位和力量。当他们一事无成的时候，他们就会认为自己一无是处。有那么多从来没有遇到过的障碍挡住了他们的去路，有那么多轻蔑的眼光在藐视他们。于是，他们就变得十分懦弱和畏缩，正如他们以前把自己看得多么高贵一样，现在又把自己看得十分卑贱。

　　让我们回到原始的法则。大自然之所以塑造儿童，是为了让他们能够得到帮助和爱护。难道是因为要人们服从和惧怕他吗？难道是大自然让他们有了盛气凌人的架势、令人生畏的目光和吵闹、险恶的声音，好使别人害怕他们吗？我知道狮子的吼声会让其他野兽感到恐怖，以至它们一看到狮子头上的鬃毛就战栗。人们曾经见过这样一种情景：一大群身穿制服的官员，跟着他们的上司拜倒在一个尚在襁褓中的婴儿的面前，并用华而不实的言辞叙说一通，而淌着口水的孩子只是用几声哭喊作为回应。还有比这更鄙俗、更令人好笑的情景吗？

如果我们仅仅考虑孩子本身，那么世界上还有哪一种生物会比他更柔弱、可怜，更容易受到周围一切的摆布，更需要怜悯、关心和爱护呢？他之所以具有可爱的面孔和动人的神情，难道不是为了使所有接近他的人对他的柔弱无助产生兴趣，并愿意积极地帮助他吗？所以说，还有什么事情比一个板着脸、傲慢无礼的孩子指挥他周围的人，而且以主人的口气无礼地向那些只要一不管他就可以置他于死地的人说话，更令人讨厌，也更不合情理呢？

从另一方面来看，很明显，童年时期的柔弱已经使孩子们受到了种种的束缚。但是，除去这些束缚，我们还要任性地对他们进行限制，并且剥夺其拥有的有限的自由（失去自由，对他们和我们都没有什么好处），难道这不是一种野蛮的做法吗？如果说一个傲慢的孩子最让人觉得荒唐，那么一个羞涩的孩子则最令人感到可怜。如果他们在达到理智的年龄后，就要受到社会的奴役，那么，为什么还要让他们先受家庭的奴役呢？我们要让短暂的生命免受这种并非由大自然强加于我们的束缚，我们要让孩子享受天赋的自由，至少这种自由可以确保他们在一段时期内远离奴隶生活的罪恶。让那些粗暴的教师和使自己的孩子成为奴隶的父亲，带上他们那些肤浅的反对理由到我这里来，让他们在吹嘘自己的方法之前，先学一学自然的法则。

三、需要的法则

现在我们回过头来探讨实践。我已经说过，不能因为孩子要什么就给他什么，而要看他索求的东西对他来说是不是真的需要。并且，他做任何事情都不能为了服从你，而是因为他确有必要。这样一来，就可以将"服从"（obey）和"命令"（command）这两个词从他的字典中剔除，同样，"责任"（duty）和"义务"（obligation）这两个词也将不复存在。"力量"（strength）、"需要"（necessity）、"柔弱"（weakness）和"限制"（constraint）这几个词则在他的字典中占有极其重要的地位。在达到理智的年龄之前，他不可能对精神存在和社会关系形成任何概念。因此，应当尽量避免使用表达这些意义的词汇，以免孩子在小小的年纪就被这些错误的观念束缚，而且长大后也难以纠正。他头脑中产生的第一个不正确的观念，有可能会滋生错误和恶习。他迈出的第一步，往往是我们应当注意的。我们要用这样的方式教养他，那就是尽量让他对外物保持觉察，他所有的观念都源于这种知觉。要让他充分感知周围的物质世界。否则，他必定会一句话都不听你的，或者对你所讲的道德世界产生不切实际的想法，这种观念使你究其一生都无法替他消除。

"用理性去教育孩子"，这是洛克提出的一个重要的原理。这个原理在今天依旧非常时髦。不过在我看来，虽然它很时髦，但远远不能证明它是可靠的。事实上，再也没有比那些受过许多理性教育的孩子更傻的人了。在人的所有机能中，理智（它是由其他各种机能综合而成的）这种机能的发展最为迟缓，也是一种最为高级的发展，但是有些人偏偏要用它来对孩子进行早期教育。造就一个有理性的人是良好教育的基石，正是因为这个缘故，人们就企图通过理性来教育孩子！这种做法简直就是本末倒置，把结果当成了手段。如果孩子真能明白理性，他们就没有必要接受教育了。但是，从他们幼年时期起，你们就用一种他们根本听不懂的语言跟他们交流，这使得他们养成了种种习惯：爱玩弄字眼，爱质疑所有的人对他们说的话，自认为比老师聪明，凡事总爱争辩，桀骜不驯。

孩子们上的绝大多数道德课，都可以归纳为如下一段对话。

老师：你不应该做那件事情。

孩子：为什么呢？

老师：因为那样做是不对的。

孩子：不对？有什么不对？

老师：因为那件事是被禁止做的。

孩子：做了被禁止的事情就不对，为什么呢？

老师：你不听话，别人就要惩罚你。

孩子：我会偷偷地做。

老师：会有人暗暗地注意你的。

孩子：那我藏起来做。

老师：别人会盘问你做了什么的。

孩子：那我就撒谎。

老师：你不应该撒谎。

孩子：为什么不应该撒谎？

老师：因为撒谎是不对的。

……

　　这样的对话会形成不可避免的循环。走出这个怪圈吧，孩子根本不懂这一套。这种教法能产生什么作用呢？我相信这个问题也困扰着洛克本人。辨别善恶，明了一个成人之所以有种种天职的道理，这不是一个孩子应该做的事情。

　　大自然希望儿童在成人之前就要像个儿童的样子。如果我们妄图打乱这个秩序，那么，我们就会造成一些被迫长成的早熟的果实。它们没有一点儿滋味，并会迅速腐烂。我们将造就一些年纪轻轻的博士和老态龙钟的儿童。儿童有他们特有的看法、想法和感情。如果我们想用自己的看法、想法和感情去代替他们的看法、想法和感情，那就再也没有比这更愚蠢的事情了。我宁愿让一个孩子到10岁的时候身高长到1.5米，也不愿他有什么判断的能力。事实上，在这个年龄，理性对他有什么用处呢？它只会限制力量的发展，而儿童根本就不需要这种束缚。

当你试图说服你的学生相信他们有服从的义务时，你就已经掺杂了暴力和威胁，或者更糟糕的是还搀杂了阿谀和诱惑。因此，他们或者是为自私自利所引诱，或者是为暴力所强迫，总是装作被道理说服的样子。和你一样，他们很快就会看到服从对他们是有利的，反抗对他们是有害的。但是，由于你强迫他们做的全都是他们不喜欢做的事情，由于照别人的心意办事总是让人不愉快，所以他们就悄悄地按照自己的心意去做，并认为，只要你没有发现他们的阳奉阴违，他们就可以肆无忌惮，而一旦被发现，他们就主动认错，以免为此受更多的苦。对于为什么要服从，他们在这个年龄是无法理解的，世界上还没有哪一个人能够让他们真正明白这个道理。不过，由于害怕惩罚和渴望宽恕，由于你一再地强迫，硬要他们答应，所以只好你说什么他们就承认什么。你以为是用道理说服了他们，其实是因为你使他们感到厌烦和害怕。

要按照你的学生的年龄去对待他。首先，要把他放在他应有的位置，而且要让他安于这个位置，使他不会有越出这个位置的企图。这样，他在还不知道什么叫善良之前，就已经在实践中上了重要的一课。千万不要对他采取命令的方式。不论对于什么事情，都绝对不能向他施以命令，甚至也不要让他认为你企图对他行使什么权威。只需让他知道你强而他弱，由于你们的情况不同，所以他必须听从你的安排。一定要让他知道这一点，学到这一点，并且意识到这一点。要尽早让他明白有一副大自然强加于人的沉重的枷锁套在他高傲的颈项上，让他认识到任何有限的生命都生活于这一枷锁之下，并且要受到它的约束。要使他认识到这个枷锁源于物本身而不是源于人的任性。要使他认识到，使他的行动受到拘束的，是他的体力而不是别人的权威。如果有什么是他不应该做的，你也不要禁止他做，只需加以提防就够了，而且在这个过程中也不用对他解释过多的道理。凡是你打算给他的东西，他一要就给，不要等到他向你乞求，更不要等到他提出什么条件的时候才给他。给的时候要高高兴兴的，拒绝的时候则要表现出不悦的样子。而且，一旦拒绝，你就不能随意改变决定。即使他再三纠缠，你也不要动摇。说出去的"不"字要像一堵铜墙一样。他碰五六次壁之后就会精疲力竭，再也不会尝试推翻这堵墙了。

这样，即使在他得不到他所希望的东西时，你也可以使他变得有耐心、心平气和，顺从地接受。因为人在天性上可以安心地接受物质的缺乏，但不能忍受来自他人的恶意。可以用"再也没有了"这句话来回答孩子，除非他认为你在撒谎，否则他是绝不会反对的。何况这里的确没有什么折中的余地，要么对他没有一点要求，要么就让他完全服从。最坏的教育方法是，让他在你的意志和他的意志之间游移不定，你和他就会在由谁做主这件事情上陷入无休止的争论的境地。相比较而言，我一百个同意事事由孩子做主。

奇怪的是，从人们开始思考教育问题以来，除了拿竞争、嫉妒、虚荣、贪婪和懦弱，拿各种各样最危险的、最易让人兴奋和最能破坏心灵的欲念，去教育身体还未发育成熟的孩子以外，再也想不出其他的手段。你每向孩子头脑中过早地灌输一次教育，就在他的心灵深处埋下了一颗罪恶的种子。愚昧的教师在促使学生成为坏人的时候，还以为是创造了教人为善的奇迹，并且郑重其事地对我们说："这才是人！"不错，这就是你造就的人。你尝试了各种手段，但是唯一能够取得成功的手段你并没有用过，那就是——有节制的自由。

不要口头教训你的学生，应该让他们从经验中得到教训。也不要对他们施加任何惩罚，因为他们还不知道自己究竟错在什么地方。也不要让他们说出"请原谅我"这样的话，因为他们还不知道自己怎么冒犯了你。由于他们的行为中不掺杂任何善恶的观念，所以他们就不可能做出一件道德败坏的、值得惩罚和谴责的事情。

我们不妨把这一点作为不可争辩的原则，即出自本性的、最初的冲动往往是正确的，因为人的心灵并不存在生来就有的邪恶。任何的邪恶，我们都能说出它是怎样和从哪里进入人心的。人类天生的唯一的欲念就是自爱，从广义上说，也就是一种自私。这种自私无论对它本身来说，还是对我们来说都是有用的。而且，由于儿童没有和其他人发生关系的必要，所以他是中立的。至于他的这种自爱会变好还是会变坏，完全取决于我们怎样运用它，以及在使用它时建立的关系。自私是受理性支配的，因此在理性产生以前，重要的是，不要让一个孩子因为别人在看他或听他说话，就去做这样或那样的事情。总之，他做任何事情都不能是因为他与别人的关系，而只能是因为自然对他的要求。这样一来，他才不会做错事。

我的意思并不是说他一点儿也不会捣乱，一点儿也不让自己受伤，在你把贵重器皿放到他能够得着的地方，他也从来不会摔碎。他可能会破坏一些东西，但他绝不会做坏事。因为坏事来自"坏"的意图，而他是没有这样的意图的。一旦他有了做坏事的意图，他所受的一切教育就将灰飞烟灭，他将变得无可救药。

有些事情从理性的角度来看并不坏，但从贪欲的角度来看就很坏。当你任由孩子们自由地嬉戏时，就要把一切他可能会弄坏的东西拿开，所有易碎的、珍贵的东西都要放在他们够不着的地方。房间里的家具要简单结实，不要摆设什么镜子、陶器和没用的饰品。至于我的学生爱弥儿，因为我把他带到了乡下，所以他的房间与一个乡下人住的房间没有什么区别。大部分时间他都不会待在房间里，因此，费尽心思去装饰它又有什么用呢？

不管你多么小心，孩子都会做出一些搞破坏的事情。如果他打碎了一些有用的东西，就不要因为你的疏忽大意而惩罚他，不要骂他，也不要让他听到一句责备的话，而且最好不要让他觉察到他使你感到很恼火。你要表现得让他认为好像那件东西是自己坏了一样。总之，如果你能控制住嘴巴，你就会明白其实自己做了一件很好的事情。

四、消极性教育

我可以把最伟大的、最重要的，也是最有用的教育法则大胆提出来吗？这个法则就是：不仅不应当争取时间，而且必须把时间放过去。读者诸君，请原谅我这个怪论。因为当一个人独立思考时，就必定会得出这样的怪论。不管你们怎么说，我都宁可做一个坚持怪论的人，而不愿意做一个持有偏见的人。

人生当中最危险的一段时间是从出生到12岁。如果在这段时间里没有采取措施避免种种错误和恶习，那么它们就会生根发芽。尽管以后采取各种手段进行改正，但是它们已经深深扎根，难以拔除了。如果一个孩子从出生开始一下子就能长到具备理智的年龄，那么，你现在的这种教育方式可能对他十分适宜。但从自然的进程来看，他们恰恰需要相反的教育。在孩子的种种机能还没开始发展之前，不应该对他们的心灵进行教化。因为，当孩子的心灵还处在蒙昧状态时，你就算给他一把火炬，他也是看不见的。而且在辽阔的思想原野中，他也不可能找到理性所指引的道路，因为那条道路是这样模糊，就连最好的眼睛都难以辨认出来。

所以，最初几年的教育应当纯粹是消极性的。它不在于教学生以道德和真理，而在于防止他的心灵沾染恶习，防止他的思想产生谬见。如果你的学生能够健壮地长到12岁，这时候，即使他还分不清左右手也没有关系。这时只要你教他，他那智慧的眼睛就会向着理性开启。由于他没有染上什么偏见或不良的习惯，所以他身上不会有什么东西能够抵消你教育他付出的辛苦。他很快就会在你的教导下成为同龄人中的佼佼者。也就是说，你在开始阶段的无为，最终却可以创造教育的奇迹。

如果你采取与常规相反的做法，那么你几乎永远都是正确的。由于父亲和教师不愿意把孩子教育成孩子，而要把他教育成一个博学之士，所以他们无论责骂他、改正他的缺点、指责他犯的错误或恐吓他，还是答应给他东西、教育他或对他讲道理，都会操之过急。一个更好的办法是：凡事都要做到恰到好处，而且，不要与你的学生争辩什么理由，特别是不要强迫他赞成他不喜欢的事情，因为常常围绕不愉快的事情进行争论，只会让他觉得道理是令人讨厌的东西，只会让他在还未明白道理之前，就对道理产生怀疑。你必须锻炼他的身体、他的器官、他的感觉和他的力量，但是要尽可能地让他的心智不活动。为了防止邪恶的产生，不应让孩子急于为善。因为只有在理性开启的前提下，孩子才有可能认识到善恶。所有这些延缓的做法都能够让你获得更多，能够让你尽可能地接近最终目的而不会有所损失。把童年还给儿童吧！总而言之，如果能推迟到明天教也无大碍，今天最好就不要教了。

另一方面，从孩子特有的天赋来看，这个方法也是十分恰当的。要想知道哪一种培养道德的方法最适合他，就必须对他个人的天赋有充分的了解。每个人的心智都有其自己的形式，必须按照这种特定的形式去引导他。你对他花费的苦心是否能够取得成效，在很大程度上取决于这个事实，即要按照这种特有的形式而非其他形式去教育他。聪明的人类啊！多多地探索一下大自然吧。你必须在仔细观察你的学生之后，才能对他说第一句话。让他的性格的种子自由自在地生长，不要对它有任何束缚，以便对真实的他有更好的了解。这样让他自由自在是浪费时间吗？恰恰相反，你的学生在这段时间里将会过得很有意义，因为这样你才能知道，怎样在这段最宝贵的时期不浪费片刻的光阴。如果在还不知道做什么之前就开始行动，那么你必然会盲目行事。你有可能犯下种种错误，不得不折回来重走这段路。所以，你越是急于达到目标，离目标反而会越远。你不要效仿那些吝啬的人，他们连一个铜板都不舍得花，结果可能会损失更大。童年时期牺牲一些时间，长大的时候是会加倍补偿回来的。聪明的医生绝不会在看了病人一眼之后，就匆匆忙忙地给他开药。他首先要研究病人的体质，然后再开药方。虽然他对病人的治疗开始得晚，但是他可以把病人治好；反之，操之过急的医生只会害死病人。

你可能会问，如果我们把孩子像一个不受环境影响的机器人来培养，那么我们应该把他放在什么地方才好呢？把他放在月球上，或者放在一个荒岛上吗？我们应该让他远离人类社会吗？难道从此就不让他接触同龄的孩子，不让他接触他的父母、邻居、乳母、保姆、仆人和家庭教师吗？他总不至于是一个天使吧？这种反对的意见有它的合理性。我从来没有说过自然教育是一件很容易完成的事情。诸位，如果你们把一切好事都想成困难的事情，这也是我的错吗？我承认其中确实存在困难，我也同意这些困难也许无法克服，但只要努力去做，我们就可以在一定程度上避免这些困难。我只是指明了应该尝试去做的方向，并没有说过任何人都能实现这一目标。我说的是，越是向那个目标前进的人，就越会成功。

请记住，在你试图培养一个人以前，你自己首先就要是一个人——一个值得孩子效仿的榜样。在孩子还没有形成意识之前，你可以从容地做好一切准备，以保证他看到的东西都是适合他的。你必须使自己受到他人的尊敬，你必须从获得别人的爱做起，这样所有人才能处处都满足你的心意。如果你不能控制孩子周围的人，你就不能做孩子的老师。如果这种权威不是以别人尊敬你的道德为基础，那么，它就永远不可能被充分地行使。这并不是说要你慷慨解囊，把自己的钱分给身边的人，我从未见过金钱能买到真爱。但是，你既不应严酷无情，也不应吝啬，或者明知道可以帮助别人去除痛苦，却只是对其施以怜悯。如果你只打开你的钱柜，而没有同时打开你的心，一切都将是徒劳的，别人的心也会永远向你紧闭。你必须奉献你的时间、关心和爱护，甚至你自己，因为，无论你做什么，别人永远都不会觉得你的钱代表你本人。事实上，与礼物比起来，善意能获得更多的回报，也能产生更多的作用。有多少贫困和患病的人需要我们的安慰而非施舍啊！有多少受压迫的人需要我们的保护而非金钱啊！要让争吵的人重归于好，而不致对簿公堂；教孩子们尽职尽责；让父亲们变得和蔼和亲；成就幸福的婚姻；帮助人们去除烦恼。

这也是我把爱弥儿带到乡间去培养的理由，因为在那儿，他可以远离卑微的仆从，远离除教师之外其他堕落的人，远离道德败坏的城市。当然，农民也有一些缺点，但由于他们既不掩饰，又显得那样朴素，所以只要你没有故意模仿，农民的缺点就不会影响到你，而且会让你产生厌恶。

在乡村里，教师可以按照自己的意愿，给孩子展示各种各样的东西。他的名声、言谈和他树立的榜样，都将使他获得在城市中无法获得的威信。他乐于帮助每一个人，所以每一个人都感激他，都想得到他的尊重，都想在同学面前表现出老师希望他们成为的那个样子。这样一来，即使无法改掉个人的缺点，也至少可以避免一些众人皆知的丑行，而这正是我们要达到目的所需要的。

热情的老师啊！请务必保持纯朴、敏感，谨言慎行。不要急于有所作为，除非是为了防止其他人对你的学生产生影响。正如我反复强调的，如果可能的话，要把有益的教育也去除，以免有害的教育影响了孩子。既然你无法避免孩子在外面学其他人的样子，那么，就必须把那些样子按照最适合孩子的形象烙印在他的心中。冲动的情绪被孩子看到了，就会对他产生巨大的影响。因为它的外在表现非常明显，孩子很容易被触动，并引起注意。尤其是当人愤怒到极点的时候，人就会显得非常暴躁，身边的人不可能不受影响。在这种情况下，教师有机会发表一些长篇大论。但是，不要发表什么言论，一句话也不要讲。让孩子慢慢走过来，这种情景会让他感到非常惊讶，一定有什么问题要问一问你。你的回答一定要简单，可以根据那些触动他的感官的事物来作答。他看见了一个面红耳赤、眼冒怒火、气势汹汹的人，他听到了哭喊声。所有这些表现都说明那个人失去了常态。所以，你既不要矫揉造作，也不要故弄玄虚，只需冷静地告诉他："这个可怜的人生病了，他正在发烧。"借此机会，你还可以跟他讲一讲什么是疾病及其后果，因为这是符合自然本性的。

我并不打算关注所有的细节，我只是阐述一般的准则，并在遇到困难时举一些例子。我认为要在社会中把一个孩子培养至12岁，而不让他形成人类彼此之间的关系，以及人类行为的道德问题的概念，这是不可能的。最好的做法是，尽可能晚一些把这些概念灌输给他，即使无法推迟，也要让这些概念仅限于当下的需要。这样做的目的是要让他认识到他不是万物的主人，他不应当不管不顾地损害别人，或者损害了别人还不自知。有些孩子的性格是平静、温和的，我们可以从他们天真无邪的童年开始，一直引导他们走下去而不出现任何危险。但是，也有一些孩子性格暴躁，这种脾气很早就表现出来了。因此，你必须赶快把他们教养成人，以免他们在不得已时被投入监狱。

孩子应具有的第一个观念，是财产的观念而非自由的观念。要让他获得这个观念，就必须让他拥有属于自己的物品。仅仅告诉他哪些衣服、家具和玩具是属于他的，这样做是没有什么意义的。因为，虽然他在用这些东西，但是他并不知道这些东西为什么属于他，以及他如何拥有了这些东西。即使你明确告诉他，因为你给予了他，所以他才拥有这些东西，这样做也用处不大。因为，要给予别人东西，自己必须首先拥有一样东西，可见一样东西在归他所有以前是属于别人的。而关于财产的原理，正是我们要向他讲解的。至于赠送礼物，它属于一种社会习俗，孩子对此还没有任何概念。读者诸君，请根据这个例子和其他例子想一想，仅仅往孩子的头脑中灌输一些他无法理解的概念，怎么就能说是把孩子彻底教育好了呢？

为了培养爱弥儿的财产观念，我让他在花园里种蚕豆。我们每天都给蚕豆浇水。看着它们逐渐长大的时候，我们都很高兴。一天天过去了，蚕豆也长大了，我对他说："这些蚕豆都属于你。"听到此话，他的兴致便愈发高涨。为向他解释"属于"这个词的意思，我会让他意识到他在这里投入了他的时间、他的劳动、他遇到的困难以及他的自我，让他意识到这块土地上有他自己的东西，任何人来侵犯，他都有权制止。正如当有人违背他的意愿拉住他的手时，他可以毫不犹豫地甩开那个人的手，挣脱开来。

在一个晴朗的日子，当爱弥儿拿着浇水壶匆忙走到那里时，他发现所有的蚕豆都被人铲除了，地也被人翻过了，甚至连曾经种蚕豆的地方也无从辨认。原来，这块土地是"属于"罗伯特先生的。因此，在使用这块土地之前，必须首先征得主人的同意。

对于性格暴躁的孩子，则可以使用另外一种方法让他理解"财产"这一概念。性情暴躁的孩子可能会破坏一切他够得着的东西。你不要生气，把东西放在他够不着的地方就行了。如果他损坏了正在使用的物品，不要急着给他新的，要让他感觉到自己需要这些物品。

如果他打碎了屋子的窗户，那就让他没日没夜地被风吹吧，不要担心他受风寒，因为对他来说，受风寒总比莽撞要好。不要埋怨他给你带来的种种麻烦，要让他首先感到不方便。直到最后，你可以不做声地叫人把窗户修理好！如果他再一次打破窗户，你就要改变策略。你不要生气，而应直截了当地告诉他："这些窗户是我的，我费了很大劲才把它们装上，我必须保证它们的完好。"然后，你就把他关进一间没有窗户的黑屋。这样做会出乎他的意料，他一定会哭闹，但谁也不要理睬他。很快他就会疲累，并改变他的腔调，在那里痛苦与哀叹。最后，他会记住这件事情的。

现在我们已进入道德的世界，罪恶的大门已经向我们敞开着。欺骗和谎言伴随着社会习俗和义务同时产生。一旦我们做了不应该做的事情，我们就会试图将它掩盖起来。我们既有可能为一己私利而轻易地许下诺言，也有可能为得到更大的利益而违背诺言。当我们无法阻止恶行时，我们就会诉诸惩罚，而人生的种种痛苦往往始于这些错误。

孩子绝不该仅仅因为要受惩罚而受惩罚，对此我已经说了很多次。孩子犯错后的自然后果总会降临在他们的头上。因此，你不该斥责他们撒谎的做法，也不要因为撒谎而惩罚他们，而要让他们明白撒谎带来的种种恶果。例如，如果他们撒谎，那么以后便不会有人相信他的话；即使他没有干坏事，也会被人指责说做了坏事。这些恶果终究都会落到他们的头上。

事实上，孩子撒谎完全是由教师造成的。他们想教会孩子说实话，结果却教会了孩子说谎的艺术。他们满腔热情，想好好地管理、控制并教导孩子，却没有找到合适的方法来实现目标。他们认为仅凭一些毫无根据的格言和不合理的规则，就可以对孩子的心智形成深刻的影响。这样，他们宁可让孩子背诵功课、撒谎，也不愿意让他们保持天真和诚实。

而我们主张学生在实践中学习，我们更愿意看到他们收获美德而非知识。我们从不要求他们说出真相，以免他们学会说谎。如果有人趁我不在干了坏事，而我又无法查出到底是谁做的，我不会将这件事归罪于爱弥儿，也不会问他："这件事是不是你干的？"因为这样做除了教他否认外，还能产生什么效果呢？如果他执拗的性格迫使我必须跟他订立约定，那么我将会十分谨慎地对待，确保相关建议都来自他而不是我。一旦确立约定，我会尽力让他觉得履行诺言会给他带来巨大的现实利益。如果他没有履行诺言，那么，谎言将给他带来不愉快的结果。要让他明白这并不是出自老师的报复，而是事物发展的自然规律。

我所讲的关于撒谎的情形，在很多方面都适用于为孩子设立种种义务。因为迫使他们履行这些义务不仅让人觉得可憎，而且不切实际。看起来你是在向他们鼓吹道德，实际上却让他们沾染上了种种恶习。你在禁止这些恶习的时候，反倒把这些恶习灌输给了他们。你让他们去布施，以培养他们的慈悲心，而这却像是你不屑去做才让他们去做似的。事实上，真正应该去布施的不是孩子，而是教师。布施，是成人的事情，因为只有成人才能衡量所布施的物品的价值以及他人的需求。孩子对这些显然一无所知，因此即使布施了，也不算作什么功绩。他的布施行为并非出于宽厚和仁慈。在布施时，他甚至会觉得有些难为情。而且，通过对你和他自己的行为的判断，他会认为只有小孩子才要向人布施，长大后就没必要这么做了。

我们需要关注的是心灵的习惯而非行为的习惯。你教给孩子的所有道德观念都是这样的，正是因为你不断地向孩子灌输这些无根基的道德观念，所以他们在少年时期才会过得那么悲伤！难道这是一种合乎情理的教育吗？诸位老师，为人应善良和正直。作为学生的榜样，你们应当将这种形象深植于学生的记忆里，使他们能够在若干年之后依然对此记忆犹新。

如果审视一下你的教育原则，你就会发现它们都是错误的，尤其是关系到道德的准则更加荒谬。在道德教育方面，只有一条既适合孩子，又对各个年龄的人来说都非常重要，那便是：绝不伤害任何人。即便是教人向善的准则，如果不从属于这条准则，也是危险的、错误的，甚至矛盾的。谁没有做过好事呢？每一个人都会做一些好事，坏人与好人都会做好事。但人会在让一个人幸福的同时，也让其他一百个人遭殃，而我们的种种不幸往往源自于此。最高尚的美德往往是消极的，也是最难做到的，因为这种美德不是为了给别人做个样子。而且，即便我们做得让人感到心满意足，我们也不会因此就产生快乐。如果有人从未伤害过他的邻居，那他做得就足够好了！这需要多么勇敢无畏的精神及坚强的性格才能做到啊！

要尊重儿童，不要急于对他们做出或好或坏的判断。对于那些特异的儿童，要让他们先进行自我展现，要让他们的才能经过检验和确认后，再对他们采取特殊的教育方法。让大自然先教导他们一段时间之后，你再去接替大自然的工作，以免妨碍了大自然的教育。你声称自己明白时间的价值，害怕浪费一分一秒。但你不了解的是，错误地运用时间而带来的损失，比在那段时间什么都没做带来的损失还要大。一个受了不良教育的孩子，远不如一个没有受过任何教育的孩子品德高尚。看到孩子在童年这段时光里无所事事，你就感到不安。难道让他天天快快乐乐、活蹦乱跳就没有一点意义吗？柏拉图的《理想国》一书被认为是一本严肃的著作，然而，他在这本书中完全是通过节日、游戏、唱歌和娱乐活动来教育孩子的。他在教孩子们玩耍并获得快乐的时候，就实现了他的教育目的。因此，不要再担心这种所谓的"懒惰"了。如果一个人为了不浪费人生的全部时间，而拒绝去睡觉，你会怎么想呢？你会说："这个人真是个疯子，他不仅没有享受他的生命，反而剥夺了他的生命。因为放弃睡眠就意味着奔向死亡。"一定要记住这二者十分相似，儿童时期就是理性的"睡眠期"。

从表面上来看，孩子学习起来好像很容易，而这正是贻误孩子的原因。你可能不知道，这种容易本身就是他们什么也没有学到的证明。他们闪光的小脑袋就像一面镜子，把你展现给他们的东西全都反射了出来，没有留下任何痕迹。孩子记住了你所说的话，但把观念反射掉了。那些听他说话的人都能理解他说的话，但他自己并不明白这些话的意思。

虽然记忆和理性思考是两种本质上截然不同的机能，但二者在发展过程中是相互依存的关系。在达到理智的年龄之前，儿童能够接受的只是形象，而不是观念。形象和观念的区别是：形象是被感知物体的纯粹图形，而观念则是对特定事物的看法，受制于事物之间的关系。在回忆形象时，它只会单独存在于心灵中，而一个观念则会引发其他观念的产生。当我们在想象的时候，我们只不过是在看；而当我们在思考的时候，我们是在进行比较。我们的感觉纯粹是被动的，而我们所有的概念或观念都是主动判断得出的产物。

我认为，由于孩子没有判断力，所以就没有真正的记忆。他们只会记得声音、形状和感觉，而不是观念，更不用说观念之间的联系了。反对我的人说，孩子可以学会一些初级的几何知识。你以为拿这一点就可以证明你的论断了吗？事实并非如此，而是恰好证明了我的观点，表明孩子不仅不具备推理的能力，而且记不住别人的推理。如果你们考察一下这些"小几何学家"使用的方法，你就会发现他们能够记住的只是关于例题的图形和术语。如果把图形稍微颠倒一下，孩子便会手足无措。他们的所有知识都仅仅停留在感知的层面，没有一点是透彻地理解的。他们小时候学过的东西，长大以后还需要重新学习，可见他们的记忆力并不比他们的其他能力强。

那些夸耀自己教学的卖弄学问者，拿了人家的报酬，自然有着完全不同的说法。通过他们的行为就可以看出，其实他们的看法和我的想法很相似。他们教给学生的到底是什么呢？词句！除了词句，还是词句。在他们所教授的各种学科中，对学生真正有用的知识，他们反而不教，因为这些知识涉及事实，他们根本教不好。他们所教授的是那些似乎只要我们知道其中的一些术语，就可以证明我们精通的学科，如地理、编年学和语言等学科。然而所有这些学问不仅远离成人，而且更加远离孩子。如果孩子能在他的一生中用上这方面的一点学问，就已经很让人感到惊讶了。

语言

你也许会惊奇地发现，我将语言教育放在了无用的教育之列。不过你要记住，这里我指的是童年时期的教育。无论你们怎么说，我都不会相信孩子在12岁或15岁以前，便能够真正学会两种语言。

如果说语言的学习仅仅是词句的学习，即学习表达词语所用的符号，那么，这种学习也许是适合孩子的。但是，语言在改变符号的同时，也会改变其传达的观念。语言塑造了观念，而思想则带有观念的色彩，只有理性是共通的。每一种语言都有属于自己的形式，这一差别可能是不同民族性格不同的部分原因或结果。以下这一事实可以证明这一结论，即世界上每个民族的语言都会随着其习俗的改变，或被保存下来，或是有所改变。

孩子们通过应用，能够学会这些不同语言形式中的一种，而这也是他们在理性成熟之前能够掌握的唯一的语言。如果要同时掌握两种语言，他们就要具备对概念进行比较的能力，然而孩子们往往连概念都不能理解，又谈何比较呢？有人说有的孩子确实学会了多种语言，但我认为这种说法是不对的。我曾经见过几个所谓的能讲五六种语言的小神童。我听到他们先讲了德语,接着又用拉丁语、法语及意大利语说话。事实上,他们确实用到了五六种词汇,但他们始终讲的是德语。简言之,只要你愿意,你可以教孩子许多同义词,但你改变的只是词汇而非语言,孩子们始终只会一种语言。

教师为了掩盖自己在这方面的无能,才去选择教授这些已经"死亡"的语言,因为我们无法找到权威人士来评判这些语言。由于这些语言的通常用法已经不复存在,所以他们只能满足于模仿书上所写的词语,甚至将之称为口语。如果教师自己的希腊文和拉丁文就很糟糕,那么试想一下,孩子们会学得如何呢?

地理

任何一种学习,如果用来表征事物的符号与表现的事物的观念相脱离,那就是毫无意义的。然而教育往往仅限于让孩子们学习这些符号,而没有让他们明白符号背后所代表的事物。你可能认为在地理课上你教他们明白了世界的样子,其实他们只是在学习一张地图。孩子们只是在书面意义上学到了城镇、国家、河流的名字,这些内容与他们的日常生活相去甚远。我记得曾经在什么地方见过一本地理书,这本书的开头便说:"什么是世界?世界就是一个纸板做的球。"这便是孩子们所学的地理。我敢断定,你拿着地球仪和世界志教他们学习了两年之后,没有一个10岁的孩子能按照所学到的方法,说出从巴黎到圣丹尼镇的走法;我敢断定,没有一个孩子能按照他爸爸的园林示意图,走过那些曲曲折折的道路而不迷失方向。那些通晓地图上哪里是北京、伊斯法罕[1]、墨西哥和地球上所有国家的年纪轻轻的博士,同样如此!

有些人说,最好让孩子去学那些只需用眼睛去学的东西。如果确实存在只凭眼睛就能学会的东西,那也许是可以的,但我从未见过这样的东西。

---

[1] 伊斯法罕(Ispahan),伊朗第二大城市。——译者注

历史

让孩子们学习历史，其实是个更加可笑的错误。你认为历史是可以被他们理解的，因为它仅仅是一些事实的堆砌。但是，"事实"这个词到底意味着什么呢？你以为决定历史事实的诸种关系是那么容易被孩子理解，以至孩子可以很容易地在心中形成相应的观念吗？你以为不了解历史事件的起因与结果，就能对整个事件有真正的了解吗？如果历史不过是人类身体的和外部的行动，那么，你能从历史中学到什么呢？学习历史索然寡味，它既不能让你感到快乐，也不能让你增长学问。如果你试图通过行为的道德关系来衡量它们，就请你试一试，看看学生能不能了解那些关系。你很快就会明白处于他们这个年龄段的人是否适合学习历史了。

让孩子们在口头上学会"国王"、"帝国"、"战争"、"征服"、"法律"和"革命"这些词汇是很容易的。但是，一旦要把这些词汇与精确的概念联系在一起，其解释就完全不同于爱弥儿因土地纠纷而同罗伯特园主进行的谈话了。

如果孩子们还不懂你所讲的词汇，那么，学习对于他们来说就是不适合的。如果他们没有形成真正的观念，那么，他们就不会有真正的记忆，因为我不认为仅仅唤起一些感觉就可以被称为记忆。在他们头脑里刻下一些他们无法理解的符号，这样做有什么用处呢？在学习事物的过程中，他们自然就会学习相应的符号，为什么要让他们浪费力气学两次呢？而且，当你教他们把一些根本无法理解的词汇作为学问时，其实是在让他们形成极其危险的偏见。

即便大自然使孩子的头脑具备了可以接受种种印象的可塑性，那也不是为了让他记住诸如国王的名字与在位时间、谱系、地球和地貌，或者记住那些对他既无现实意义，也无长远价值的词语。用这些东西来压迫他幼小的心灵，必然会使孩子的童年充满悲伤和无趣。孩子的头脑之所以具有可塑性，就是为了把那些能够被他理解的、对他有用的、关系到其幸福的，并且日后会指导他履行职责的观念，在早年以不可磨灭的印象烙印在他的心中，引导他终其一生都能按照适合于他的天性和才能的方式生活。

即便不学习书本，孩子拥有的记忆力也不会因此闲置。他所看到及听见的一切，都会对他产生影响。他会记住大人们的一言一行。他的生活环境就如同一本书，使他在不知不觉中丰富着自己的记忆，从而增进他的判断力。

我们要对他周围的事物加以选择，十分慎重地让他不断接触他能够理解的东西，把他不应该知道的东西藏起来，而这正是训练孩子早期记忆的真正方法。我们要做的就是为他提供一个知识的储备库，这有助于他青年时期的教育及其一生的行为发展。是的，这种方法既培养不出神童，也不能使他的保姆和教师获得别人的夸赞，但是，它能培养出身体健壮的、思想健全的、心理健康的人。这样的人在小时候虽然不会被人称赞，但成年后能受到每个人的尊重。

寓言

爱弥儿绝不会靠背诵来学习。即便是学习寓言，即便是学习拉·封丹[1]的寓言，无论它们多么简单而讨人喜欢，他也绝不会去背诵。因为寓言中的语言并不就是寓言，就像历史中的表述并不就是历史一般。人们竟然会如此盲目，以致把寓言称作儿童的伦理学，而全然不考虑寓言给儿童带来欢乐的同时，也会使他产生谬误。他会受虚伪的故事的诱惑而抛弃真理。这种教法固然可以让教学变得充满乐趣，但是会妨碍学生从中获益。大人可能会从寓言中获益，但对于孩子就应该直截了当地讲真理。

在拉·封丹的所有作品中，我只知道有五六个寓言是简单明了的。我将把这些寓言中的第一篇作为例子来加以分析。

乌鸦和狐狸

"乌鸦先生在一棵树上歇息。"

---

[1] 拉·封丹（La Fontaine，1621—1695），法国古典文学的代表作家之一，著名的寓言诗人。
——译者注

"先生"这个词本身是什么意思呢?把它放在一个专有名词(乌鸦)之前[1]表示什么?用在这里又是什么意思?什么是"乌鸦"?为什么说"在一棵树上歇息"?通常我们不说"在一棵树上歇息",而应当说"歇息在一棵树上"。因此,我们必须讲一讲诗歌的倒装法,把散文和诗歌区别开来。

"它嘴里含着一块奶酪。"

什么奶酪?是一块瑞士奶酪,还是布里奶酪或荷兰奶酪?如果孩子从来没有见过乌鸦,你怎样才能给他讲清楚呢?如果他见过乌鸦,他又怎能想象乌鸦把一块奶酪含在嘴里呢?你所有的描述都要来自自然。

……

仔细观察那些学过寓言的孩子,你就会发现,当他们有机会运用所学的寓言时,他们的所作所为几乎都与作者的本意相反。对于你试图防止出现或纠正的缺点,他们不仅满不在乎,而且会为所欲为,以便从别人的缺点中得到好处。在前面所讲的那则寓言中,孩子们往往会嘲笑乌鸦,而非常喜欢狐狸。

拉·封丹先生,让我们商量一下吧!对我而言,我承认我爱读你的书,而且我也承认我很喜欢你这个人。我努力从你的寓言中获得教益,希望我没有误解它们的寓意。至于我的学生,请允许我不让他学你写的任何一则寓言,直到你能让我相信:尽管寓言中的四分之三他都无法理解,但他学了这些依然能够受益;他能够明白寓言的寓意,且不会产生误解;他不仅不会上坏人的当,而且不会模仿坏人的样子。

读书识字

我这样做使孩子们摆脱了种种功课,从而替他们消除了烦恼的来源——读书。读书是童年时期遇到的灾难,而你却偏偏要让他们把所有的时间都用于

---

[1] "乌鸦先生",按照法语的语序,"先生"这个词在"乌鸦"之前。——译者注

读书。爱弥儿长到 12 岁时还不大知道书是什么。也许有人会说："至少他应该知道怎么阅读吧！"当读书对他有用时，我承认他必须学着读书。不过到现在为止，他还是觉得读书是一件令人厌烦的事情。

如果孩子们不是出于勉强而去做某些事情，他们就只会学那些他们认为真正的对当下有实际价值的东西，或是他们感到有用处，或是出于他们的喜爱。不然，还有什么动机能够促使他们去学习呢？对不在眼前的朋友讲话和听他们讲话，以及把我们的感情、愿望和憧憬直接传递给他们的艺术，对各个年龄段的人都有用处。但是，为什么本身如此有用而有趣的艺术，却会令孩子们感到痛苦呢？其原因就在于孩子们是被迫学习的。这违背了他们的意志，而且这种学习最终要达到的目的是他们无法理解的。很显然，孩子们不可能渴望通过使用折磨自己的工具来完善自身。但是，如果你能够利用这个工具让孩子们变得快乐，那么你就会发现，你根本无法阻止他们使用这个工具。

人们煞费苦心地寻找孩子读书识字的最好方法。有些人发明了单字拼读卡片，有些人把孩子的房间变成了印刷厂。洛克则主张借助字骰来教孩子识字。这是一个多好的主意啊！不过，有一个比以上这些都要好的方法，那就是培养孩子学习的欲望，只可惜它一直被人们遗忘。如果让你的学生产生了这种欲望，那么无论你是用识字卡片还是字骰，都会奏效。

当下的益处才是最大的动力，才是使人走得既远又稳的唯一动力。爱弥儿有时候接到他的父亲、母亲或亲戚朋友的请柬，邀请他去赴宴、散步、划船或观看演出。这些请柬简洁、准确、清晰，字也写得很好看。他需要找一个人读给他听，但这种人并不是需要时就可以找到的，或者有时找到了也会像爱弥儿昨天遇到的那样，并不乐于提供帮助。这样，时间一天天过去了，机会也会错失。最后有人帮他读了请柬，可是已经太迟了。哦！要是他自己识字就好了！紧接着，他又接到一封请柬，上面的话写得简单而又有趣，他多么想读懂它们啊！有时候他能获得别人的帮助，有时候则不能。他会尽力而为，最终他把请柬上的话读懂了一半：请他明天去吃奶油……在哪里？跟谁一起？他费了很大的劲才把余下的字读懂。所以，我认为爱弥儿并不需要识字卡等东西。我要教他写字吗？不，我是不好意思在这部有关教育的著作中，拿这些琐碎之事进行消遣。

我只补充一句话，这句话是一个十分重要的准则，即一般来说，你不急于达到某一目标，反而会有十足的把握，并且很快就可以实现这个目标。我可以肯定，爱弥儿在10岁前就能学会读书写字，其原因恰恰在于我对他15岁前是否能学会读书写字这件事并不在意。不过，我宁愿他一个字都不识，也不愿他为了学会阅读而把其他有用的事情全部荒废。对他来说，如果他根本不喜欢读书，读书对他又有什么用呢？

我越是坚持这种消极性的教育方法，我觉得人们就会越发强烈地反对。如果你的学生无法从你那里学到什么，那么，他就会向其他人学习。如果你不去一点一点地向他灌输真理，那么，他就会学到许多邪说。你担心传授给他的那些偏见，正是他从周围人身上习得的。它们将通过他所有的感官进入他的心灵，破坏他还有待成熟的理性。他长期不用而陷入麻木状态的心灵也将沉溺于物质的享受。如果他在儿童期没有养成思考的习惯，那么，他一生就都没有思考的能力。我觉得回应各种反对的声音是一件很容易的事情，但为什么我要去回答反对我的人呢？如果我的方法能自行回答那些反对的意见，那么就说明它是一个好方法。如果它不能回答，那么我回答了也没有用处。所以我还得接着谈下去。

五、身体的训练

如果你按照我所列的计划，采取与流俗截然相反的方法，如果你不致力于使你的学生的心灵指向遥远的未来，如果你不再使他执迷于其他的地方、其他的风土、其他的时代、天涯海角乃至天堂，而是努力让学生成为他自己，专注于他自己，你将发现他是能够进行观察、记忆乃至推理的，这便是自然的秩序。一旦他的感觉变得活跃起来，他将获得与他的力量相适应的辨别能力。只有在维持生命所需要的体力之外还有多余的体力时，才适于把这种可以作为其他用途的体力，用来发展他的思考能力。所以，如果你想培养学生的智力，就应当先培养他的智力所支配的体力。应该不断地锻炼他的身体，使他变得强壮、健康、善良、聪明。让他劳作，让他奔跑、喊叫，让他不停地活动。让他成为一个精力充沛的人，继而成为一个充满理性的人。

如果你总是给他指明方向，让他来这儿，去那儿，让他停下来做这个，不要做那个，那么，你会让他变成一个傻子。如果你总是用你的大脑来指挥他的手，那么，他的头脑就会变得无用武之地。因此，请记住我们的约定：若你是一个迂腐的学究，就请你别继续读这本书了。

有些人认为锻炼身体会阻碍大脑的活动，好像这两个活动不应该同时进行，好像一个活动不能指导另外一个活动，这其实是一个让人觉得可悲的错误。有两种人，即农民和野蛮人，他们一直都保持着身体的活动，却很少注重心智的培育。农民鲁莽、粗野而又笨拙，而野蛮人则以他们敏锐的感觉、狡猾的心思而为人熟知。一般而言，再也没有人比农民更迟钝，比野蛮人更狡黠的了。他们之间为何会产生这样的差异呢？因为农民总是别人让他怎么做，他就怎么做；或者他看见父亲做什么，他就做什么；或者他自己一向在做什么，就一直做下去。他只是屈从于习惯的造物，一辈子就像机器人一样做着同一件事情。在他身上，习惯与服从代替了理性。

至于野蛮人，情况就不同了。他们不定居在一个地方，没有预先要完成的事情，不用服从任何人。除了自己的意志以外，他无须服从任何规则。因此，他必须对生活中迈出的每一步都进行理性的思考。除非对后果进行了细致的斟酌，否则他不会迈出一小步，甚至连动都不会动。因此，他越是活动自己的身体，他的心智就越机敏。他的力量和他的理智同时获得了发展，而且相互促进。

博学的老师啊，让我们看一看，我们的两个学生当中哪一个最像野蛮人，哪一个最像农民。你的学生事事都听命于成天教训他的权威；你命令他做什么，他就做什么；他肚子饿了也不敢吃东西；他心里感到高兴不敢笑出来，心里感到悲伤也不敢哭出来；他伸出这只手就不敢换另外一只手；你说什么地方可以去，他才敢走过去。不久以后，甚至没有你的命令，他都不敢呼吸。所有的事情你都替他想好了，他还需动什么脑筋呢？他知道你在照顾他，让他过得幸福，他便会觉得自己没有什么要承担的责任。他的判断依赖于你的判断，凡是你未曾禁止过他做的事情，他就放心去做，因为他知道做了之后也不会有什么麻烦。他为何要去学着判断是否会下雨呢？他知道你会替他观察天气的变化。他不需要计划散步需要多长时间，因为他知道你不会让他错过吃饭的时间。只要你不制止，他就会吃个没完。只要你一制止，他就不吃了。他从不听胃的话，而只听你的话。所以，你让他的身体变得柔弱，而没有使他的心智灵活起来。而且，由于你叫他把仅有的一点理解力用在对他没有用处的事情上，所以他不再信任理性。由于他从未发现理智对他有何好处，所以最终他会认为它没有任何用处。

或许你会觉得你的学生头脑很灵活，也能用我前面所说的方式与女人机敏地聊天。但是，一旦他遇到危险，一旦他陷于困境必须做出决断，你就会发现他比最笨拙的农民的儿子还要愚蠢一百倍。

至于我的学生，更确切地说——自然的学生，他从小就尽可能地自立，因此没有养成不断寻求他人帮助的习惯，更不善于向他人炫耀自己的学问。另一方面，他有自己的判断力与预见力，他会对与他相关的一切事物进行理性的思考。他不会喋喋不休，他讲求的是实际行动。他对世上的事情一无所知，但是他很清楚什么会对他产生影响。由于他在不断地活动，所以他不得不观察许多事物，并思考它们会产生的影响。他很快就会获得很多经验。自然，而非人，才是他的真正的导师。正因为他从未看到别人的教育意图，所以他反而能更好地进行学习。这样，他的身体和头脑同时都得到了锻炼。他始终是按照自己的思想而不是别人的思想进行活动，所以他能把身体和头脑的作用结合起来。他的身体愈健壮，他就会变得愈加聪明而有洞察力。通过这种方法，他将来会获得一般人不具备的东西，获得大多数伟大的人物都具有的智力和体力，获得哲学家的理性和运动员的活力。

在大自然的指引下的持续锻炼，不仅可以增强体质，而且不会让他的心智败坏，反而在我们身上形成了儿童时期易于形成的一种理解能力，而这种理解能力对任何人而言都是必须具备的。正是在这种锻炼中，我们才学会了如何使用我们的体力，知道了我们的身体与周围物体的关系，学会了运用那些我们能够掌握的且适于我们使用的自然工具。

六、感觉的训练

人最初的自然活动是考察他周围所有的东西，探究他看到的与他相关的每一个物体的性质，因此，他最初进行的研究，其实是一种实验物理学，其目的是为了维持生存。在他还没有找到在这个世界上的恰当的位置之前，要避免让他进行抽象推理的研究。当他柔软而灵活的器官可以自行适应接触到的物体时，当他的感官没有受到幻觉的影响依旧保持敏锐时，可以趁此机会锻炼这些器官，让它们发挥恰当的作用。在这段时期，孩子可以学习认识事物与我们之间的种种自然关系。所有这一切都是通过人的感官而进入人的头脑的，所以人最初的理解是一种感性的理解。感性的理解是形成理智的基础。所以说，我们的脚、手和眼睛是我们最初的自然哲学老师。而用书本来代替此类感觉，势必无法启迪我们的理智。它是在教我们利用别人的理智，教我们轻信他人，而没有自己的见地。

要从事一门职业，首先就要具备从事这门职业的工具。为了有效地使用这些工具，就必须把它们做得坚固耐用。同样的道理，为了学会思考，我们必须锻炼四肢、感觉和各种身体器官，因为它们是我们的智慧的工具。为了充分利用这些工具，就必须让提供这些工具的身体变得强壮、健康。所以，人类真正的理性不仅不是脱离身体而独立存在的，而且良好的体格易于让人正确地运用理性。

一个孩子不可能像成人那样高大，也不可能像成人那样强壮、有理智。但是在视觉和听觉方面，孩子几乎接近成人。他的味觉也很好，虽然没有成人那样灵敏，但他能够分辨味道，且不会像成人那样贪恋味道。我们身上首先成熟的机能便是感官，但人们往往会无视或忽视这一点。

要想锻炼感官，仅仅使用它们是不够的。我们需通过它们学会正确地判断，也就是学会怎样感受。也就是说，我们只有经过学习，才会懂得应该怎样触摸、怎样观看和怎样聆听。

有一些运动纯粹是自然的和机械的，有助于增强体质，但无法提升我们的判断力。这些运动是：游泳、跑步、跳远、抽陀螺和扔石头。所有这些运动对胳膊和腿都有好处，但是，我们难道只有两只胳膊和两条腿吗？我们不是还有眼睛和耳朵吗？难道这些器官对手和脚的使用没有任何帮助吗？由此，我们不仅要锻炼体力，而且要锻炼所有指导体力的感官。要让每一种感官都发挥最大的作用，要用其他感官获得的印象去验证某一种感官获得的印象。要学会测量、计算、称重和比较。只有在估计过阻力之后，才能使用我们的力气。一定要事先预估好效果，然后才可对采用什么方法做出决定。告诉孩子在使用体力时，既不要不足，也不要过分。如果按照这种方法训练孩子预先想一想所有行为会得到的效果，并且按照自己的经验纠正错误，那么，很明显他活动得越多，他就会变得越聪明。

触觉

我们并不是平均地使用我们的各种感觉。有一种感觉，即触觉，在我们醒着的时候就很活跃。它遍布于身体的表面，就像一个时刻都在监视的哨兵，一发现可能的伤害就告诉我们。正是有了这种机能，我们才获得了最早的经验以及不断的实践，因此我们无须对它进行特殊的训练。我们都知道，盲人的触觉比我们的触觉更加敏锐和准确，因为他们缺乏视力，所以他们只能依靠触觉来判断我们用视觉判断的物体。那么，我们为何不可以像他们那样练习在黑暗中行走，在黑暗中辨别触摸到的物体，区分我们周围的环境呢？换句话说，我们为什么不能在黑夜中不借助灯光，做盲人白天能够做的事情呢？在阳光下，我们优越于盲人；而在黑暗中，盲人是我们的向导。我们一生当中有一半时间都是看不见的，而真正的盲人一直都知道他们在做什么。我们却为在黑暗中行动而感到恐惧。可以点灯呀！你可能会这么说。但是，谁可以保证手边总有灯具以备你使用呢？至于我，我宁可让爱弥儿的指头上长着眼睛（学会利用触觉来"看"），也不愿意看到他跑到蜡烛铺去。

  我觉得可以在夜间多做一些游戏，从表面上我们是看不出这个办法的重要性的。人们恐惧黑暗，这很自然，就连一些动物也是如此。只有少数人由于他们的学识、果断和勇气，才摆脱了恐惧带来的压力。我曾经见过一些思想家、怀疑论者、哲学家和白天很勇敢的军人，在夜里就像女人一样，听见树上掉下一片树叶都吓得直打哆嗦。有人说这种恐惧感是由保姆所讲的故事造成的，这种说法是错误的。这种恐惧感的产生有一个自然的原因，它同样也是让聋子猜疑、让人们产生迷信的原因，那就是对周围的事物和变化不了解。

  由于我们平时已经习惯于远远地观看物体，还要预先考虑它们的影响，所以当我们什么都看不到时，怎能不认为周围充满我们无法抵御的伤害呢？这时候，要想让自己镇定，唯有诉诸理智。然而比理智更强烈的本能却不允许我们这样做。既然不能做什么，那又有什么可怕的呢，我们何苦又去想它呢？在一切事情上，习惯总是能够征服想象。对我们每天所见到的事物起作用的不是想象而是记忆，而这也就是俗话所说的"见怪不怪"。所以，当你想帮助一个恐惧黑暗的人时，不要与其争论，经常带他去黑暗的地方就行了。你要知道，一切哲学层面上的争论都不如这一方法有效。就像修理屋顶的工人从来不会感到头晕一样，习惯于黑暗的人，也不会对黑暗感到恐惧。

  尽管在所有的感官中，触觉是最常被用到的，但是正如我曾经说过的，由触觉得出的判断比其他感官得出的判断更粗糙、更不全面。一般我们总是把触觉和视觉一起运用，由于目光比手更快地接触到物体，所以我们的心常常无须借助于手，便可做出判断。此外，触觉的判断又是最可信的，其原因恰恰是由于触觉的范围最窄，仅限于手能伸到的地方。触觉还可以纠正其他感觉的错误。因此，其他的感觉所能达到的范围，虽远远超过了所感觉的事物，但不能像触觉那样，接触到什么物体就能觉察得十分清楚。而且，触觉还可以把肌肉的力量和神经的活动联系起来，通过同时产生的感觉，把对温度、大小和形状的判断，与对重量和密度的判断结合起来。所以，当外界物体接触我们的身体时，触觉教给我们的最多。它能直接为我们提供维持生存所需的知识。

视觉

触觉只能在一个人的周围发挥作用，而视觉则能把它的作用延伸到很远的地方，因此也更容易发生错误。既然在同一时刻存在如此多的感觉和凭感觉做出的判断，他怎能不犯下一些错误呢？所以，在我们的感官中，视觉最不可靠，恰恰就是因为其辐射的范围最大。同时，由于它总是比其他的感觉先接触物体，所以它的作用总是发挥得太快，涉及的范围总是太广，以致其他的感官无法对它加以矫正。与此同时，为了认识广阔的空间，比较空间的不同部分，视觉带来的错觉有其存在的必要性。因为如果没有假象，我们就无法看清远处的事物。如果没有大小和色度的渐变，我们就无法判断距离的远近，或者说得更确切一点，我们就根本不会有距离的概念。如果有两棵树，离我们一百步远的树和离我们只有十步远的树看上去一样大、一样清楚，我们就会认为这两棵树彼此紧挨着。如果我们看到的各种东西，其大小与它们真正的尺寸一样，那么我们就无法理解什么叫空间。我们就会觉得一切东西看上去都紧挨着眼睛。

对于视觉，我们要使用不同的训练方法：不是简化感觉，而是加强这种感觉，经常用另外一个感觉去验证这个感觉。要使视觉器官从属于触觉器官，也就是说，用触觉的缓慢、稳健来克制视觉的轻率。如果缺少这种练习，那么，我们的判断就会不准确。我们目测高度、长度、宽度和距离都不能测得很准确，而工程师、测量师、建筑师、泥水匠和画家的眼力一般都比我们好，对距离的判断也更准确，这其实就可以证明：错误的发生并不在于视觉本身，而在于对视觉的运用，这些人的职业使他们获得了我们所没有的训练。

孩子们很乐意做各种让他们的身心保持自由的事情。有很多方法可以让他们对测量、观察和估计距离产生兴趣。那里有一棵很高的樱桃树，我们怎样才能摘到树上的樱桃呢？踩着谷仓里的梯子能不能够到？我们怎样才能走过那条很宽的溪流？把院子中的木板拿来搭在上面可以吗？我们要从窗口去钓这个城濠里的鱼，需要多长的钓鱼线？要在两棵树中间做一个秋千，用一根 3.6 米长的绳子够不够？有人对我说，我们新房的卧室有 2.3 平方米，你看够不够我们用？它是不是比这间屋子还大一些？我们都饥肠辘辘，附近正好有两个村庄，你觉得到哪个村庄去吃饭更近一些？等等。

在所有的感觉中，视觉最难与心灵的判断分离开来，所以人们需要花很多的时间学习观看。只有长时间比较视觉与触觉之后，视觉才能对形状和距离做出准确的判断。如果没有触觉，没有向前的运动，世界上最敏锐的眼睛也无法告诉我们空间是什么样子。对于牡蛎而言，整个世界不过是一个小点，即使它有了人类的心智，世界对它来说依然不过如此。只有通过行走、触摸、计算和测量物体的尺寸，我们才能学会准确地判断物体。然而，如果我们一直使用测量的办法，那么，我们的感官将会对仪器形成依赖，从而失去判断的能力。然而，孩子们不应当一下子就抛弃测量的办法而进行判断。当他们还不能对全盘进行比较时，他们可先进行部分的比较。不要总是动手去测量，而要习惯于单凭一双眼睛去测量。我们拥有几乎在任何地方都可使用的天然的尺度，那就是：我们的脚步、我们的两臂伸直的长度和我们的身高。如果一个孩子要估计一座房子的高度，他的老师就可以做他的尺子；如果他要估计一座尖塔有多高，他就可以用房屋做衡量的标准；如果他要知道一条路有多长，他就可以根据步行时间来计算。总之，所有这些，我们都不应替他去做，而应让他自己去做。

为了学习准确判断物体的长宽和大小，我们必须熟悉它们的形状，甚至能把它们描绘出来。实际上，描绘物体依赖透视律，若对这一规律一无所知，我们根本不可能根据物体的表象去判断它的大小。孩子天生善于模仿，他们看见什么东西都想画。所以我要求爱弥儿也学习这门艺术，其目的不是为了这门艺术本身，而是为了让他具备敏锐的观察力，让他的手变得灵活。因此我不会让一位只知道拿一些仿制品来教他画画的老师来教导他的。我希望自然才是他唯一的老师，万物才是他的模特。他应该画他眼前的实物，而不是纸上的临摹品。我希望他能够照着房子画房子，照着树木画树木，照着人画人，以便养成仔细地观察物体和它们的外形的习惯。我甚至不愿意他在眼前没有那个东西的时候单凭记忆来画，除非他通过反复的观察，已经把物体的正确形象印在了心里。这样做可以防止他拿一些稀奇古怪的样子去代替物体真正的样子，因而失去对于比例的观念和鉴赏自然美的能力。

我知道，如果采用这种方法，他画的东西会无比拙劣，什么都不像，甚至在画了很久以后都不能像画家那样画出优雅的轮廓和光感。也许他根本不懂鉴赏绘画的效果，也没有任何鉴赏绘画的品位。然而通过这种练习，他的视觉判断必定会更加准确，手指必定会更加灵巧，可以了解动物、植物和各种天然物体之间大小与尺寸的真正比例，透视感变得更加敏锐。而这正是我想要的，我的意图不是要他学会描绘物体，而是要他懂得认识它们。

我已经说过，几何学是孩子们无法理解的。究其原因，其实还是我们的失误。我们没有认识到他们的理解方式和我们的理解方式不一样，没有认识到几何学对于我们来说是一门推理的艺术，而对于他们来说则是一门观察的艺术。与其用我们的方法去教他们，倒不如让这种教育方法更好地适应他们的需要。因为我们在学习几何学的时候，是将其视为一件推理的而非想象的事情。当提出一项定理后，你就要想怎样去论证它。也就是说，你要找出这个定理是根据哪个已知的定理得出来的，并且要从所有已知的定理中确定哪些定理可以推导出这个定理。按照这种做法，即使是最严谨的推理家，如果不是极具创造性的话，也可能会束手无策。而其结果又会是什么呢？论证的方法不是我们自己发现的，而是老师传授给我们的。老师不是在教我们推理，而只是在训练我们的记忆力而已。

画一些很准确的图形，把它们拼起来，一个一个地重叠起来，研究一下它们的关系。这样，你无须讲什么定义、命题或任何论证的方法，只需简简单单地把图拼起来，反复观察，就可以学会全部的初等几何学。至于我，我是不想教爱弥儿几何学的。相反，要由他来教我。由我寻找那些关系，而他则会发现那些关系，因为我在寻找那些关系时，使用了他能够发现那些关系的方法。例如画圆周的时候，我不用圆规，而用一根线，将其一端系一支铅笔，另一端系在一个轴上转一个圈。画好以后,我就把一个个的半径加以比较,这时候,爱弥儿就会笑我,告诉我说,如果把那根线绷得再紧些,就不致画出不相等的半径。如果我要量一个 60°的角,我便以这个角的顶点为中心,画一个圆形。我发现从这个角的两条线之间切取的那一部分圆是整个圆形的六分之一。然后,我又以这个角的顶点为中心画一个比较大的圆,我会发现这个角切取的弧形仍然是其所在圆形的六分之一。我又画第三个同心圆,并在这个圆上做了同样的试验,直到爱弥儿惊讶于我的愚蠢,告诉我不论圆的大小,这个角所切取的每一个弧形,都是圆形的六分之一,等等。现在,我们才准备使用量角器。

人们通常会忽视几何作图的准确性,认为可以假定它是准确的,因此,就把他们的注意力集中于怎样证题。我们的做法则相反,我们所关心的不是怎样证明,而是画线要直,要准确,且要均匀。画方即方,画圆即圆。为了证明图是否画得精确,我们可用所有可以观察到的特征去检验它。这样,我们每天都有发现一些新特征的机会。我们会按一条直径对折一个圆,按对角线把一个正方形折成两半。孩子会把两个图形加以比较,看看哪一个图的边折得最准确。我们还会讨论这种等分是否可以在平行四边形和不等边四边形中实现,等等。有时候,在没有做试验以前,我们就会试着预估其结果,并找出个中缘由,等等。

对我的学生来说,几何学只不过是一门掌握使用尺子和圆规的艺术。他不能将其与画画混同,后者无须使用这两种工具。应当把尺子和圆规都锁起来,不要轻易地给他使用,即使要用,用的时间也要很短,以免他习惯于拿它们去乱画。我们可以在散步时带上我们的画,以便探讨我们已经画的或打算画的。

听觉

由于我们已经把视觉与触觉做过一番比较,所以也一样可以把它拿来与听觉进行比较,以便知道从同一个物体同时发出的两种印象,哪一种最先到达相应的接受器官。当我们看到大炮的火光时,你可能还有时间进行躲避。但当你听到爆炸声时，一切就晚了，因为炮弹已经到了你跟前。我们可以根据闪电和雷声之间相隔的时间来判断雷电是从多远传来的。我们应让孩子了解这些事实，要使他们就他们的能力所及去获得这些经验，并且能举一反三地发现其他的结论。不过，我倒是宁愿他们对这些经验一无所知，而不愿由你告诉他们。

我们有一个与听觉器官相应的器官，那便是发声器官。但是我们没有与视觉器官相应的器官，我们不能使颜色如声音般反复出现。由此，我们便可以将主动器官和被动器官关联起来，以锻炼听觉。

人有三种声音：说话的声音（或清晰的声音）、唱歌的声音（或有旋律的声音）和感伤的声音（或高昂的声音）。感伤的声音是感情的语言，它使人的歌唱和说话富有蓬勃的生气。小孩与大人一样，也有这三种声音，但他们并不知道将这三种声音结合起来。像我们一样，他们也会笑、会哭、会感叹、会叫喊、会呻吟，但他们并不知道改变这些声音的音调，与其他两种声音配合起来。在完美的音乐中，这三种声音会结合得非常好。孩子并不擅长这种音乐，他们演唱时缺乏情感。同样，他们在讲话时也无声调。他们叫喊，但他们不能音节分明地叫喊。正如在讲话中没有抑扬顿挫一样，他们的叫声也不洪亮。爱弥儿讲话还是会很单调，因为他的情感还在沉睡，他还不能把感情的表达与语言结合在一起。因此，不要教他去背诵悲剧或喜剧中的台词，也不要教他所谓的朗诵。他再聪明也不能很好地表达他无法理解的事物，或者很好地抒发他从未体会过的情感。

应教他在说话时声调匀称而清楚，咬清音节，吐字准确而不做作，懂得和按照语法规定的重音和韵律发音，要有足够的音量，让人能够听得清楚，但绝不要太大声——在公立学校受过教育的儿童身上一般都有这个毛病。应让他在任何事情上都不要过分。

同样，在唱歌的时候，应让他的声音平缓而准确，柔和而响亮。他的耳朵要听得出拍子和韵调，仅此而已。拟声音乐和舞台音乐并不适合他这个年纪的孩子。我甚至不希望他唱歌词，如果非要如此，我会尽量拿适合他这个年纪的有趣的歌词给他唱，而且歌词的意思也要像他的思想那样简单。

有人可能会以为，既然我并不急于教爱弥儿读写，我也不应急于教他认谱。的确，我们要避免使他因过分用心而伤神，也不要急于使他的心思专注于那些死板的符号。我承认，这有些困难。因为，正如不识字也能说话一样，人们即使不识乐谱也是能唱歌的。但是，其间有这样的区别：说话是表达自己的思想，而唱歌则是表达别人的思想。为了能表达它，就必须先认识它。

味觉

在完全不同的诸种感觉中，味觉对我们的影响往往是最大的。有千百种东西，在我们摸到、听到或看到的时候，都会觉得无所谓。但是，几乎每一种东西都会触发味觉。此外，味觉的活动又全是肉体的和物质的，只有这种感觉不依靠想象，至少其作用是极小的。但是，模仿和想象往往使其他感觉获得的印象掺杂有精神的成分。因此，一般而言，心地柔和、性情急躁而敏感的人，往往易受其他感觉的影响，但对味觉相对淡漠。由此观之，似乎味觉与其他感觉相比略显卑微，而贪图口腹之欲的倾向则是可鄙的。但我从这一点得出的结论正好相反，我认为，抚养孩子最合适的方法便是通过他们的饮食对其进行教育。贪食心比虚荣心好得多，因为前者是一种自然的欲望，直接由感官决定，而后者则是一种习俗的产物，为人的轻浮行为和各种恶习所左右。贪食是孩童时期的欲念，然而这个欲念是不能与其他欲念相提并论的，一遇到其他的欲念，它就会消失。请相信我说的话，不用太长时间，一个孩子就不会再对他吃的东西花许多心思了。等到他长大的时候，千百种强烈的情感将吸引他贪吃的心，使他产生贪图虚荣的欲念。因为，唯独这种欲念能凭借别的欲念而滋生，最终将其他的欲念全都吞噬。

然而，我并不希望大家不明智地利用这个十分低级的动机，也不希望用美味的食物作为对良好行为的鼓励。我不明白的是，整个童年都应当是玩耍和嬉闹游戏的时期，为什么不可以让纯粹的身体锻炼得到适当的物质奖励。爱弥儿不会把我放在石头上的那块蛋糕当作奔跑健将的奖品。在他看来，拿到点心的唯一办法是最先到达那里。

总之，无论你给孩子们什么样的食物，都应该让他们养成吃普通而简单的菜肴的习惯，让他们按照自己的想法吃、跑和玩。这样，你便可以确保他们绝不会吃得太多，也不会患上厌食症。如果你使他们有一半的时间是在挨饿，同时他们又找得到逃避你的监督的办法，那他们就会尽力弥补他们的损失。他们将一直吃到呕吐，吃到撑破肚皮为止。我们的食欲之所以过度，只是因为我们没有使它遵循自然的法则。我们经常在规定或增减我们的膳食，但这种增减都由我们的手做天平，而这个天平的衡量标准是我们的想象而不是我们的胃。我要举我看到的一些例子。在农民的家里，菜橱和果箱随时都是打开的，然而孩子和大人都并没有因此患上消化不良的疾病。

嗅觉

嗅觉之于味觉，就像视觉之于触觉那样。它先于味觉，告诉味觉这样或那样的东西会产生什么影响，以便使我们按照预先得到的印象，去寻找或躲避某种东西。我听说，野蛮人的嗅觉跟我们的嗅觉非常不同，他们对好的气味和不好的气味的判断也跟我们完全两样。我相信这种说法。气味就其本身来说，给人的感觉很轻微。它影响的是人的想象力，而非感觉。它主要通过引起人的期望而产生作用。

嗅觉在童年时期不应当过分活跃，因为在这个时期，想象力还没有受到欲念的刺激，因而它不容易被情绪感染。同时，儿童在这个时期还没有足够的经验，凭一种感官的印象预料另一种感官的印象。这个事实可经由观察来验证。可以肯定地说，大多数孩子的嗅觉都很迟钝，而且几乎等于是没有。其原因不是由于孩子们的嗅觉不如大人的嗅觉灵敏，而是因为他们缺乏与嗅觉相联系的观念。他们的嗅觉不像我们的嗅觉这样容易受到一种快乐的感觉或痛苦的感觉的影响，因而感到愉快或痛苦。

我想，如果我们培养孩子们能够像猎狗辨别猎物那样辨别他们的饮食，那么，我们也可能会使他们的嗅觉变得完美。当然，如果这不是为了使他们明白嗅觉和味觉的关系，我便会认为，这样做没有多大用处。

第六感

在我看来，所谓第六感，指的是一种共通的感觉。之所以如此称呼，并不是因为人人都有这种感觉，而是因为它源自其他五种感觉的良好配合使用，是因为它能将事物的种种外形特点综合起来，而使我们知道事物的性质。因此，第六感并无独有的器官，它只是存在于人的头脑中。这种感觉完全是内在的，我们可以称之为"知觉"或"观念"。我们的知识的广度，就是以这种观念的多少来衡量的。心智的精确性取决于这种观念是否清晰和精密。所谓的"人的理智"便是将这种观念互相加以比较的艺术。因此，当我说感性的理解或孩子的理解时，就是说它把几种感觉组合成简单的观念；当我说理性的理解或成人的理解时，就是说它把几个简单的观念组合成复杂的观念。

七、孩子的成熟

假定我的方法便是自然的方法，假定在使用这个方法的过程中也没有发生什么错误，那么，我们带着我们的学生就已经穿过种种感觉的领域，步入了孩子理性的境界。若是再跨出这个境界的第一步，就变成成人的步伐了。但是，在进入下一个新的境界之前，让我们回顾一下我们刚刚走过的地方。每一个年龄、人生的每一个阶段，都有它适当的完善的程度，都有它特有的成熟时期。我们常常谈及"成人"，但现在让我们来看一看一个"成熟的孩子"。他是一个全新的存在，但还不至让人感到不愉快。

我一想到那个10—12岁的孩子，长得健康、强壮，以年龄而论是发育得非常好的时候，我的喜悦之情便被唤醒。无论对他的现在还是将来，我都是如此。我看见他整个人活泼好动，没有什么劳心的焦虑，没有什么痛苦的远忧，完全沉浸在现实的生活中，充分地享受着那似乎要溢出他身体的生命。我期盼他长大之后能够运用自己的感觉、心智和能力。那时，当他的思想不断成熟，体力不断增强的时候，如果我把他看作一个孩子，我心里便会感到喜悦。

如果我把他想象为一个成人，我心里更加喜悦。他充满渴望的生命使我的脉搏加快。我相信，我可以借助他的生命而获新生，他活泼的样子似乎让我重获了青春。

时钟响起，场景发生了变化。孩子的眼睛失去了光辉，他失去了脸庞上的笑颜，再也不能游戏，再也不能欢快地玩耍了。一个严肃而怒气冲冲的人抓着他的手，严厉地对他说："走吧，孩子。"接着就把他带走了。在他们进入的房间中，一眼就瞥见了书。书！对他这个年龄的人来说，是多么累赘的东西啊！那可怜的孩子被那个人拉走了。他用依依不舍的目光看了一下周围的东西，就沉默地走了。他眼里噙着泪，但不敢哭出来；他心里充满了怨气，但不敢发出来。

来吧，我快乐而可爱的学生，快离开那个忧郁的人，到我这里来吧！他来了！当他走近我的时候，我感到一阵喜悦，我能感受到他也有同样的感觉。这里有他的朋友，他的游戏伙伴。他看到我的时候，深信快乐的时光不久就要到来。我们彼此并不依赖，而是和谐相处，没有什么比我和爱弥儿在一起让人感到快乐的了。

他的容颜、举止和表情，透露着一种自信和欢愉。他容光焕发、身体健康。他稳健的步伐表明他精力旺盛。他的皮肤细嫩而光滑，没有一点松弛的样子。空气和太阳已经在他的脸上印下了男性的可敬的标记。他丰满的肌肉展示出一些个体成长的生理特征。他的眼睛还没有燃起感情的火焰，依然流露着天真的明净。从他矫捷而稳重的动作中，你可以看出他这么大的孩子特有的活泼、独立的信心。他的性格是多么开朗和大方，没有一点傲慢或轻浮的样子。由于我们从来没有叫他把头埋下去啃书本，所以他绝不会把他的头低垂到他的胸前。我们用不着对他说："抬起头来。"他绝不会因害羞和恐惧而低下头。

他心中的观念不多，然而都是很明确的。虽说他没有靠记忆去知道什么，但他从经验中学到了很多东西。虽然他在读书方面没有别的孩子读得好，但他对自然这本书的理解比其他孩子更加透彻。他的智慧并不表现在他的舌头上，而是储藏在他的脑中。他的记忆力不及他的判断力强。他只会说一种语言，但是他理解他所说的语言。虽然他在说话方面较其他人稍逊,但他在行动方面表现得比其他人更好。

他不懂什么叫习惯、常规与习俗。昨天做的事情,绝不会影响他今天做的事情。他不会遵循现有的规则,不屈从于权威,不照搬现有的程式。他的所有言行均源于自己的兴趣。所以,你不要期望他会说别人教他说的话,不要期望看到他学来的举止。他的话句句都忠实于他的思想,他的行为完全是发自肺腑。

你将发现他也有一些关系到他目前状况的道德概念,但并无与成人相关的道德概念。既然一个小孩子还不是社会中的一分子,那么,这些概念对他有什么用处呢?你向他讲自由、财产以及契约,他也能够理解。他知道他的东西为什么是他的,不属于他的东西为什么不属于他。超过这一点,他就不明白了。与他谈义务和服从的时候,他听不懂你说的是什么意思。若你命令他去做事情,他并不会理睬你。但若你对他说:"如果你把这件事情做得令我满意,我就有机会也做得令你满意。"他立刻就会想法子做到使你满意。因为,他觉得能扩大他的影响范围,能从你那里取得权利,是再好不过的事了。

对于他自己而言,如果他需要帮助,不论他第一个碰到谁,他都会立即请求帮助。请求国王帮助,与请求仆人帮助是一样的。在他的眼里,所有人都是平等的。从他对你的呼唤便可发现,他并不认为你的帮助是理所应当的。他知道他请求的是你的好意。他也知道人性会使你给予他帮助。他的言辞简单明了。他的声音、目光和姿态表明,无论别人是满足还是拒绝他的要求,他都会泰然处之。这种表现既不是奴隶似的畏缩或顺从,也不是主人似的盛气凌人。这体现的是对人性的由衷信赖,是一个自由、聪明而体力柔弱的人要求另外一个自由、亲切而强壮的人给他帮助的时候,应有的高尚、和蔼的态度。如果你答应他的要求,他也不会感谢你,但他会觉得他背负起了一种债务;如果你拒绝他,他既不会埋怨,也不会坚持。他知道这样做是没有用的。因此,他绝不会说:"人家拒绝了我。"他将会说的是:"这是不可能的。"我已经说过,只要他看出那是必然的事,他就不会对着干。

工作或游戏，对他而言就是一回事。他的游戏就是他的工作，他不认为二者之间有差别。他使自己所做的一切事情都变得饶有趣味，并使之充满让人感到愉快的自由风格，这也显示了他心智的灵活和知识的范围。当你看到一个眼神机敏、态度沉着、性情开朗而带着笑容的漂亮的孩子，高高兴兴地做最重要的事情，或者专心致志地嬉戏的时候，你难道不觉得这是一幅令人陶醉和温暖的画卷吗？这难道不是一幅在他这个年龄才会有的优美的画卷吗？

　　当他长大为成熟的儿童后，童年的生活便该画上句号了。然而他的发展并没有以牺牲幸福的童年时光为代价，他做到了两者兼得。他在获得了儿童时期可能获得的理智的同时，也获得了其身体许可他享有的快乐和自由。即便他偶然遭遇了致命的伤害，毁掉了我们在他身上所种的希望的花朵，我们也不至为他的生命和他的死而哭泣。我们本就悲伤的心情也不至因为想到我们曾经给他造成的痛苦而更加悲切。我们可以对自己说："至少，他的童年是幸福的。我们没有剥夺自然赋予他的一切。"

第三卷　少年期（12—15岁）

一、当力量超过需要

在成为青年之前的整个过程，人都处于柔弱的状态。不过，这段年少时光会有这样一个时候，即孩子的力量超过了他的需要。从绝对意义上说，这个成长中的生命尽管柔弱，但已是相对较强壮的了。对于他尚未完全发展的需要而言，他目前的力量绰绰有余。作为一个人，他还很柔弱；但是作为一个孩子，他已经是非常强壮了。这是童年的第三个阶段，也就是我将要阐述的阶段。由于没有更合适的词，所以我依然用"童年"来称呼它。这个年纪已接近青年，但是还没有到青春发育期。

在十二三岁的时候，孩子的体力的增长要比他的需要的增长快得多。强烈的激情还不为他所知，他的身体发展尚未完成，似乎在等待意志去唤醒它。他几乎不会感到太冷或太热，寒暖都不会伤及他。他不需要穿外套，他的血液是温暖的。他也不需要调料，饥饿足以刺激他的胃口。对这个年龄的孩子来说，没有什么食物是不好吃的。如果他困了，他一躺在地上就睡着了。他发现到处有他需要的东西，他也不为任何臆想的需要所折磨。他不在乎别人怎么想。他的欲望不超出他的两手能够到达的范围。他的力量不仅是自足的，而且超出了他的需要。在他的一生中，也只有这个时期才是如此。

这是生命中最珍贵的时期，一生中这样的时期仅此一次。这个时期特别短促，当你想到怎样好好利用这段时间的重要性的时候，就越发会觉得它是非常短促的。所以说现在到了劳作、教育和学习的时期。需要指出的是，这不是我随意的选择，而是大自然的安排。

人的智慧是有限的，不仅没有人能无所不知，甚至对别人已知的那些知识，人也不可能完全知晓。既然每一个错误的命题的逆命题都是一个真理，那么存在多少真理就存在多少谬误。因此，我们必须既要对教育的时机进行选择，也要对教育的内容进行选择。在我们所能获得的知识中，有些是错误的，有些是没有用的，有些只是助长了具有知识的人的虚荣。真正有益于幸福的知识为数很少，但只有这样的知识才值得明智的人去探究，也值得一个孩子为了变得明智而去学习。总之，问题不在于他学到了什么，而在于他所学的知识是有用的。

在这为数不多的知识中，有必要抛弃那些理智完全发展之后才能理解的知识，那些牵涉到孩子不能理解的人际关系的知识，以及那些本身是真实的，但会使没有经验的心灵对其他事物产生错误看法的知识。

这样我们就要把所教的知识限定在与事物相关的较小的范围里。不过，以孩子的心灵来衡量的话，这个范围仍然很广阔。人类理性的深渊，哪个莽撞之徒胆敢来揭开它的面纱？那些华而不实的科学在不幸的孩子周围造成了多少陷阱！你会引他走入这危险的小径，你会揭开遮在他眼前的自然的神圣帷幕吗？停下你的手吧！首先你和他都必须保持头脑清醒，不让你或他，或者你们两人都感到晕眩。要当心谎言虚伪的魅力，要警惕骄傲迷人的烟雾。请永远记住，无知并没有什么坏处，自负才是致命的。人之所以误入歧途，不是因为他无知，而是因为他过于自负。

迄今为止，除了需要法则之外，我们不知道其他任何法则。现在我们应考虑的是什么是有用的，后面我们还要谈到什么是适宜的、正确的。

同一种本能可以激发人的不同机能。当身体的活力寻求发展的时候，精神的活力也要跟着受到教育。孩子们一开始只不过是好动，后来就变得好奇。这种好奇心如果得到恰当的引导，就能成为我们现在所讲的这个年龄段的孩子发展的动力。我们始终要区分，哪些倾向发乎自然，哪些倾向来自偏见。有一种求知欲，只是出于想要显得有学识的愿望。而另外一种求知欲，则是由于人对与他相关的或远或近的周遭事物，有一种自然的好奇心。一方面人生来就有谋求幸福的欲望，但另一方面这个欲望又不可能获得完全的满足，这迫使他不断地寻求满足欲望的新方法。这就是好奇心的第一本源，这个本源是自然而然地在人的心中产生的，它的发展是与我们的情感和知识的发展相称的。如果一个科学家带着他的书和仪器被放逐到一个荒岛，并且决定要在那里度过余生，那么，他大概是不会再自找麻烦去探究什么天体学说、引力法则和微积分的，也许他这辈子都不会再去翻书。然而，不管那个荒岛有多大，他都会忍不住要到处走走，哪怕是最偏僻的角落他都要去看一看。

二、自然科学的学习

对于人类来说，这样的岛就是地球，而最引人注目的东西则是太阳。一旦我们从周遭事物中抽身，它们中的一个或全部就必定会进入我们的视野。

你可能会说这变化也太快了吧。刚才我们还只是关注与我们密切相关的周围的事物，现在却要环游世界，跃向宇宙的边缘！这种变化是我们的体力发展和心灵趋向的结果。当我们身体柔弱而体力不足的时候，维持生命的任务会使我们的注意力局限于关注自身。等到我们身强力壮的时候，扩展生命的欲望便会带领我们超越自身，并尽可能地向外拓展。但是既然知识的世界还不为我们所知，那么我们的思想就不会超出我们的眼睛所能看到的范围，我们的理性也只在目之所及的范围内发展。

我们要把感觉转变为观念，但是不要一下子就从感觉的对象跳到思想的对象，后者必须通过前者才能获得。在最初的理性活动中，要一直以感觉为向导。此时，世界是唯一的书本，事实是唯一的教导。读书的孩子并不等于就是在思考，他只是在"读"，只是学会了词句而非知识。

要教你的学生观察各种自然现象，很快你就能唤起他的好奇心。不过，为了培养他的好奇心，你不要过快地满足他。给他一些问题，让他自己去解答。不要让他因为你的告知而知道什么，要让他通过自己的学习去求知。不要教他科学知识，而应让他自己去发现。你一旦用自己的权威代替了他的理性，

爱弥儿

他就不会再运用自己的理性了，而只会被别人的思想左右。

你为了教这个孩子学习地理，就给他弄来了地球仪、各种天体模型和地图。多么用心的准备啊！可是这些象征物有什么用呢？为何不从开始就让他看实物，让他至少知道你在讲什么呢？

在一个美丽的黄昏，我和爱弥儿在一个宜人的地方散步。在那里，广阔的地平线让我们可以看到日落的全景。我们仔细观察着日落之处的景物，以便记住这个地方。第二天，我们在日出之前又到那里，去呼吸新鲜的空气。霞光万道，预示着破晓。火光越来越艳，整个东方好像燃烧起来似的。在这霞光中，在太阳升起之前的漫长时间中，我们期盼着。每一刻都让人感到太阳就要出现在眼前。最后，太阳终于升起来了，周围黑暗的面纱渐渐褪去，美不胜收。在夜里，绿茵获得了新的活力，而黎明则照耀着它，清晨的第一缕阳光给它镀上了金黄色。它仿佛盖着一张用露珠织成的亮晶晶的网，熠熠生辉。鸟儿们一起鸣唱，欢迎那一切生命的父亲——太阳。所有这些情景的交织，给人一种沁透心灵的清新的感觉。

老师的心灵被激情点燃，想把这种感受传达给孩子。他期望通过把孩子的注意引向触动他本人的情感的地方，来激发孩子的情感。这完全是愚蠢的想法！自然的壮丽存在于人的心中，只有对它有所感受的人才能看到它的美。孩子固然看到了各种事物，但是他"看"不到它们之间的联系，也"听"不到它们的和谐。要从这些分离的感觉中得到一个综合的印象，就需要一些他从未获得的经验，以及一些他尚不具备的情感。如果他不曾在干燥的原野闲荡，如果他的脚不曾被灼热的沙砾烫过，如果他不曾呼吸过发烫的石头所反射的令人窒息的热气，他怎能领略一个美妙的早晨的清凉空气呢？花朵的芬芳、叶子的翠绿、露珠的湿润和脚下小草的柔软，怎能令他感到愉悦呢？如果他还不知道爱情和欢愉的滋味，鸟儿的歌唱又怎能拨动他的心弦呢？

不要向孩子讲一番他听不懂的话。不要绘声绘色，不要滔滔雄辩，不要华章辞藻，不要吟诵诗句。他现在还不解风情和趣味。和他说话，仍要清晰、简单、平静。用另一种风格说话，现在还为时尚早。

因此,要满足于仅在适当的时候让他看一些事物。然后,当你看到他的好奇心被彻底激发起来后,就向他提出几个简明的问题,让他自己去发现答案。就拿刚刚讲到的例子来说,你同他一起认真地观察日出时,要让他注意到那个地方的山脉和其他一些看得见的事物。在他自由地谈论它们之后,你可以若有所思地沉默一会儿,然后对他说:"太阳昨晚从那里下山,而今天却从这里升起。怎么会这样呢?"就这样,别再多说什么。如果他问你问题,不要回答,把话扯到别的事情上去。让他自己去解答,他必定会去思考的。

为了培养孩子专注的习惯,为了使他对来自经验的真理铭记在心,就必须让他花几天的心思去求索真理。如果按照这种方式,他还想不明白这个问题,还有一种办法,那就是把问题颠倒过来问他。如果他不知道太阳是怎样从那个地方落下又从另一个地方升起的,他至少知道它是怎样从升起到落下的。这一点,他光用眼睛就可以看出来。因此,可以用后面这个问题去阐明前面那个问题。除非你的学生是个十足的笨蛋,否则他不会看不出这个明显的类推。这就是他的宇宙学的第一课了。

由于我们总是由一个可以感觉的观念缓慢地进展到另一个可以感觉的观念,由于我们给他足够的时间去熟悉一个观念,然后才转到另一个观念,最后,由于我们从不强迫学生去关注什么,所以,从这第一课起,还要经过很长一段时间才能讲到太阳的运行和地球的形状。但是,既然所有的天体运动都基于同样的原理,那么第一次观察有助于他进行其他的观察。因此,从地球的自转讲到日蚀和月蚀的计算,与透彻理解昼夜更替的道理相比,所花费的时间虽然较多,但所花费的气力相对较少。

科学研究究竟是使用分析的方法还是使用综合的方法,人们对此是有争论的。不过我们并非一定要二选一。有时候,同样的研究课题我们既可以进行分析,也可以进行综合。在孩子认为他只是在分析的时候,你就用综合的方法去指导他。因为同时采用这两种方法,可以起到互相验证的作用。从两个相反的地点出发,在不知道是同一条路的情况下不期而遇,这将是多么令人愉悦的惊喜。举例来说,我要从两个相反的点来开始地理教学,既讲地球的旋转,也从我们居住的地方开始测量地球的各个部分。当孩子研究天体，心神在宇宙中遨游的时候，就应把他带回地球，并首先要他研究他居住的地方。

地理课上所讲的最初两个地点，是他居住的城市和他爸爸的乡间小屋，然后是这两个地点之间的地区和附近的河流，最后讲太阳的位置，以及如何据此判断方位。这里就是会合点了。让他自己绘制一幅地图，非常简单的地图，起先只画两个地方，然后在他能够估计出其他地方的距离或位置的时候，逐渐把那些地方添加到图上。你现在可以看出，我们教他以自己的眼睛做罗盘，这是一个多么良好的开端。

即便如此，他也还是需要一些指导的，不过是很少的指导，要少到他觉察不出来。如果他犯错误，就让他去犯错误好了，别去纠正他。什么也别说，直到他自己发现并改正这些错误。最多也只能在适当的时候设计一下情境，引导他发现自己的错误。如果他不曾犯过错误，那么，他就不会学得透彻。此外，问题还不在于他要精确地知道那个地方的地形，而在于他能够自己获取信息。重要的不是他头脑中有没有一张地图，而是他能够知道它们代表什么，而且对制作地图的方法有明确的观念。看看，在你的学生的学识和我的学生的无知之间，已经有了多大的差别！你的学生会看地图，而我的学生爱弥儿能画地图。

请记住，我的教育方法的精髓并不在于教孩子很多的东西，而在于让他形成正确、明晰的观念。即使他一无所知，那也没有关系，只要他不被误导就行了。我只让他熟识真理，以免谬误占据了他的头脑。理智和判断力的发展十分缓慢，而偏见则会大量地产生，因而需要保护前者不被后者俘获。但是，如果你以科学本身为目标，你将会掉进充满暗礁、无边无际、深不可测的海洋，永远也无法从中游出来。我们会发现，有一些热爱知识的人，沉湎于知识的美，学了一门知识又赶快去学另外一门知识，一刻也不停息。对我来说，他们好比在海滩上拾贝壳的孩子，起初拾了一些贝壳，可是看到其他的贝壳时，他又想去拾，于是扔掉一些又拾起另一些，最后拾了一大堆贝壳却不知道如何加以选择，只好通通扔掉，空手而归。

在幼年时期，时间是充裕的，因为害怕用错这些时间，我们宁愿让它们白白流逝。而现在的情况则相反，我们没有足够的时间用来做所有有益的事情。你要记住，激情正在迫近，当它敲门的时候，你的学生就不再注意别的而只是注意它了。理智的平静期是那样的短促，转瞬即逝，有那么多的事要做，所以，企图把这段时间只用来让孩子变得博学，是多么愚蠢的行为啊！因此，问题不在于教他各种知识，而在于培养他对学问的兴趣，并在这种兴趣发展起来之后，教他研究学问的方法。这无疑是所有良好教育的一个基本原则。

在普遍真理中有一条锁链，通过这条锁链，一切学问都与共同的原理联系起来，这些学问也是由此相继发展而来的。这条锁链就是哲学家的方法。不过，我们在这里用的不是这种方法，而是另外一种完全不同的方法。通过这种方法，每一个特殊的事物与另外一个特殊的事物相联系，并指向下一个。这个次序可以持久地激发人的好奇心，并通过好奇心培养人人皆需要的专注品质。大多数成人都按照这个次序观察事物，小孩子尤其要按照这个次序观察事物。

很久以来，我的学生和我都发现琥珀、玻璃和蜡等物体经过摩擦之后，就能把干草吸起来，而其他的物体则不能。我们拿一根完全磁化了的针，将其外面包以白蜡，尽量做成一只鸭子的模样，让针穿过鸭身，针尖做鸭子的嘴。我们把鸭子放在水上，然后用钥匙的一端去接近它的嘴。我们发现鸭子会跟着钥匙游动。我们经常在水盆周围留心观察，最后发现鸭子在静止的时候总是朝着同一个方向。根据这个观察我们去研究方向，发现它是南北指向的。有了这个发现就够了！我们找到了指南针或者与指南针相等同之物，这就是物理学习的开始。

地球上有不同的地带，这些地带的温度各不相同。我们愈接近极地，这种差异就越明显。所有的物体都是热胀冷缩，这个效果在液体中尤为显著，尤其是酒精。人们根据这个原理制作出了温度计。风吹拂着我们的脸，因此空气也是一种物质，一种流体。虽然我们看不见它，但是我们可以感觉到它。如果把一只玻璃杯倒立地插入水中，除非你把其中的空气排出去，否则水是进不去的，可见空气是有阻力的。再把杯子往水里多按下去一些，水就可以进入空气的空间，但是它不能完全填满整个空间，可见空气是可以压缩的。一个皮球装着压缩空气时，比装着其他任何物质都弹跳得高，可见空气是一种有弹性的物体。当你躺着洗澡的时候，把胳臂平直地伸出水面，你就会觉得胳臂上承受了很大的重量，可见空气是有重量的物体。当你使空气与其他的流体处于平衡的时候，你就可以计算它的重量。根据这个原理，就可以制作出气压表、虹吸管、气枪和气筒。所有静力学规律和流体静力学规律都是通过此类粗糙的实验发现的。不过，我不会为了上面这些研究，带孩子走进物理实验室，那里的仪器设备不会引起我的兴趣。因为，那些仪器有可能会让孩子感到畏惧，或者让孩子只注意仪器本身，而不能专注于仪器的效用。

我希望由我们自己来制造所需要的一切仪器，但我也不打算预先制作我们需要的仪器。我们只是在碰巧瞥见实验的操作之后，才慢慢地发明仪器去加以证明。我们的仪器并不一定要做得那样地精确完美，但我真的希望我们对它们应该是什么样子，以及它们的效果形成明确的认识。在第一次静力学课上，我并没有借助于天平，而是把一根棍子横放在椅背上，在放平稳以后，测量一下两边的长度，然后在两端放上重量相等或不等的物体，再根据情况把棍子往后面拉一点或往前面推一点。最后，我们发现，要取得平衡，就需要使重量与重物离支点的杠杆长度成反比。这样一来，我的小物理学家在没有见过天平以前就懂得怎样调整天平了。

毫无疑问，一个人以这种方式亲自获得的对事物的概念，当然要比从他人那里学来的概念更加清楚，更有说服力。而且，不仅我们的理性不会习惯于向权威屈服，在发现事物的关系、融汇自己的观念和发明仪器方面，我们也将变得更加灵巧。

像这样缓慢而费力的研究，其最显著的益处是：学生在进行思辨研究的同时，实际上也在积极地活动身体，使双手在劳动中得到锻炼，以便到长大的时候可以运用自如。由于发明了诸多的仪器来引导我们进行试验，辅助我们，让我们的感官更加精确，所以我们就忽视了对感官的运用。我们的仪器愈精巧，我们的感官就会变得愈迟钝。由于我们的周围有一大堆工具，所以我们就可以不再使用自然为我们每个人准备的工具了。

我们原来是以技艺代替机器的，而现在却用技艺来制造机器。我们原来不凭借机器而是依靠我们的聪明才智，而现在却凭借聪明才智来制造机器。当我们这样做的时候，我们是有所得而无所失的。我们在自然的基础上又多了一门技艺，因此变得更加灵巧而不是笨拙。如果我们不让孩子去啃书本，而是让他在工场干活，那么他的双手的劳作就会促进他的心灵的发展。他将变成一个哲学家，虽然他自认为只是一个工匠。

我曾经说过，纯理论的知识是不大适合孩子的，甚至对接近青春期的孩子来说也是如此。不必叫他们去深入钻研理论物理学，而应让他们用演绎的方法把各种经验联系在一起，以便凭这个链条把它们井然有序地记在心里，从而在需要的时候能回忆出来。因为，当没有回忆的线索的时候，我们是很难想起孤立的事实和论据的。

在探索自然规律的时候，始终应从最平常和最显著的现象开始，要教导你的学生不要把那些现象当作原因，而要当作事实。我拿起一块石头，假装要把它放在空中。我松开手，石头就掉了下去。我看见爱弥儿一直在注意我的动作，于是我问他："这块石头为什么掉下去了呢？"有没有哪一个孩子会迟疑不答呢？没有，爱弥儿也不会，除非我想方设法地让他不知道怎样回答。大家都会说："石头之所以往下掉，是因为它很重。""那么，'重'意味着什么呢？""重就是会往下掉。""这么说，石头之所以往下掉，是因为它要往下掉了？"问到这里，我的小物理学家就被难住了。这就是他系统学习物理学的第一课。

三、孩子的理解范围

随着孩子的理智的发展，出于其他一些重要的考虑，我们要更加关注他的职业选择问题。一旦他有充分的自我认识，知道什么东西可以为他带来幸福，一旦他能够理解事物的广泛联系，从而能判断哪些东西对他适合或不适合，他就能够区分工作和游戏，并将后者仅仅视为消遣。这时候，你就可以拿一些真正有用的东西让他去研究，引导他对这种研究投入比游戏更长久的专注。需要法则总是在起作用，它很早就教导人做他不喜欢的事情，以防止他做那些他更不喜欢的恶事。这就是远见的用处。人类所有的智慧和苦难的根源，就在于他们对远见的运用是否得当。

当儿童还没有感觉到某些需要，却已经预料到这些需要的时候，他们的理智就向前迈出了一大步。他们已开始知道时间的价值了。因此，要教导他们把时间花在有用的事物上，不过这种"有用"是以他们那样的年龄和经验所能理解和把握的。所有关于道德秩序和社会习俗的东西，都不应该教给他们，因为他们还不具备理解这些东西的能力。不能让孩子照别人说的去做，除非他自己认为是有益处的事物，其他的一切事物对他可能都是没有益处的。当你经常要他去做他不能理解的事情时，你自以为是在施展远见，其实你压根儿不懂什么是远见。你给了他一些也许永远也不需要的没用的工具，却不让他使用人类最有用的工具——常识。你使他习惯于听从别人的指挥，让他变成别人手中的工具。小时候你使他非常温顺，长大后，他就容易轻信和上当受骗。如果你尽量教孩子学习适合他的年龄的事物，那么，你就会发现，他的时间得到了充分的利用。你为什么硬要牺牲适合他现在学习的东西，而让他学习他有生之年未必能用得着的东西呢？你也许会说："等到他要用的时候，才去学他本该知道的东西，是不是太晚了？"来不来得及学，我不知道。不过，据我所知，要提早学习是不可能的，因为，我们真正的老师是经验和情感，一个人只有处于特定的情境中，才能清楚地觉察哪些东西是适合他的。孩子知道他必然要长大成人。他对成人的身份所持有的种种观念，就是对他进行教育的诸多机会。至于那些超出他的理解范围的观念，还是不要让他知道为好。这是本书中一以贯之的教育原则。

一旦我们成功地使学生知道"有用"这个词的意思，我们就多了一个管理他的手段。因为，只要他觉得这个词对他这个年龄的人来说有意义，只要他能清楚地看到它与幸福生活之间的关系，这个词就会给他留下深刻的印象。

"这有什么用处？"这句话从此以后便会成为一个神圣的准则，用来检验我和他生活中的一切行为。不管他问我什么问题，我都要用这个问题来回答他。这个问题可以阻止他问一连串愚蠢无聊的问题。因为，孩子们难免孜孜不倦地、无益地纠缠于这些问题。你看，我已经把多么有力的一个工具交给你去控制你的学生了。由于他还不知道事情的缘由，所以你可以随心所欲地让他不吭声。你还可以利用你的知识和经验上的巨大优势，向他指出所有你告诉他的事物的用处！不过，不要错误地利用这种优势。因为你向他提出这个问题之后他也可以反过来向你提出这个问题。你应当估计到，在你以后要他做什么事情的时候，他会照你的样子问："这有什么用处呢？"

我不喜欢长篇大论的解释，年轻人根本不会用心去听这种解释，而且他们往往也记不住。用实际的事物！用实际的事物！我不厌其烦地再三指出，我们过多地强调言语了。教师喋喋不休，只会培养出絮絮叨叨的学生。

假定我和我的学生正在研究太阳的运行和确定方位的方法，爱弥儿突然打断我，问我研究这些有什么用处。我完全可以向他发表一场漂亮的演讲！在这个场合，为了回答他的问题，我可以滔滔不绝地给他讲多少东西啊，尤其是在有人听我们讲话的时候！我可以给他讲旅行的好处、商业的价值、不同地域的特产、不同民族的风俗、历法的用途、农时的推算和航行的技艺等。我的解释还可以包含政治学、博物学、天文学，甚至还有道德和国际法，以便使我的学生对所有这些学问形成一个大体的概念，并产生强烈的学习愿望。而当我把话都讲完了的时候，我固然是像一个地道的学究那样显示了我的博学，但他可能一个概念都没有听懂。他很想再问一遍，"确定方位有什么用处？"可是他不敢，因为他怕我发脾气。他觉得最好还是假装听懂了我硬要给他讲的东西。华而不实的教育就是这样的做法。

但是，爱弥儿是用比较质朴的方式培养起来的，并在我们的努力下成为一个有自己的想法的人，所以他是不会听这一套的。只要头一句话他听不懂，他就溜掉了，自己在房间里玩，让我一个人在那里口若悬河。我们得找一个更平常的答案。我这套高深的学问对他没有什么用处。

读者不要以为我是那样地看不起他，以至在每一项学习中都要给他做一个示例。但是，无论教什么东西，我都不能不特别强调老师举的例子要适合学生的能力。因为，我再说一次，危险不在于他不懂，而是他自以为已经懂了。

不要给孩子看他理解不了的东西。既然人性对他而言是陌生的，你就不能把他拔高到成人的身份。当你思考什么东西在他长大以后对他有用的时候，你也只能讲他目前就知道其用处的东西。此外，一旦他开始懂得道理，就绝不能把他与其他的孩子相比较，不要让他有竞争对手。我宁可让他一点东西都不学，也不愿意他出于忌妒或自负去学习。我只是把他每一年的进步都记下来，以便与他下一年取得的成绩进行比较。我会这样对他说："现在你长高了好多，这是你跳过的沟、搬过的重物。你之前把一块石头扔了那么远，你一口气跑了那样长的一段路，等等。让我们瞧一瞧你现在有多大的本领。"通过这种方式，他会被激励着继续前进——不是出于忌妒，而是因为他想超越自己。爱弥儿应该这么做，我看不出他与自己竞争有什么问题。

四、认识自然的状态

我讨厌书本，因为它只能教我们谈论我们一无所知的东西。难道就没有什么办法可以把分散在众多书籍中的许多知识联系起来，就没有什么办法可以使它们聚焦于一个共同的目标——这个目标人们容易看到，也乐于去追求，甚至小孩子也会受其激励吗？如果我们能够创造一种环境，以便在其中以一种孩子能够理解的方式，展现人的一切自然需要，同时把满足这些需要的手段也明确地展现出来，那么，我们就可以采用这种环境的生动而朴素的描绘，初步训练儿童的想象力。

热心的哲学家，我已经看见你的想象力开动起来了。可是，请你不要再花什么力气了，因为这种环境已经找到了，人们已经描述过它了。而且，中肯地说，比你所描述的要好得多，至少比你所描述的要更为真实和简洁。既然我们非读书不可，那么，有一本书在我看来提供了对自然教育的最好的论述。这是爱弥儿读的第一本书,在很长一段时期里,他的图书馆里就只有这么一本书,而且它在其中始终占据着重要的位置。它就是我们学习的课本。我们关于自然科学的一切谈话,都不过是对它的注释罢了。它可以用来检测我们的判断力是不是有了进步,而且,只要我们的趣味没有遭到败坏,我们将始终满怀喜悦地阅读它。这本精彩的书是什么呢?是亚里士多德[1]的著作?还是普林尼[2]的?还是布丰[3]的?不,它是《鲁滨逊漂流记》[4]。

鲁滨逊在岛上,一个人孤零零的,没有同伴的帮助,没有任何一样干活的工具,然而却能获得他所吃的食物,保全他的生命,甚至还能让自己过得舒坦。这对各种年龄的人来说,都是一件很有趣的事情。我们可以通过各种各样的方式,使孩子们对这件事情产生兴趣。我原先用来作为比喻的荒岛,就这样变成了现实。我承认,这不是社会人所处的那种环境,也不可能是爱弥儿身处其中的环境。但是,他可以用它作为标准,来与其他任何环境相比较。要使一个人摆脱偏见,让他的判断植根于事物的真正关系,最可靠的办法就是使他处在一个与世隔绝的人的地位,并且像鲁滨逊一样,根据一切事物的本来面目进行判断。

不去管那些冗长的叙述,这本小说以讲述鲁滨逊遭遇船难流落荒岛开始,以一只船把他载离那个荒岛结束。在我们现在所谈的这段时期中,它可以同时作为爱弥儿进行消遣和接受教育的读物。我希望他满脑子都是这本书的内容,希望他兢兢业业地管理他的楼阁、他的羊群和他的作物,希望他不是从书本上而是从具体的事物中详细地学习在同样的情况下必须知道的一切事情,希望他

---

[1] 亚里士多德(Aristotle,前384—前322),古希腊哲学家,柏拉图的学生,与苏格拉底和柏拉图共同奠定了西方文化的哲学基础。代表作有《形而上学》等。——译者注

[2] 普林尼(Pliny,23—79),古罗马作家、博物学者、军人、政治家,以《自然史》一书留名后世。——译者注

[3] 布丰(Buffon,1707—1788),法国博物学家、作家,编撰了36卷《自然史》。——译者注

[4] 《鲁滨逊漂流记》(Robinson Crusoe),英国作家丹尼尔·笛福(Daniel Defoe,1660—1731)的作品。——译者注

认为他就是鲁滨逊，想象自己穿一身兽皮，戴一顶大帽子，佩一把大刀，把奇奇怪怪的东西样样都带在身上，就连他用不着的那把伞也随身带着。我希望他在缺少此物或彼物的时候，很着急地在那里想解决的办法。希望他研究一下小说中的主人公是怎样做的。看一看主人公有没有什么疏忽的地方，有哪些事情可以做得更好。希望他留心主人公的错误，以免在同样的情况下他自己也犯那样的错误。你要相信，他会计划给自己修造一个相似的房屋。这是处于快乐的年龄段的人建造的真正的空中楼阁，这时他所理解的幸福无非就是有生活的必需品和自由。

对于一个知道如何唤起并利用孩子的想象力的富有技巧的老师来说，孩子的空中楼阁中包含着多少教育机会啊！想要在他的荒岛上建造一个储物库的孩子，他渴望学习的心，比老师想教他的心还要急切。他想知道一切有用的东西，而且也只想知道这些东西。你不需要鞭策他，你只要适时收紧缰绳就行了。此外，当他在那个岛上自得其乐的时候，我们要赶快让他在那里定居下来。因为这样的日子不久就要到来：那时候，如果他还想在岛上住下去，他就不乐意再一个人住在那里了，即使有我们至今还没关注过的"星期五"[1]的陪伴，他也无法感到心满意足了。

五、应习得一门手艺

一个人就可以操作的自然技艺，导向了需要许多人合作的工业技艺。前一种技艺，孤独的人和野蛮人都可以运用，而后一种技艺，则只能在社会中产生，并成为社会的必需。当人们只知道身体的需要时，每一个人都是自给自足的。一旦有了剩余产品，就不可避免地要对剩余产品进行分配，对劳动进行

---

[1]"星期五"是《鲁滨逊漂流记》中的一个人物的名字。这个人为鲁滨逊所救，后来成了鲁滨逊的仆人。由于救他的时候恰逢星期五，所以鲁滨逊就将其取名为"星期五"。——译者注

分工。

你的主要目标是，不要让你的学生接触到社会关系的所有概念，因为这是他无法理解的。但是，当知识的进展迫使你不得不向他展示人类的互相依赖时，不要去讲它的道德意蕴，而必须首先使他的注意力放在那些使人和人互惠互利的工业和机械技术上。当你带着他从这个工场走到那个工场的时候，不能让他只是看看而不自己动手去做，不能让他对工场里所做的事情没有透彻理解就匆匆离去，你至少要让他对看到的东西有所了解。为此，你需要亲自动手去干活，处处给他做榜样。为了使他成为师傅，你要处处当学徒。你要知道，他从一小时工作中学到的东西，要比听你讲一整天学到的东西多得多。

一般人对各种技艺的评价，是与它们的真正用途成反比的。最有用的技艺，也就是报酬最少的技艺，因为，工人的数目同人们的需要相匹配，而人人都需要的产品，必须保证处在穷人也付得起的价位。反之，那些被称为艺术家而不是工匠的人，他们是为有闲阶层和富人工作的，所以他们可以任意为那些华而不实的小摆设定价。但是我得说，在每一种东西中，用途最广和必不可少的技艺毫无疑问是最值得尊重的。而那些最不需要别人帮助的技艺比那些依赖别人的技艺更值得尊重，因为它更加自由，也更加接近独立操作。在所有技艺中，农业是最早的，也是最值得尊敬的。我把炼铁放在第二位，木工放在第三位，以此类推。如果一个孩子没有受过庸俗的偏见的毒害，那么，他也一定会这样来评定它们的次序的。

在少年期开始的时候，我们已经利用自身过剩的精力，使我们超出了现有的活动范围。我们上探星空，下量地球。我们收获了对自然法则的认知。一句话，我们跑遍了整个"岛屿"。现在我们又回到了我们所住的地方。研究完周围的事物之后，我们还该做些什么呢？我们要让能够获得的一切东西都为我们所用，要利用我们的好奇心来增进我们的福祉。到现在为止，我们已经制造了各种各样的工具，但是还不知道哪些是我们用得着的。也许，对我们自己没有用处的工具却对别人有用处，也许我们也要用到他人的工具。这样一来，我们就发现了交换的用处。但是，为了进行交换，就必须了解彼此的需要，需要知道别人所使用的工具和我们可以拿出来交换的工具。

现在假定有10个人,而每一个人有10种需要。每一个人为了满足自身的需要,都要做10种不同的工作。但是,由于天资和能力的差别,这个人可能擅长这种工作,而那个人可能擅长另一种工作。所有的人都各有所长,但现在都做10种同样的事情,效果可能会很糟。如果把这10个人组成一个社会,让每一个人为他自己,也为其他人做最适合他的工作,这样,每一个人都能从其他人的才能中得到益处,好像这些才能是他自己的才能似的。每一个人由于持续不断地做一样工作,所以会越做越熟练,结果,这10个人的所有需要全部得到满足之后,可能仍有剩余的东西供给其他的人。这就是一切制度的显而易见的基础。

这样,在一个孩子真正地成为社会的积极成员以前,社会关系的观念就在他的心中渐渐形成。爱弥儿发现,他自己要使用工具,别人也要使用工具,因此他可以通过交换,获得他所需要而别人又能提供的工具。我很容易让他感觉到进行这些交换的必要,并使他从交换中获益。

一旦爱弥儿知道什么是生命的时候,我首先关心的是教他怎样保全生命。到现在为止,我还没有讲过身份、等级和财产,以后我也不会去讲它们。因为各种身份的人都是一样的,富人的胃并不比穷人的胃更大或消化能力更好,主人的胳膊也不见得比仆人的胳膊长得更长、更强壮,一个伟大的人也不一定比一个普通的人长得更高。事实上,每个人的自然需要都是一样的,满足需要的手段应该人人都能平等地获得。应该使人的教育适应人本身,而不是人以外的东西。如果你努力让他只适应一种身份,他就无法适应其他身份。你难道不明白这一点吗?贵族有可能会变成平民,富人有可能会变成穷人,君王有可能会变成臣民。难道命运很少降临,你就可以免遭其难吗?危机和革命的时代已经来临。谁能知道你的命运会怎样?凡是人所制造的东西,人就能够把它毁掉。只有大自然刻画的特征才是不可磨灭的,要知道大自然并不造就国王、富人和贵族。

这位官长,你当初只教育他追求崇高,将来落到卑贱的地位时他该怎办呢？这个只知道靠金子生活的税吏，将来穷困潦倒的时候该怎么办呢？这个徒有其表的蠢人，无一技之长而全靠他人得以生活，到了一无所有的时候又该怎么办呢？一个人要能够在失去地位时全身而退，不顾命运的摆布而立身做人，才说得上是幸福的！任何一个父亲都不能使他的儿子有权成为一个对同胞毫无用处之人。你也许会说，当他把他的财产——他的劳动的报酬传给儿子时，他就已经这么做了。一个人在那里坐享不是他自己挣来的东西，就等于是在盗窃。而且在我看来，一个人如果一事不做全靠政府的救济金生活，就与抢劫行人过活的强盗没有多少区别。处在社会之外的与世隔离的人，谁也不欠，所以他爱怎样生活就可以怎样生活。但在社会之中，他必然要依赖他人而生活，他要为他的所得向他人付出劳动。这是任何人都不能破例的。所以，劳动是社会人不可推卸的责任。一个公民，无论富裕或者贫穷，强壮或者柔弱，只要他不干活，就无异于强盗。

在人类一切可以谋生的职业中，最能使人接近自然状态的职业是手工劳动。在所有身份中，最不受命运和他人影响的是手工业者。手工业者依靠的是他的手艺，因此他是自由的，而农民就像奴隶。因为后者束缚于土地，而土地的收成完全由他人支配。然而，农业是人类所从事的最古老、最诚实的行当，它比其他行当更有用，因而从事农业的人也更值得尊敬。我没有对爱弥儿说："你去学一学农活吧！"因为他早已熟悉了农作。他熟知每一种农业劳作。最初他就是从干农活儿学起的，而且会不断地干这种活儿。因此，我要对他说："去耕种你祖先留下的土地吧。如果你失去了土地，或者一无所有的时候，你该怎么办呢？所以你还得学一门手艺。"

请记住，我要求的不是才能，而是一种职业——一种真正的职业，一门纯粹机械的手艺。这门手艺更多地要求动手而不是动脑。这门手艺虽不能使你发财致富，但有了它，你就可以不需要财富。爱弥儿应该从事一种职业。让我们选择一种诚实的行当。不过，请记住，没有实际的用处，就没有诚实可言。我们应该本着这种精神来为爱弥儿选择职业。不过，与其说是我们的选择不如说是他自己的选择，因为他所遵循的准则使他对无用之物不屑一顾。他绝不会满足于在无用的工作上浪费时间。他选择的手艺，必须是鲁滨逊在荒岛上也用得着的。

一个人喜欢一项工作和一个人适合做那项工作，两者是有很大区别的。由于一个孩子所表现的是他的愿望而不是他的禀赋，所以为了弄清这个孩子真正的禀赋和爱好，就需要进行比我们所预想的更为细致的观察，以免我们没有考虑到他的禀赋，只根据他的愿望进行判断。

在考虑了所有因素之后，我在爱弥儿喜欢的行当中为他选择了木工。这种工作很干净，也很有用，而且可以在家做。它使身体有足够的锻炼，它要求技能和勤奋。虽然制作的物品的形式受制于用途，却也不失典雅和品位。

可惜，我们不能把全部时间都花在工场里。我们不仅要学习做工人，还要学习做人。后者的学习生涯比前者更艰难且更漫长。因此，我主张每个星期至少到师傅家里去学一个或两个整天。在师傅起床的时候我们也起床，我们要比他早点开始干活，要和他一起吃饭，要照他的吩咐去做。在荣幸地与他一家人吃过晚饭之后，如果我们愿意，就可以回到自己家的硬床上去睡觉。通过这种方式，我们一下子就学会了几种职业，在学做手工的同时，也没有忽视做人的学习。

到现在为止，如果我已经把意思说清楚了，那你就应该明白，锻炼身体和手工劳动怎样不知不觉地在我的学生身上引发思考和反思。这样就能消除他对别人意见的冷淡，以及激情平静之后产生的闲散。他必须像农民那样劳动，像哲学家那样思考，才不至像野蛮人那样闲散。教育最大的秘诀就是：使身体的锻炼和思想的训练并行不悖。

六、爱弥儿已然15岁

现在，我们的孩子很快就不再是孩子了，因为他逐渐意识到自己是一个个体。这时候，他比以往更加感觉到依赖事物的必要了。我们在锻炼了他的身体和感官之后，又锻炼了他的心灵和判断力。最后，我们使他把四肢的运用和才能的运用结合起来。我们造就了一个既能行动又能思考的人。现在，为了使他更加完美，我们还需要做的事情只是把他教育成有情有爱之人，也就是说，用情感来使他的理性臻于完善。不过，在进入这个新阶段之前，让我们回顾一下我们正要离开的阶段，并且尽可能清楚地看一看我们已经达到了什么样的境地。

我们的学生起初只有感觉，而现在已经有观念了。我们的学生起初只会感知，而现在已经会推理了。因为，从连续或同时发生的几种感觉的比较中，以及对这些感觉所做的判断中，产生了一种混合的或复合的感觉，我称之为观念。观念形成的方式，决定了人的心灵的品质。凡是能够从真正的关系中引出观念的心灵，便是健全的心灵；凡是依赖于表面关系的心灵，则是浅薄的心灵。在比较观念和发现联系方面的能力大小，决定了人们智力的高低。

从感觉中产生的判断完全是被动的，它只是确认我感觉到了我所感知的东西。从知觉或观念中产生的判断是主动的，它要进行连接、比较，以区分感官所不能感知的关系。这就是全部的差别，也是很大的不同之处。大自然从不欺骗我们。欺骗我们的，始终是我们自己。

你可能会说我的所言所行已经超越了自然的范围。我可不这样认为。大自然不是按照人的偏见，而是按照人的需要来选择和安排工具的。需要会随着人的状态而发生变化。生活在自然状态中的自然人和生活在社会状态中的自然人是有区别的。爱弥儿并不是一个被驱逐到荒野的野蛮人，他是一个要在城市中居住的野蛮人。他必须懂得如何在城市中谋生，如何求助于当地的居民，如何与他们一起生活，虽然他不像他们那样生活。置身于他所依赖的诸多的联系中，不管他愿不愿意，他都得做出判断。因此，我们应教他如何正确地判断。

学习正确地判断的最好方法是这样的：尽量简化我们的经验，而且能够使我们既不依赖经验也不堕入错误之中。由此可见，虽然我们已经习惯以一种感觉经验和另一种感觉经验互相验证，但我们还应该学会使每一种感官不需要另一种感官的帮助，就可自行验证它所获得的经验。这样，每一种感觉对我们来说就能成为一个观念，而这个观念总是和真理相符。在人生的第三个阶段中，我想得到的收获就是如此。

这种方法要求我们耐心和慎重，只有很少数老师具备这两种品质。然而，如果不具备这两种品质，学生便永远也学不会怎样正确地进行判断了。例如，当他被放入水中的棍子断了的表象所欺骗的时候，你为了指出他的错误，急忙把棍子从水里拿了出来，这样也许能使他不受欺骗，但你教他学到了什么东西呢？什么也没有，因为这是他自己很快也会明白的。问题不在于告诉他一个真理，而在于教他怎样去自己发现真理。

爱弥儿具备的知识不多，但他所有的知识都真正属于他自己。他没有一知半解的知识。在他真正了解的少量事物中，最重要的一项是：他知道，有许多事物是他目前不了解而将来能够了解的。有更多事物是别人了解而他永远也不能了解的。还有无数事物是任何人都不能了解的。他有一个能包罗万象的头脑，之所以会这样，不是由于他拥有知识，而是由于他有获得知识的能力。他思想开明、聪明机智、兼收并蓄。正如蒙田[1]所说的，他虽然不是一个学识渊博的人，但至少是一个善于学习的人。只要他能够知道他所做的事情的用处，知道他的所有信念的缘由，我就感到满意了。再说一次，我的目的不是教给他各种各样的知识，而是教他在需要的时候如何获取知识，教他根据知识的真正价值来评估知识，教他爱真理胜于一切。采用这种教育方法，尽管进步很慢，但他绝不会走一步冤枉路，更不会被迫走回头路。

这一时期的爱弥儿只拥有自然的知识和纯粹物理的知识。对于历史，他连这个名词都不晓得。他也不知道形而上学和伦理学。他知道人和事物之间的基本联系，但他不知道人和人之间的道德关系。他的概括能力比较弱，也不具备抽象思考的能力。他能看出特定物体共有的性质，但他还不会对这些性质本身进行推理。他借助几何图形可以认识抽象的空间，借助代数符号可以认识抽象的数量。这些图形和符号是抽象概念的载体，也是他的感官依靠的支柱。他并不试图认识事物的本质，而是根据事物对他的影响来认识它们。对于外界事

---

[1] 蒙田（Montaigne，1533—1592），文艺复兴时期法国作家、思想家。——译者注

物，他只根据它们与他的关系来进行评估。这种评估准确可靠，其中没有夹杂任何妄念和偏见。对他最有用的东西他最为重视，由于他不曾偏离这个价值标准，所以就不会被各种偏见左右。

爱弥儿勤劳刻苦，性情温和，有耐心而且坚定，充满了勇气。他的想象力现在还没有活跃起来，因而他不会夸大遇到的各种危险。他知道怎样耐心忍受他所遭受的一些病痛，因为他还不知道怎样与命运进行斗争。至于死亡，他还不知道它是怎样一回事。然而，由于他已经习惯于不加抵抗地完全服从需要法则，所以在非死不可的时候，他将毫不呻吟、毫不挣扎地坦然接受。在这人人都憎恶的时刻，大自然是允许我们这样做的。自由自在地生活，对人间的事物无所挂碍，这就是学习如何面对死亡的最好方法。总之，爱弥儿已经具备了与个人相关的一切德性。为了具备社会道德，他只需进一步获得那些使社会道德成为必要的社会关系的知识。他已经为获得这些知识做好了准备。

他只考虑他自己而不管别人，但他希望别人也像他这样做。他对别人毫无所求，也不认为自己欠别人什么。他在人类社会中是独自生活的，他所依靠的只是他自己。他比任何人都更有资格依靠他自身，因为他完全达到了他这个年龄段的人所能达到的圆满境地。他没有犯过什么错误，或者说，他所犯的错误至少是我们都不可避免的。他没有染上什么恶习，或者说，他只有那些每个人都无法避免的恶习。他身体健康，四肢灵活，思想健全而无偏见，心灵自由而无欲念。自尊，这在一切欲念中最早、最自然的欲念，在他的心中还没有显露端倪。他不扰乱别人的安宁，在大自然所允许的范围内满意、幸福、自由地生活着。你认为一个年龄尚小的孩子如此这般地长到 15 岁，其光阴是被白白地浪费了吗？

第四卷 青年期（15—20岁）

一、青春的发育

可以说我们每个人都诞生过两次：一次是为了存在，另一次是为了生活；一次是生而为人，另一次是生而为男人或女人。在青春期之前，两种性别的孩子从外表来看没有什么明显的区别，他们的面容、外貌、肤色和声音都非常相似：女孩是孩子，男孩也是孩子。我们可以用同一个名称来称呼这两种如此相像的人。

一般来说，人是不会始终停留在儿童状态的。到了大自然所规定的时间，他就要脱离这种状态。这个极其重要的时刻虽然相当短暂，但它的影响很深远。正如汹涌的波浪预示着暴风雨的来临，新生的欲念的低吟则宣告了青春期的来临，这种暗暗无声的骚动提醒我们危险将至。性情的变化、频繁地爆发愤怒、心灵的不断激动，使孩子变得很难管理。他以前是听我的话的，现在则充耳不闻了。他成了一头发狂的狮子，他不再信任老师，也不愿意被人管束了。

除了性情变化的精神征兆以外，他的外貌也有明显的变化。他的面容长得轮廓分明，带着他的性格的印记。他下巴上的稀疏柔软的毛发也变得黑而密了。他的声音变得粗浊，或者说得更确切一点，他失去了他的声音。他既不是小孩也不是大人，不能像他们那样发声了。他的眼睛——心灵的器官，在此之前是不会说话的，而现在也开始说话、表达意义了，兴奋的火光点亮了它们。他明亮的目光中还有圣洁的天真，然而已不再有最初那种茫然无知的神情。他已经意识到眉目能传达很多信息。他开始用它们来表达悲伤和羞愧的心情了。

他变得十分敏感，还不知道感觉对象是什么，就已经有所感觉了。他躁动不安，但又不知道其中的原因。

这就是我所说的第二次诞生，到了这个时候人才真正进入生活，所有事物对他而言不再是陌生的。以前，我们所关心的不过是孩子的游戏，只有在现在，我们的关心才真正获得了重要的意义。一般所施行的教育，到这个时期就结束了。而我们所施行的教育，恰恰在这个时期才开始。

二、欲念的滋长

我们的欲念是维持生存的主要手段。因此，要想消灭它们，实在是一件既徒劳又可笑的事情。这等于是要战胜自然，要更改上帝的作品。所以，我认为，所有那些想阻止欲念产生的人，与企图消灭欲念的人差不多是一样的愚蠢。要是有人认为这就是到目前为止我要达到的目标，那简直是大大地误解了我的意思。

我们的种种欲念的源头，所有一切欲念的根源，唯一天生且终身不离的欲念，是自爱。它是原始的、内在的、先于其他一切欲念的欲念。从某种意义上说，其他的欲念只不过是它的变体。由此我们可以说，所有的欲念都是自然的。但是，大部分由自爱衍生的欲念都是外部影响的结果，没有外部影响，这些欲念绝不会出现。这些衍生的欲念不仅对我们没有好处，而且有害处。它们改变了最初的目的，背离了自身的原则。人就是这样脱离自然，变得自我矛盾的。

小孩子的第一个情感是自爱，而从第一个情感产生出来的第二个情感，就是爱那些与他亲近的人。因为他觉得所有接近他的人都是来帮助他的，而且从这种经历中他还养成了爱同类的习惯。但是，随着他的社会关系、他的需要、他的主动或被动的依赖的增加，他与外物关系的意识被唤醒了，进而产生了责任感和偏好。这时候，孩子就变得傲慢、妒忌，喜欢骗人和报复人了。自爱心所涉及的只是我们自己，所以当我们真正的需要得到满足的时候，我们就会感到满意。然而虚荣心促使我们与他人进行比较，所以从来没有而且永远也不会有满意的时候，因为它使我们偏爱自己而不顾及别人，而且硬要别人先关心我们然后才关心他们自身，这是很难办到的。可见，温和、真挚的性情产生于自爱，而怨恨和易怒的性情则产生于虚荣。因此，一个人的需求越少，越少和别人比较，越会成就真正的好人；一个人的需求越多，而且越依赖他人的看法，越会使人变得鄙俗。按照这个原则，我们很容易看出孩子和大人的所有欲念是如何导向善或恶的。由于人不能总是独自生活，所以他们很难一直保持好的状态。这种困难还会随着他与他人的关系的扩展而增加。因此，社会生活的危险使我们不得不采取必要的保护措施和手段，以防止人心由于有了新的需要而走向堕落。

对人的恰当研究是研究他与他的环境的关系。在他仅仅知道自己作为肉体而存在的时候，他应当根据他与事物的关系来研究他自己。这是童年的任务。而当他开始意识到他的精神存在的时候，他就应当根据他与人的关系来研究自己。这是他终身的任务，它始于我们现在到达的阶段。

一旦人感到需要一个伴侣，他就不再是一个孤独的人了，他的心也不再感到孤单了。他与别人的种种关系，他心中的一切情感，都将随着这种需要的产生而出现。他的第一个欲念很快就会激活其他欲念。

从童年到青春期的转变并不完全由自然决定，而是随着人的不同气质和各民族的风土人情而变化。众所周知，炎热的地区和寒冷的地区在这一点上的差别是很显著的，而且性情热烈的人要比别人成熟得相对早一些。但是，人们可能会搞错这其中的原因。把精神的原因说成物质的原因，这是当代哲学家们最常犯的错误之一。自然的教育来得晚而慢，而人的教育则进行得过早。前者是让感官唤起想象；后者则是让想象唤起感官，它使感官还没有成熟就开始活动，这样做只能让个体早衰。从长远来看，它还会让整个种族衰弱。比气候影响更为普遍、更为确定的一个事实是，青春期和性成熟在有教养、文明的民族往往比在野蛮、无知的民族要来得早。孩子们有一种非凡的敏锐，可以发现端庄的外表之下掩盖的不良风俗。人们向他们说的一本正经的话，要他们为人端庄的教训，以及用来蒙蔽他们眼睛的神秘面纱，反而激发了他们的好奇心。显然，按照你们所采取的方法，你们的遮遮掩掩反而教会他们想方设法去知道。在你们教他们的各种事情中，这种事情他们学得最快了。

你从经验中就可以发现，这种愚蠢的方法在多大程度上加速了自然的作用，并败坏了人的性格。这是城市里人口衰退的主要原因之一。年轻人很早就耗尽了他们的精力，因而长得矮小、柔弱、畸形。他们未老就先衰了，就像你们强使葡萄在春天结果实，结果使它在秋天到来之前就枯萎凋亡了一般。

如果人获得性意识的年龄，受制于教育的影响以及自然的作用而有所不同，那么，我们就能够以培养孩子的方式的不同而加速或推迟这个年龄的到来。既然身体变强壮或衰弱，是随我们的加速或延迟发展的进度而定，那么，我们愈延缓这个进度，则年轻人就愈能变得强壮、有活力。

人们时常争论一个问题：是该趁早给孩子讲明他们感到好奇的事情，还是该拿一些小小的谎言把他们敷衍过去？从上述的考虑中可以引出这个问题的答案。我认为，这两种做法都不可取。首先，除非我们给他们机会，否则他们就不会产生好奇心。因此，我们要小心不要给他们这样的机会。其次，如果问题不是非回答不可的那种，你就不要欺骗提问的人。与其告诉他一个谎言，不如告诉他不要再问。最后，如果你决定回答他的问题，那么你要回答得简洁明了，不带任何神秘的意味，不面露窘迫，不发笑。满足孩子的好奇心比激发他的好奇心所造成的危害要小得多。同时，你的回答一定要真实，这一点不用我再说了。如果成人意识不到对孩子撒谎的危害，那么他就无法教育孩子知道对他人撒谎的危害。学生只要发现老师说谎一次，教育的全部成果就会随之毁坏。

让孩子对某些事情一无所知，对他们来说也许是最好不过的。但不可能永远隐瞒他们的事情，就应当趁早让他们知道。要么永远不以任何方式刺激他们的好奇心，要么在好奇心可能造成危害的年龄到来之前就满足他们。如果你没有把握使他在16岁以前不知道两性的区别，那么就让他在10岁之前知道这种区别好了。

尽管谦卑[1]是人类的天性，但是，自然地，孩子一点也不具备它。只有知道罪恶的时候，谦卑才能产生。不具备罪恶的知识的孩子，怎么会有源于此的罪恶感呢？教他谦卑和善行，这无异于告诉他们有些事情是可耻的、罪恶的，这反而会促使他们产生想知道这些事情的隐秘渴望。他们迟早会知道这些事情，这种偷偷燃起的火花一旦触及他们的想象力，必定会加速其感官的熊熊燃烧。谁脸红，谁就有罪恶感了。真正天真的人对任何事情都不会感到害羞。

我认为，要使孩子们保持他们的天真，只有一个有效的办法：让他周围的所有人都尊重和爱护他们的天真。不这样做，我们对他们所采取的一切控制措施迟早会产生适得其反的效果。微微地笑一下、使个眼色或一个不经意的手势，就可以把你试图向他们隐藏的事情出卖。但是，当我们真正尊重他们的天真的时候，我们很容易就会找到适合他们的谈话方式。有一种特定的直率的说话方式不仅适合天真的孩子们，而且也能让他们喜欢。这就是为了转移一个孩子的危险的好奇心而应该采用的合适的腔调。

"小孩子是从哪儿来的？"这是个令人尴尬的问题，孩子们自然而然会提出来。对这个问题回答得慎重或不慎重，有时候会决定他们一生的品行和健康。做母亲的如果既想摆脱这个难答的问题，又不想对他的儿子说假话，最直接的办法是不准他问这个问题。如果长久以来你已经使他习惯了在一些无关紧要的问题上得到这样的回答，如果他不怀疑这种新的说话语气含有什么神秘的东西，那么，采用这种方法是可以的。请允许我告诉你们一个我曾经听到的、对这个问题的迥然不同的回答。这个回答之所以让我印象深刻，是因为它出自一个言行端庄的女人之口。这个女人知道在必要的时候，为了孩子的利益和品行，不应该害怕别人的指责，也不要在乎嘲笑者的无聊议论。"妈妈，"不谙世事的孩子问道，"小孩子是从哪儿来的？""我的孩子，"他妈妈毫不犹豫地回

---

[1] 英文为"modesty"，这是基督教特有的一种德性。它产生于人的原罪，由于人的罪恶，在人和上帝之间的关系中，上帝高高在上，人则卑下。这种德性和中国人所说的"谦虚"不同，因此译为"谦虚"或"谦逊"都是不合适的。——译者注

答道,"是女人忍着痛苦把他从肚子里屙出来的,有时候这会要了她们的命。"让疯子们去冷嘲热讽吧!让傻子们去目瞪口呆吧!也让聪明的人去想一想能不能找到一个更明智、更能达到目的的回答吧!

你想为孩子日益增长的欲念建立秩序和规则吗?那就延长它们的发展时间,以便有时间从其产生的时候就加以安排。然而,对欲念进行安排的不是人而是自然,你需要做的只是任自然去安排。如果你的学生只是单独一人,那你就什么都不用做了。不过,他周围的一切都会让他的想象力燃烧起来。偏见的激流将把他冲走。要想挽救他,就必须把他往相反的方向拉,必须用情感去约束想象力,必须用理智去平息人们的议论。一切欲念都源于人的感性,而想象力则决定了它们发展的方向。正是想象的错误,才使得人类的种种欲念变成恶习。

三、情感的培养

只要儿童的意识还只限于个体自身的范围,那么他的行为就没有什么道德意义。只有在他的意识超出他自身的时候,他才会形成善恶观。善恶的观念使人真正成为人,并使个体成为人类社会的有机组成部分。因此,我们必须首先考察这一点。这种考察并不容易进行,因为我们必须摒弃眼前的例子,去寻找那些遵循自然秩序不断发展的人。

自然的真正进程是缓慢而不急迫的,血液一点一点地开始沸腾,精神一点一点地开始发展,性格一点一点地开始形成。明智的工人在使用工具之前,总是留心要使所有的工具都非常精良。在最初的欲望产生之前,有一个漫长的躁动不安的时期。长期的无知状态蒙蔽了他那颗渴望的心。他有所求,然而又不知道欲求何物。血液开始翻滚和沸腾,过剩的生命力要向外释放。眼神变得活泼,频频环顾他人。他开始对周遭的事物产生兴趣,开始觉得他并不是注定要独自一个人生活。这样,他对人类之爱敞开了心扉,也开始具有爱的能力了。

经过细心培养的青年人具有的第一种情感，不是爱情而是友谊。他日益觉醒的想象力使他认识到他有一些同伴。同类对他的影响要早于性对他的影响。所以，把天真无邪的时期加以延长，还可以获得另外一个好处，即利用日益成长的感性，在这个青年人的心中播撒下人性的种子。

我总是看到，那些很早就开始堕落、沉湎女色、花天酒地的青年残酷而不仁。激烈的性情使他们急躁、恶毒而易怒。他们的想象力固执于一个目标，而拒斥其他所有的目标。他们不懂得慈悲和怜悯。为了一丁点儿的快乐，他们可能会牺牲掉父亲、母亲乃至整个世界。反之，在幸福天真的生活中培养出来的青年，会被自然的第一次萌动引向温和、有爱的情感。他富有同情的心会被他的同胞的苦难触动。他见到伙伴的时候就高兴得发抖，他的两臂会温柔地拥抱别人，他的双眸会流下同情的眼泪。当他发现他使别人不愉快时，他就会感到羞愧。当他发现他冒犯了别人时，他就会感到抱歉。如果沸腾的热血使他紧张、急躁、激烈，那么，过一会儿，你就可以从他流露出的悔意中看出他的天性的善良。他会为自己对别人造成的伤害而哭泣和悲伤，他愿意用自己的血去偿还他使别人所流的血。如果他觉察到自己犯了过失，他所有的怒气就会消失，他所有的骄傲就会变为谦卑。如果别人冒犯了他，即使在他盛怒的时候，一句道歉就可以平息他的怒气。他能原谅他人的过失，正如他会全心全意地弥补他自己的过失一样。青春期不是仇恨和报复的时期，而是同情、仁慈和慷慨的年岁。是的，我不怕经验的检验并坚持认为，一个出身良好而且直到20岁还保持着天真无邪的孩子，是这个年龄中最慷慨、最优秀、最有爱和最可爱的人。

人之所以合群，是由于他的柔弱。人之所以心向仁爱，是由于人类有着共同的苦难。如果我们不是人，那么，我们对人类就没有任何责任了。每一种依赖都是力量不足的表现：如果每一个人都不需要别人，那么，我们就几乎不会想与别人交往了。所以，我们脆弱的幸福正是植根于人的柔弱之中。一个孤独的人才是真正幸福的人。唯有上帝才享有绝对的幸福。不过，在芸芸众生中有谁知道这种幸福是什么样的呢？如果一个不完美的人能够满足自己的需要，在我们看来，他又能享受到什么呢？他可能会过得孤独而凄惨。我无法想象，没有任何需要的人会去爱别人。我更无法想象，一个什么也不爱的人会过得幸福。

你想促进青年人心中初生的情感的第一次萌芽，并使他的性情朝向仁慈和善良吗？那就不要让虚假的幸福图景，在他身上播下骄傲、虚荣和妒忌的种子。不要一开始就让他看到宫廷的浮华、王室的骄奢和华丽的场面，不要带他走进权贵圈和文化沙龙。只有在你已经使他能够评价上流社会的真正价值后，你才能够让他看见上流社会的外表。在他对人还没有熟知之前，就给他看花花世界，那么，这不是在培养他，而是在损害他；不是在教育他，而是在误导他。没有一个人生来就是国王、贵族、达官，抑或富翁。所有人都是赤条条地、一无所有地降生到这个世界，任何人都要遭遇人生的苦难、悲伤、疾病、匮乏以及各种各样的痛苦。最终，任何人都注定要死去。这就是真正属于人的生活，没有哪一个人能够从中逃脱。因此，要研究人性，就要从这些与人性不可分离、真正刻画人性的东西开始。

16岁的青年已经懂得什么叫痛苦了，因为他自己就曾经感受过痛苦。但是他还不知道别人也会遭受同样的痛苦。看见别人在受苦而自己没感觉到痛苦，这意味着他还不明白别人的痛苦。但是，当感官的初次发育点燃了他的想象的火焰时，他就会对他的同胞的遭遇感同身受，会被他们的哭喊触动，为他们的痛苦而感到痛苦。正是在这个时候，人类苦难的凄惨画面将使他的内心产生他从来没有体验过的同情。如果你在你的孩子身上看不出这样的时刻，那又怪得着谁呢？你很早就教他们玩弄情感，教他们说一些带情感的语言，以至他们说话总是带着同样的腔调。他们反而拿你教他们的东西来对付你，使你没有办法看出他们什么时候在说假话，什么时候对自己所说的话有所体会。

我想，我可以把我关于同情的思考，归纳成三个清晰、直接、易懂的原理。原理一：对比我们幸福的人感同身受并不是我们的本性，我们的本性是要对那些比我们更需要同情的人感同身受。原理二：在他人的痛苦中，我们只同情那些我们知道自己可能也会遭遇的痛苦。原理三：我们对他人痛苦的同情程度，不取决于痛苦的数量，而取决于我们给予受苦之人的情感有多少。

现在，回到我的方法上来。我认为，当青春期临近时，我们只能让年轻人看到一些可以克制而不会刺激他们欲念的情景，应当拿一些不仅不会刺激他们的感官，而且能抑制其感官活动的事物给他们看，以便使他们日益成长的想象力从那些刺激欲念的事情上移开。要让他们远离大城市，因为在大城市里，女人们招摇的着装打扮和不正经的行为将使自然教育加速并提前。同时，在大城市里，他们的眼睛看到的一切都是享乐，然而那样的享乐只有在他们有选择能力的时候才应该知道。要把他们带回他们最初住的地方，在那里，乡村的朴素生活将使他们这个年龄的欲念发展得更加缓慢一些。如果他们对艺术的爱好使他们不得不留在城市，那么，我们必须防止他们由于这种爱好，而产生一种危险的闲散习性。要慎重挑选他们的交往对象，挑选他们的日常活动和娱乐。还须注意的是，到处都有一些放荡无度的行为需要我们加以提防，不加节制的欲念总会造成无法避免的伤害。你不需要让你的学生去做护工或做慈善会的会员，不需要让他被他看到的那些长久的苦难折磨，不需要带他去了这家医院又去那家医院，看了刑场又去看监狱。同样的景象看得多了，我们的感觉就会对它们见怪不怪了。习惯使我们对一切都变得麻木。正是由于见多了死人和病人，教士和医生才变得没有怜悯之心。因此，要让你的学生看到人的命运和他的同类的苦难，但是不要让他频繁地看到。一件简单的事情，只要是慎重选择的，并在适当的时候让他去看，就足以使他满怀悲悯、长久思量。他对事物的判断更多地取决于他对所看到的事物的思考，而不取决于他看了多少次。他对一件事情的长久印象，来自我们引导他去回忆那件事情的特定视角，而不是来自事情本身。因此，使用一大堆的事例、教训和形象，时间一长就可能会让他的感官变得迟钝，而且这样做还会延误他遵循自然指引的发展进程。

教师抱怨这个年龄的孩子有一股火气，且难以管教。在我看来，确实如此。不过，这难道不是教师自己造成的过错吗？难道他们不知道，一旦他们允许这股热情通过感官肆意奔流，他们就无法使之改道吗？青年时期的这股火气不仅不是进行教育的障碍，反而是教育得以圆满完成的手段。正是这股火气，使你在一个青年的身体已经不弱于你的时候，仍然能够控制住他的心。他最初的情感就像缰绳，你可以利用它去指导他所有的活动。他原来是自由的，而现在我看见他被束缚住了。只要他无所爱，他就只从属于他自己和他自身的需要。一旦他有所爱，他就要从属于他的所爱。这样就形成了他与人类结合的纽带。当你往这个方向引导他日益增长的情感的时候，不要以为"人类"一开始就包括所有人，不要以为他懂得这个词的意思。不，这种情感起先只存在于与他相似的人身上。对他而言，与他相似的人并不是他不认识的人，而是那些与他有关系的人，是一贯与他亲近、为他所用的人，是那些跟他在思想和情感方面明显共通的人，是跟他有相似的痛苦和快乐的人，一句话，是那些在天性上与他相同，从而使他更加倾向于自爱的人。只有在用各种各样的方法对他的天性进行培养之后，只有在他对他自己的情感和他所观察到的别人的情感进行反思之后，他才能把个人的观念普遍化为"人类"这个抽象的观念，他才能在个人的情感之外，再增加一些使他认同整个种群的情感。

四、历史的学习

我们终于进入了道德的境界，来到了青年的第二个阶段。如果这就是谈论道德的时机，我将试图表明从最初的心灵活动中怎样产生了良心的第一次呼声，从爱和恨的情感中怎样产生了善与恶的初步观念。我将表明"正义"和"良善"不仅仅是两个抽象的词——由理解力所构造的纯粹的道德存在物，而且是经过理性启发的真正的情感，是我们的原初情感自然发展的结果。我也将表明，单凭理性而不求诸良心，任何自然法则都无法建立。如果自然赋予人的权利不以人心自然产生的需要为基础，则它不过是一种梦呓。但是，我在这里没有必要进行形而上学和伦理学的论述，或者进行任何形式的探讨。我只需指出与我们的成长相关的情感、知识的次序和进程就够了。

到现在为止，爱弥儿是只关注自己的。他向那些与他相似的人投下的第一道目光，导致他们互相比较。这种比较在他心中激起的第一个情感是争当第一的欲望。正是在这里，自爱变成了虚荣，因虚荣而产生的种种情感也肇始于此。但是，要确定在他性格中占主导地位的情感是温和、仁爱还是残忍、阴险，是仁慈、同情还是妒忌、贪婪，我们就必须了解他自己认为他在人类当中处于什么样的地位，以及他认为要达到他所希望的地位需要克服哪些障碍。我们已经让他了解了人类的共同遭遇，为了在这方面对他进行指导，我们还需要向他展示人类的差异。因此，我们现在要评估自然的和社会的不平等，并描绘整个社会秩序的图景。

既然在自然状态下，人和人的差别不可能大到使一个人去依靠另一个人的程度，那么在这种状态下是存在着一种真实的、不可毁灭的平等的。在文明社会下，权利的平等是妄想的、徒劳的，因为用来维持这种平等的手段本身就在摧毁这种平等。公共权力增强了强者用以压迫弱者的力量，从而打破了大自然在他们之间建立的平衡。从这第一个矛盾中，源源不断地产生了我们在社会秩序中见到的表面和实际之间的种种矛盾。多数人总是为少数人做牺牲，公共利益总是为私人利益做牺牲。"正义"和"秩序"这些好听的字眼，往往成了暴力的工具和不义的武器。由此可见，口口声声说是为他人服务的上层阶级，实际上是以牺牲他人为代价来谋求自己的利益。既然这些人戴着假面具，既然假面具不是人本身，那么，就不能让它表面的光鲜去引诱青年。当你向你的学生描绘人的时候，就要向他们如实地描绘人的本来面目。这么做，并不是使青年人去恨他们，而是使青年人觉得那些人很可怜，因而不愿成为他们那样的人。在我看来，这就是一个人对他的同类抱有的最合理的看法。

根据这个目标，我们要采取与迄今为止所用的方法完全相反的方法，即要多用别人的经验而非青年人自己的经验来教导他。我希望青年人的社交圈是经过慎重选择的，从而使他对与他一起生活的人抱有好感。同时我希望他被教育去洞察这个世界，从而使他认为在其中发生的事情都很糟糕。让他知道人性本善，让他感受到这一点，让他自己去判断他的邻人。同时也让他知道社会是怎样使人堕落和变坏的，让他在人们的偏见中发现种种恶习的根源，让他倾向于尊重个体而蔑视大众，让他知道所有的人都戴着差不多同样的假面具，不过也要让他知道有一些面孔比遮掩它们的面具要漂亮得多。必须承认，这个方法有它的缺点，而且不容易实施。因为，如果他过早地变成一个观察者，如果你使他过于细致地去洞察别人，那么，他可能就会变得爱说长道短、挖苦讽刺以及轻易武断地做评判。他会从寻找坏动机中得到一种可恶的快感，他看什么事情都不会觉得好，甚至连好事情他也认为不好。不久以后，他就会把人类的邪恶看作一个借口，而不是一个警示。他心里会这样想：既然人人都是这样，我也不应该与众不同。

为了消除这个障碍，为了使他既能够了解别人的心，又不致败坏自己的心，我打算让他研究距离遥远的人——其他年代和地区的人，这样，他就可以观察其中的情景而不必置身事内。这就到了讲历史的时候了。通过历史，他用不着学什么哲学也能深入了解人心。通过历史，他可以作为一个不带偏见和情绪的旁观者，作为他们的法官而不是他们的同谋或控诉人去审视他们。

可惜，这种方法有它的危险，也有一些缺点。因为很难找到一个可以使人公正地评判他人的立场。历史的主要弊病之一是，它对人的坏的方面要比对人的好的方面描述得更多。革命和灾难才使历史变得有趣，所以，只要一个民族处在太平盛世，历史对它就无所记载。只有在一个民族不能自足，因而插手外族事务或者被外族干涉的时候，历史才开始记载它。历史只在一个民族已经走下坡路的时候才让它出名。我们的一切历史都始于一个民族行将就木之时。只有坏人才能出名，好人不是被大家遗忘，就是被当作笑柄。由此可见，历史就像哲学一样，在不停地诋毁着人类。

此外，不可避免的是，历史所记述的那些事情并不是对真实发生的事情的准确描述。它们在历史学家的头脑中变了样子，被历史学家的兴趣塑造，并染上了他们的偏见的色彩。哪一个历史学家能够准确地使读者置身于事件之中——可以看到事情如其所发生的那样？无知和偏好掩盖了事情的真相。即使历史事件本身没有被歪曲，单单扩展或压缩与之相关的背景环境，结果就会使它的面貌变得完全不同。历史上有多少次是由于多了一株树或少了一株树，是由于左边或右边的一块石头，是由于一阵大风刮起的一股沙尘，就决定了一场战役的胜负啊！但是还没有人意识到这一点！这一点能阻止历史学家像目击者那样有保证地向你讲述胜负的原因吗？当我不知道事情的原因时，那些事情对我而言有什么意义呢？从不知其所以然的事情中我能学到什么呢？历史学家可以告诉我一个原因，但那是他杜撰出来的。至于历史评论，尽管讲得天花乱坠，但它也不过是一种推测的艺术，是在诸多谎言中选择与真相最相像的那个谎言的艺术。

也许你会说，历史的忠实记载不如真实的人物和风俗那样有趣，只需很好地刻画人心，至于历史事件是否得到了准确的记载是没有多大关系的。因为，归根结底，两千年前发生的事情对我们而言有什么意义呢？如果那些人物形象是按照自然的样子刻画的，那你就是对的。但如果其中大多数都是按照历史学家想象的模型刻画的，那你岂不是又碰到了你想避免的麻烦——你剥夺了教师的权威，却又把它拱手送给了历史学家？如果说我的学生只能看到基于想象的画面，那么，我宁愿由我自己而不是别人来描画，因为至少我画的会更适合他。

对一个青年来说，最糟糕的是给出自己判断的历史学家。事实！事实！一定要给出事实，让他自己去判断，这样他才能学会了解人类。如果他总是被作者的观点牵着走，那么，他就只能通过别人的眼睛去看。一旦没有这双眼睛，他就什么也看不见了。

我把现代史丢在一边，不仅是由于它没有对当代人做出明确的描述，而且是由于历史学家尽想着哗众取宠，只考虑描绘一些浓墨重彩的形象，其结果是，那些形象往往面目全非。一般来说，古代的历史学家较少刻画人物，他们的判断富有常识而较少耍聪明。在我看来，修昔底德[1]是历史学家中的真正典范。他叙述史实而不加判断，然而他没有漏掉任何一个让我们自己去评判历史的合适的背景。他把他所讲的事实都摆在读者面前，他没有置身于事实和读者

---

[1] 修昔底德（Thucydides，前460或前455—前400或前395），古希腊历史学家，代表作为《伯罗奔尼撒战争史》。——译者注

之间,而是远远地躲开了。这样一来,我们仿佛不是在读史书,而是好像在亲历那些事情。可惜的是,他自始至终只讲战争。在他的历史书中我们只看到世界上具有最少教益的事情——打仗。《万人撤退记》和《凯撒评传》这两部著作也具有同样的优点和缺点。忠实的历史学家希罗多德[1]不刻画人物,也不讲教条。他的著作行文流畅,风格天真。他的书中充满了趣味盎然、讨人喜欢的情节。如果不是那些情节往往堕入一种稚气的单纯,因而易于败坏而不是培养青年人的品位,他可能算是最好的历史学家了。要先有洞察力,然后才能读希罗多德的书。我还没有谈到李维[2],不过,以后我会谈到他。这个人既是政治家,也是修辞学家,所以他的著作不适合这个年龄的孩子。

一般来说,历史的缺陷在于它只能记载可以确定人物、地点和时间的明确的重大事件,然而造成这些事件的日积月累的原因,由于不能以同样的方式被清晰地记录下来,所以往往不为人知。人们常常从一场战争的胜利或失败中寻找革命的原因,其实,在这场战争发生之前,那场革命就已经不可避免地要发生了。战争只不过使那些早已由精神的原因所导致的结果变得更为明显罢了,而这是历史学家很少看得出来的。

除了以上几点考虑外,还有一个事实需要补充,即历史更多地展现了行动而不是人,因为它只能抓住几个特定的时刻,看到他们衣冠楚楚的样子。它只展示已经穿戴整齐可以见人的公众人物。它不能跟着他到他的家中、到他的书房、到他的亲友中去看一看。它只是在他扮演公共角色的时候描绘他,因此,它所描绘的只是他的外在表现,而不是他这个人本身。

为了着手研究人性,我更愿意阅读个人的生活传记。因为在其中,不管那个人如何躲藏,历史学家到处都跟着他,不让他有一会儿喘息的机会,不让他为逃避观察者的敏锐眼睛,而有任何藏身之处。当他自以为躲得很好的时

---

[1] 希罗多德(Herodotus,前484—前425),古希腊作家、历史学家,代表作为史学名著《历史》。——译者注
[2] 李维(Livy,前59—17),古罗马历史学家,代表作为《罗马史》。——译者注

候，历史学家反而会把他展示得最清楚。蒙田说："传记作家更感兴趣的是意图而非结果，更在意内心的活动而非外在的行动，所以我更喜欢他们这类作家，这其中，普鲁塔克[1]是我的最爱。"

是的，一个群体或整个民族的精神，跟作为个体的性格是大不相同的。如果不在人群中去研究人，那么我们对人性的认识便是不完善的。同样正确的是，为了对人进行判断，就必须从研究个体的人着手。谁能全面地了解个体的各种倾向，谁就能够预见它们在整个民族中的综合影响。

普鲁塔克的过人之处在于细节描写——我们已经不被允许进行这种描写。他以一种无法模仿的优美笔调，在细小的事情上刻画伟大的人物。他是那么善于选择这些细节，以至用一句话、一个笑容或一个手势，就足以刻画出英雄人物的性格。汉尼拔[2]说的一个笑话就使被惊吓的队伍重新振作起来，让他们高兴地挺进征服意大利的战场。亚杰西劳斯[3]跨在一根棍子上，反而让我喜欢上了这位征服之王。亚历山大[4]一言不发，就把药吞了下去，这成了他一生当中最美妙的时刻。这才是真正的描写的艺术。人的面貌不会在笼统的特征中显示出来，人的性格也不会在重大的事件中展现出来，而恰恰在这些琐事中，人的本性才会暴露无遗。

五、虚荣心的根治及同情心的培养

虚荣心是一个有用却又危险的工具，它常常会弄伤使用它的手，而且很

---

[1] 普鲁塔克（Plutarch，46—120），古罗马作家、散文家，代表作为《希腊罗马名人传》和《掌故清谈录》。——译者注
[2] 汉尼拔（Hannibal，前247—前183或前182），迦太基统帅、军事家。——译者注
[3] 亚杰西劳斯（Agesilaus，前444—前360），斯巴达国王，在位41年，虽脚有残疾，仍南征北战，无役不与。——译者注
[4] 亚历山大（Alexander，前356—前323），古代马其顿国王，亚历山大帝国皇帝，世界古代史上著名的军事家和政治家。——译者注

少能在带来好处的同时不掺杂任何坏处。当爱弥儿考虑他在人群中的地位，并发现自己处境优越的时候，禁不住要把你的理性成就看作他自己的理性成就，要把他自己的幸福归为他的应得而不归为好运。他将对自己说："我是一个聪明人，其他的人都是傻瓜。"这是我最担心的错误，因为它最难以根除。如果让我选择，我不知道我是否会宁愿让他遭受偏见的迷惑，也不愿让他受虚荣的迷惑。

一个人只要不是疯子，则除了虚荣心，他的一切妄念皆可治愈。如果说还有什么东西可以矫正虚荣心的话，就唯有经验别无其他了。在虚荣心初露端倪的时候，我们至少可以防止它进一步发展。但是，你不要因此浪费口舌，向青年人讲一番大道理，证明他和其他人一样也是人，受制于同样的弱点。要让他自己体会到这一点，否则他永远都不会知道。这是我的教育原则的另一个例外，在这里我主动让我的学生去经历一些意外的事情，以便向他证明他并不比其他人更聪明。我会让拍马屁的人占尽他的便宜。如果有哪一个鲁莽之徒胆敢拉他去妄为，那么我也会让他去冒险。如果骗子们叫他去赌博，那么我就让他去上他们的当。唯有淫荡的女人设下的陷阱，我是要小心防止他掉进去的。我唯一关心的是：与他一起面对我让他遭遇的危险，与他一起忍受我让他遭到的耻辱。我将默默地承受这一切，不发出任何怨言，不加指责，对他绝口不提这些事情。如果能够很好地保持这种审慎的引导，那么我深信，他看见我为他遭受的种种痛苦在他心里产生的印象，要比他自己遭受的痛苦在他心里产生的印象还深。

这里我禁不住要提到教师们虚假的自尊。他们为了傻头傻脑地装聪明而遏制他们的学生，假装他们始终把学生当作孩子看待，而且，在他们让学生做的每件事情上，他们都要强调他们和学生做的不一样。教师不仅不应该这样挫伤青年人的锐气，还要不遗余力地激发他们的勇气，要使他们与你并驾齐驱，以便使他们能够变成与你相匹敌的人。如果他们现在还达不到你的水平，那么，你就应当毫不犹豫、毫不怕羞地降至他们那样的水平。你要知道，你的荣誉不在你自己身上，而在你的学生身上。要纠正他们的过失，就必须分担他们的过失；要洗刷他们的耻辱，就必须承受他们的耻辱。如果我在为爱弥儿尽我的职责时挨了一记耳光，我不但不会报复，反而会以此为荣。我不相信世界上真有哪一个人会坏到不因此而更加尊重我。

青年人犯错误的时候，正是向他们讲寓言的时候。在寓言这种奇异的面具下去谴责犯错的人，这样做既能教育他而又不会冒犯他。他根据寓言所讲的真理审视自己，才会明白寓言故事并不虚假。从来没有被阿谀奉承欺骗过的孩子，是不会对《狐狸和乌鸦》有丝毫理解的。刚刚上过拍马屁者的当的孩子，就可以轻易地看出乌鸦的确是一个傻瓜。这样，他经一事就可以长一智，而且通过寓言，他本来可能很快就会忘记的经历就可以深深地印刻在他的脑海里。所有的道德知识都可以从别人的经验或我们自己的经验中获得。凡是带有危险的那些经验，就不要让他去亲身经历，让他从历史中去学习就好了。如果在尝试的过程中不会发生什么严重的后果，那就不妨让年轻人去尝试一下。然后，借助寓言，我们可以把他已经知道的一些具体事例编成格言。不过，我的意思并不是说你应该解释这些准则，更不是说你应该把它们明述出来。最愚蠢、最没用的就是大多数寓言在结尾时所提示的寓意，好像寓意在寓言当中还不够清楚，以至读者还不理解似的。为什么要在结尾的地方加上这种寓意，因而剥夺读者自己去发现它的乐趣呢？教育的艺术在于让学生好学。在把拉·封丹这个无与伦比的作家的寓言拿给青年人阅读之前，我把其中的结论都删掉了，因为他在结论中费力去解释的东西，已经在寓言中讲得既清楚又很有趣了。如果不解释你的学生就不理解寓言，我敢断定，即使这样解释一番，他还是不会理解的。只有成人才能从寓言中获得教益。现在是爱弥儿开始学习寓言的时候了。

当我看到青年人在最活泼的年龄却只限于纯粹思辨的学习，然后在他们还没有一点实际经验的时候，就突然被抛入社会事务之中时，我认为，这种做法既违反理性，也违反自然。很少有人懂得如何为人处世，对于这一点我已经见怪不怪了。教育给了我们各种无用的东西，却唯独没有触及行为的艺术，这是多么奇怪的选择啊！我们名义上是为了适应社会而接受教育，实际上从教育我们的方法来看，好像我们每一个人都只能在书斋中做一个孤独的沉思者或空想者似的。你以为教你的孩子鞠躬作揖，说一些毫无意义的套话，就是在教他怎样生活了。我教育爱弥儿享受自己的生活，此外，我还教他怎样挣得他的面包。不过，这还不够。为了要在世界上生活，他必须知道怎样与人相处，怎样使用支配他人的工具，必须学会估计文明社会中个人利益的作用和反作用，必须学会准确预测事情的结果，这样他所做的事情才不致出错。

通过做好事我们才能变成好人。对此，我确信无疑你要让你的学生做他力所能及的一切善行，要让他把穷人的利益看作自己的利益。让他不仅通过施舍钱财，也通过倾注关怀来帮助穷人。让他成为他们的代表，终其一生他都不会有比这更让人尊敬的职务了。我愈想就愈确信，只要他把仁爱之心付诸行动，只要他对行动的结果进行反思总结，他就能够获得许多有用的知识。这样，除了在学校中获得的种种知识以外，他还学到了一门更重要的学问，那就是把他所获得的知识应用于他的生活。

通过把自爱之心延伸到其他人身上，这样它就可以转变为美德。这种美德植根于我们每一个人的心中。我们所关心的对象越少直接依赖我们，我们就越不用害怕受个人利益的迷惑。我们愈是把这种利益推己及人，它就会愈加公正。所谓人类之爱，无非就是爱正义。因此，如果我们要使爱弥儿爱真理，如果我们要使他认识真理，我们就必须使他在各种事情上都远离个人利益。他越是关心别人的幸福，他的心就越是开明和聪慧，也就越少在何为善恶之事上犯错。不过，对于他仅仅基于个人的考虑或者不公正的成见而产生的盲目的偏爱，我们绝不能宽容。他为什么要损害这个人而去帮助那个人呢？只要他增进了所有人的最大幸福，则谁在其中得到了更大的好处，对他来说有什么要紧呢？明智之人首先关注的是普遍的幸福，然后才是个人的利益，因为我们每个人都是整个人类的一部分，而非他人的一部分。

为了防止同情心蜕化成懦弱，我们必须使之普遍化并扩展到全体人类。这样，我们才能在有所同情的时候，首先同情正义。因为在一切美德中，正义最有益于人类的共同福祉。理性和自爱使我们同情人类多于同情我们的邻人。

而同情坏人，则是对其他人的极度残忍。

早先我已展示了所运用的方法，现在我要谈一谈它们的结果。我看见他的心灵中慢慢地展现出了一幅宏伟的景象！扼杀他心中那琐碎欲念之萌芽的是多么高尚的情操啊！我看到，由于我们对他性情的培养，由于把一个伟大的灵魂的欲望集中在可能的狭小范围内，所以我们使他既比他人卓越，又能在无法把他人提高到自己的水平时，主动降低到他们的水平。他因此发展出了清晰的判断力和准确的理性。正义的真正原则、美的真正典型、人和人之间的一切道德关系、秩序的全部观念，都深深地印在了他的脑海里。他知道每一种事物应有的位置和使它脱离那个位置的原因。他知道什么东西会有帮助，什么东西会产生阻碍。虽然没有体验过人类的种种欲念，但他已经看出它们的虚幻和影响。

六、信仰的培植

我可以料想到，有许多读者会觉得奇怪，因为他们发现我从爱弥儿很小的时候就一直伴随他，却从未向他讲过宗教。在15岁的时候，他还不知道他有一个灵魂，甚至到了18岁时，他可能还没准备好知道这件事情。因为，如果太早知道，他也许就永远不会真正懂得它了。

如果要我描写一件悲哀的蠢事，我就会描写一个迂腐的先生给孩子们讲授教义问答的情形。如果我想把一个孩子搞疯，我就叫他给我讲解一下他念叨的那些教条是什么意思。你也许会反对我说，既然基督教的教义大都是神秘的，那么要等到人类的心灵有能力理解它们的时候才教他，岂不是要等孩子长成大人，甚至要等到他不在人世的时候才教他？对此，我的回应首先是，有一些教义不仅难以理解，而且难以相信。除非是要孩子们从小就学着撒谎，否则我看不出把这些教义教给他们有什么好处。其次，我想说，要认可这些教义的存在，一个人至少要明白它们是不可思议的，而孩子还不具备这种理解力。在一个万物皆神秘的年龄，是没有所谓神秘可言的。

我们不要向那些还不能理解真理的人宣讲真理，因为那样做无异于散布谬误。与其对上帝持有低俗的、荒诞的、不敬的和无价值的观念，不如对上帝一点观念都没有。与亵渎上帝相比，不知道上帝的存在的罪恶更小。忠厚的普鲁塔克说："我宁愿人家认为世界上根本就没有普鲁塔克这样一个人，而不愿人家说，'普鲁塔克为人既不公正又善妒，而且是一个强人所难的暴君。'"

给孩子的心灵灌输扭曲的上帝的形象，这样做最大的坏处就是这些形象将终生留在他们的心中，甚至在他们长成大人的时候，他们对上帝的理解也无异于童年时的样子。我在瑞士曾经见过一个善良、虔诚的母亲，她是那么信服这个原理，所以在她的儿子年少时，她并没有在宗教上引导他，怕孩子满足于这一点点粗浅的知识，到理智成熟时就不去寻求更好的教导。这个孩子听到人们总是怀着敬畏和热爱讲到上帝，而当他自己想讲上帝的时候，人家就让他住嘴，好像这个主题太崇高、伟大，不是他那样的人可以讲的。这样的避讳引起了他的好奇心，同时，出于自尊心，他渴望有么一天能够知道这个人们小心翼翼对他隐瞒的神秘之事。大家越不向他讲上帝，越不许他自己讲上帝，上帝越会萦绕在他的脑海里。这个孩子觉得到处都可以看到上帝。我担心的是：这种不明智的故作神秘，可能会过分刺激一个青年人的想象力，把他的头脑弄得迷迷糊糊的，使他最后成为一个盲信者，而非一个真正的信徒。

不过，我毫不担心爱弥儿会变成这样，因为他从来都不关注超出他的理解力的事物。听到人家讲他无法理解的事物，他总是心不在焉。对于很多事情，他都习惯于说："这不是我力所能及的。"所以再多一件这样的事情也不会使他感到为难。当他开始关心这些重大的问题时，那也不是因为他听到人家提出这些问题，而是因为他的智慧的自然发展，促使他去做这方面的探索。

我在这里遇到了一个困难，这个困难之所以这么巨大，不是因为这个困难本身，而是因为面对这个困难的人懦弱无能，不敢去解决。至少，我们要敢于把这个困难提出来。一个孩子要在他父亲所信的宗教中成长，不管这个宗教是什么，父亲总会给出有力的证据来证明这是唯一真正的宗教，而所有其他的宗教都是荒唐无稽的。这种论证的力量完全取决于它是在哪个国家被提出来的。在宗教问题上，偏见总是压倒一切。但是，我声称要完全摆脱偏见的束缚，拒绝屈从于权威，并且不教爱弥儿那些在任何国家都学不到的东西。那么，我要培养他信哪种宗教呢？我要让这个自然人加入哪个教派呢？对我来说，答案似乎很简单。我既不叫他加入这一派，也不叫他加入那一派。但是，我会教给他方法，让他正确运用自己的理性，为自己做出选择。

只要我们不屈从于任何人的权威或我们所出生的那个国家的偏见，在自然状态中，单单凭理智的光辉最远只能把我们带到自然的宗教面前。我也只陪爱弥儿走这么远。如果他要相信其他的宗教，我就没有权利当他的导师了，就要由他自己去选择了。

我们的教育工作要与自然的进程相协调。当自然培养人的体格的时候，我们则致力于培养人的精神。不过，这两者的进度是不一样的。身体已经强壮有力，灵魂却还柔弱无助。不管人类如何施展技艺，身体的发展总是走在心灵的前面。到目前为止，我们的注意力都集中于遏制前者而刺激后者，以便尽可能地使这个人保持自身的同一性。在发展他的天性时，我通过培养理性来控制感性。在追溯事物本质的过程中，我使他摆脱了感官的支配。而且，这样很容易引导他从研究自然上升到寻求自然的创造者。

当我们达到这种境地的时候，我们就有了掌控学生的新手段，就有了与他的心灵进行沟通的新方式。只有在这个时候，他才能在没有旁人的监督和法律的驱使下去做好人和做好事，才能在上帝和他自己看来都为人公正，才能即使牺牲生命也要履行他的天职，才能把美德牢记在心。他这样做，不仅是因为热爱秩序——相比于秩序，每个人都总是更爱自己，而且是因为爱他的创造者。这种爱和自爱相结合，最终，在他安然地度过此生之后，良心的安宁和对最高存在的沉思，将允诺他在来世享受永恒的幸福。

七、青春的安放

自然的真正时刻终究要到来。既然人必定会死亡，他就应当进行繁衍生殖，以便使人类得以延续，使世界的秩序得以保持下去。当你通过我所讲的那些征兆，感知到这个紧要关头就要到来的时候，请马上并永远放弃你过去对他说话的口吻。他仍然是你的学生，但他已不再是你的小学生了。他是你的朋友，是一个成人，从今以后你必须这样对待他。

我敢保证，如果你对他的日益滋长的欲念进行直接干涉，愚蠢地把他感知到的新需要看作罪恶，那么，他很快就不会再听你的话了。如果你不遵循我的办法，我就不能向你保证今后出现的结果。你要始终记住：你是大自然的使者，而不是它的敌人。那么，应该怎么办呢？只有两种选择：要么就让他的这种倾向滋长，要么对其加以遏制；要么当他的暴君，要么当他的同谋。这两个办法都有危险的后果，所以不能不在选择的时候有所犹豫。

第一种解决这个困难的办法是赶快让他结婚。这毫无疑问是最可靠、最自然的应急之策，然而我怀疑它是不是最好的或最有用的办法。我同意青年人到了结婚的年龄就应该结婚的看法。但是这个年龄总是太提前了，原因是我们使他们早熟了。结婚的年龄应该延迟到他们发育成熟的时候。

既然自然在这方面没有规定一个不能提前或推迟的固定时间，那么，我相信在不超越自然法则的条件下，我可以假定通过我的努力，爱弥儿直到现在还保持着最初的天真。但是我发现这个幸福的时期就要结束了。由于他被日益增加的诱惑包围着，所以不管我怎样努力，他一有机会就要逃脱我的管束。这时候，我只有一个合理的办法，那就是让他对自己的行为负责，同时防止他在不知不觉间犯下过失，并明确地向他指出周围的危险。在此之前，我是利用他的无知去约束他的，从今以后，约束他的就是他自己的理智了。

要记住，在教导一个成人时，你要把教导孩子的方法完全颠倒过来。你要毫不犹豫地把迄今为止对他隐瞒的危险的神秘事情告诉他。既然他最后一定要知道这些事情，那么，重要的是不能让他从别人那里知道，也不能让他自行知道，而只能从你这里知道。

有些读者，甚至包括那些接受我的观念的读者可能会认为，在这种事情上，只要随便与这个青年谈一次话，问题就全部解决了。不过，这可不是管住人心的办法。如果你没有选好说话的时机,你说了也是白说。在播种之前,应该先把土地犁好。道德的种子只会艰难地萌芽,必须要有长时间的准备,才能使它生根。说教之所以没有用处,其原因之一就是它是不加区分和选择地提供给每一个人的。同一个说教怎么可能适合在禀赋、思想、性情、年龄、性别、职业和见解上存在差异的诸多听众呢?也许,那些对所有人说的话,甚至都无法同时适合两个人。我们所有的情感都是那么不稳定,以至在每一个人的一生中,也许都不会有两个时刻——在那两个时刻,他对所听到的同一个说教产生了相同的印象。你可以判断一下,当火热的感官扰乱了你的理性并主导着你的意志时,你还能不能听进那严肃的智慧的教导呢?因此,除非你已经使年轻人处于明白事理的境地,否则,即使他到了有理性的年龄,你也不要跟他谈什么理性。

读书、孤独、懒散、坐着不动的生活、与女人和青年的交往,所有这些都是在他这个年龄的人都要走的险径,它们不断地把他引到危险的边缘。我利用其他对象去转移他对某些感官的关注。我为他的精神寻找另外一条路线,以便使它离开它刚刚开始走上的道路。我将通过艰苦的体力劳动,来遏制把他引入歧途的富于想象力的活动。当他的双手辛苦劳作时,他的想象力便处于静止的状态;当他的身体十分疲乏的时候,他的激情就不容易被点燃。最直截了当而又简便易行的办法是:把他从危险的地方拉开。首先我要带着他离开城市,远离那些能够引诱他的东西。但是,这样做还不够。要到什么样的荒漠和旷野,才能逃脱那些纠缠他的意象呢?如果我不同时让他摆脱危险的事物以及对它们的记忆,如果我没有办法使他摆脱这一切,如果我不能使他转移对自己的关注,那就等于我还让他停留在原来的地方。

爱弥儿学了一门手艺,但是这个时候这门手艺帮不上我们。他喜欢农业,而且会做庄稼活,但是只做农活是不够的,因为他熟悉的工作已经变成了例行公事。当他从事工作的时候并没有真正投入进去,他心里在想别的事情,脑子和手各干各的。他得有一些新的工作,这些工作要足够新奇才能引起爱弥儿的兴趣,才能够让他忙得不可开交,让他高高兴兴、一心一意地去做,让他全身心地投入。在我看来，唯一具备所有这些特征的活动就是打猎了。如果打猎作为一种无害的娱乐适合成人，那现在就是利用它的时候。我不会让爱弥儿把整个青年时期都花在屠杀动物上，我也不会为这种残忍的行为进行辩护。只要它有助于延缓另一种更危险的激情的到来，以便他能平静地倾听我的教诲，让我有时间在不点燃这种激情的情况下去描述它，对我来说，这就足够了。

我们这个时代的错误之一，就是过多地依赖冷冰冰的理性，似乎理性就是人的全部。理性本身并不主动活跃，有时它起约束的作用，却很少起激励的作用，它永远都不能培养伟大的心灵。事事都要理论一番，往往是心胸狭窄的人的一种癖好。因此不要干巴巴地与年轻人谈理性。如果你想让理性被感知到，那么，就要给它附上一副躯体。我再说一遍：冷冰冰的理性只能决定我们的想法，而不能决定我们的行为。它可以使我们相信它，但不能使我们按照它去行动。它揭示的是我们应该怎样想而不是我们应该怎样做。如果对成人来说是这样，那么，对青年人来说就更是如此了，因为，他们现在仍然受着感官的蒙蔽，他们的思想超不出他们的想象。

我将通过我的眼睛、声调和姿势，来表达我希望在他身上唤起的热情。这时，我对他说话，他才会听我说。我心情激动，他也会被我感动。我要用种种形象来使我们的论点具有说服力，我说的话不会充满冗长杂乱或冷冰冰的教条，而是饱含充沛的情感。我不会一直谈他的利益，以免使他心胸狭窄。相反，今后我只会谈自己的利益，这其实更能打动他的心。我已经使他年轻的心中萌生了友爱、慷慨和感恩之情。现在，我要点燃所有这些情感。我要把他紧紧地抱在怀里，让动情的眼泪流到他的身上，我会对他说："你是我的财富，我的孩子，我的事业。只有你得到幸福，我才能得到幸福。如果你使我的希望落空了，你就相当于窃取了我 20 年的光阴，还会使我老来无福可享。"通过这种方式，你才能让一个青年人听你说话，才能把你所讲的话深深地印刻在他的心里。要竭尽全力地使你成为他的知己，因为只有成为他的知己，你才能真正成为他的老师。

八、进入到社会

爱弥儿并非注定要一直孤独地生活,作为社会的一员,他必须履行他的社会义务。既然他注定要和他人一起生活,那么,他就应当对他们有所认识。他已经了解了一般意义上的人,但是他还需要了解作为个体的人。他已经知道世界上发生的事情,但是他还需要知道人在世界上应当怎样生活。对于这个巨大的舞台,他已经知道其内部是如何运作的了,现在到了应该把它的外部情景告诉他的时候了。对于这个花花世界,他不会像一个鲁莽的青年那样投去愚蠢的羡慕,而是会用健全、理性的头脑对它们加以明辨。

正如人生中有一段年龄适合学习科学一样,人生中也有一段年龄适合学习社会习惯。那些早早习得这些习惯的人,会不加选择、不加反思地终生遵从这种习惯,因此,尽管他们做得很好,但他们始终不知道这样做有什么意义。但是,如果一个人既习得了这种习惯,又明白了其中的道理,那么他就会更审慎地遵从它们,也因此做得更恰当得体。你把一个一无所知的12岁的孩子交给我,等他长到15岁的时候我再把他交还给你,我敢保证他学到的知识,与一个从幼儿时期开始就接受你的教育的孩子学到的知识一样多。不同的是,你的孩子的知识只体现于他的多闻,而我的孩子的知识还体现于他的善断。同样,把一个20岁的青年投入社会,对他施以良好的教导,一年以后,与一个从童年时期开始就一直在社会中生活的青年相比,他一定会更加可爱和优雅。

我将对这个年轻人说:"你的灵魂需要一个伴侣,让我们去寻找一个适合你的伴侣。也许我们很难找到这样一个人,因为真正有德行的人总是很少。但是,我们不要着急,也不要气馁。肯定会有这样一位女子,最终我们会找到她,或者至少也会找到一个与她最相像的人。"用这样一个非常吸引他的计划,我就可以把他带入社会。

当我向他描述他未来的爱人时,你可以想一想,我是不是能够使他愿意倾听,我是不是能够使他觉得那些品质确实亲切可爱?如果我不能预先使他对要找的人产生渴望,那我也许就是人类当中最愚笨的人了。我向他描绘的对象是否为一种虚构的形象,这不重要。只要能使他厌恶那些可能诱惑他的人,只要能使他处处进行比较,从而使他宁可要他幻想中的人,而不要他所看见的现实中的人,这就足够了。如果真正的爱情不是虚构和梦想的,那它又是什么呢?真实的那个对象与我们对这个对象的想象相比,我们更爱后者。如果我们发现自己所爱的对象不过就是那个样子,那么,世界上就不会再有爱情了。当我们停止了爱,尽管我们所爱的人仍然与从前一样,但是我们已不会再像从前那样对待她了。充满魔力的面纱一旦掉落,爱情也就消失了。

因此我绝不会描绘一个根本不存在的完美模型来欺骗青年人。但是,我要这样来挑选他的爱人的缺点,以使她的缺点与他相适合,为他所喜欢,而且有助于改正他的缺点。我甚至还给她起了一个名字,我会笑着对他说:"让我们把你未来的爱人叫作'苏菲'吧,'苏菲'这个名字带有好兆头。如果你选择的对象本来不叫'苏菲',那么,她至少也要配得上这个名字。现在我们可以先把这个荣誉称号给她。"只要我们好好地选择了向他描绘的那些特点,剩下的事情就好办了;我们让他接触社会就没什么危险了,只要保护他的感官不受伤害就行了,他的心是安全的。

现在,让我们来看一看人群中的爱弥儿。他之所以进入社交场合,不是为了在其中卓然超群,而是为了对它有所认识,并在其中找到一个配得上他的伴侣。不论他出身于哪个等级,不论他最先进入的是哪种社交场合,他都是朴实而不露锋芒的。但愿上帝保佑,别让他在社交场合大放光芒!所有那些乍看起来吸引眼球的品质都不属于他,他也不希望自己拥有那些品质。别人如何评价他,他是毫不在乎的,因此他不为他们的偏见所左右。在别人了解他之前,他不会在乎他们是否尊重他。与别人见面的时候,他的表现既不谦恭也不傲慢,而是自然、真诚。他既不感到拘束,也不装模作样。他在大庭广众之下,与他单独一个人的时候完全没有什么两样。

他很少说话,因为他不希望引起别人对他的注意。同样,他要说就只说有意义的事情,否则,谁能使他开口说话呢?爱弥儿见多识广而不巧言令色。

爱弥儿不会鄙视他人的礼俗，而是非常乐意地去遵循它们，其目的并不是为了显示他对那些礼俗多么了解，也不是为了装出一副斯文的样子。相反，他这么做是因为害怕引起别人的注意，害怕别人看出他的与众不同。只有在没人注意他的时候，他才感到舒服。他坚定而不自负，举止从容而不傲慢。粗野的样子是做奴隶的人才有的，独立自主的人是一点也不矫揉造作的。我从来没有看见哪一个心灵高尚的人，把他的高尚显露于言表。装模作样的神气是心地不善和卑微的人才有的，因为他们除此之外没有别的方式可以显摆自己。

从前他在读历史时通过人的欲念来研究人，而现在进入了社会，他就要通过道德风尚研究人。这使他经常有机会对那些使心灵愉悦或厌恶的事物进行思考。而现在，他要对人类审美的原理做一番哲学思考，这是目前最适合他做的事情。

在给审美下定义的路上走得越远，我们就越会迷失方向。审美不过是对大多数人喜欢或不喜欢的事物进行判断的能力。抛开这一点，你就无法理解审美是怎样一回事情。但不能因此就说有审美品位的人比没审美品位的人多。因为，尽管多数人对每一件事物都能做出明智的判断，但很少有人会对所有的事物都像多数人那样做出判断。而且，尽管大多数人的审美品位综合起来就是良好的审美，但是真正有品位的人是很少的，正如美丽的人总是很少的一样（虽然美是最普通的那些特征合在一起构成的）。

需要注意的是，我们在这里要关注的不是那些对我们有用而被我们喜欢的东西，也不是那些对我们有害而被我们厌恶的东西。审美只适用于那些对我们无关紧要的事物，或者顶多适用于一些可以带来乐趣的事物。对生活的必需品，我们不需要进行审美判断，只要我们有胃口就行了。这就是在审美方面做出纯粹的判断是那么困难，而且审美判断似乎十分随意的原因。因为，除去决定审美的本能之外，我们似乎找不到审美判断还有其他原因。我还要补充一点，审美的标准是有地方性的，这使得审美在很多方面取决于一个地方的风土、道德和政治制度，同时审美还受人的年龄、性别和性格的影响。正是从这个意义上说，审美层面无真正的争论可言。

审美能力对所有人来说都是自然而然的，不过并非所有人都拥有相同的审美能力，它在每个人那儿的发展程度也不一样。而且，每个人的审美能力都会由于种种不同的原因而有所改变。一个人在审美上能达到的高度，取决于他天赋的感受力。而审美的培养和形式则取决于他生活于其中的社会环境。第一，我们必须在不同的社会环境中生活过，才能做许多的比较。第二，还需要有寻求休闲和娱乐的社群，因为在商业社群中，占支配地位的是利益而不是乐趣。第三，还需要有注重审美趣味的社交场合。因为在这种群体中，不平等的现象不显著，偏见的压力也不太大。而且，人们在其中所追求的不是虚荣而是乐趣。否则，时尚将扼杀审美品位，人们不再追求令人愉悦的事物，而是追求引人注目的事物。

谁说审美与爱弥儿没有关系呢？知道什么东西使人愉悦，以及什么东西使人不悦，不仅对有求于他人的人来说是必要的，而且对那些想提供帮助的人来说也是必要的。如果你想向人提供帮助，首先你要使他感到愉悦。

如果为了培养我的学生的审美能力，而必须在审美尚未培养起来的国家和审美已经败坏的国家之间做出选择，那么，我会按颠倒的顺序来进行选择。也就是说，我要让他的旅途从后面这种国家开始，在前面那个国家结束。这样选择的理由是：审美品位之所以败坏，是因为过分精致产生了一种多数人无法理解的对事物的感受力。这种精致会引发争论的氛围。因为，我们对事物的区别愈细，则需要区别的地方就愈多，这种细腻使感觉变得精致而难以统一。因此，有多少人便会产生多少种品位。在关于偏好的争论中，哲学和关于人的知识得到扩展，我们正是通过这种方式学会了思考。只有广泛涉足各种社会场合的人才能做出精细的观察——这种观察在其他观察之后才出现。至于那些没有广泛涉足各种社会场合的人，他们把所有的注意力都放在了事物的显著特征上。

也许在现今世界还找不到哪一个文明的地方，它的品位会像巴黎那么糟糕，当然良好的风尚也正是在这里形成的。在欧洲受到人们重视的书籍的作者几乎都在巴黎学习过。谁要是以为只要看一看在巴黎出版的书就够了，那就错了。因为我们与作者谈一次话，比读他们的书还能了解到更多的东西。何况对我们最有教益的还不是这些作家。只有社会的精神才能发展出有思想的头脑，并使一个人的眼界尽可能地扩展。如果你有一点天资的话，那就去巴黎住上一年。很快你就会变成你可能变成的最好的样子，否则你可能将一事无成。

在审美风尚不良的地方，我们可以学会思考，但是我们绝不能像那些沾染了不良风尚的人那样思考。不过，如果我们长期与他们一起生活，那么，就很难避免这一点。我们应当借他们的思想来完善我们在判断时使用的工具，同时避免像他们那样做出判断。我得十分小心地培养爱弥儿的判断力，以免它受到破坏。当他的感觉已经敏锐到能够感知和比较人们的不同趣味时，我将把他引回到简单的事物上，以便为他的审美能力打下基础。

为了保持他纯粹而健全的审美能力，我还要实行更进一步的教育。在乱糟糟的放荡的人群中，我要找机会与他进行有益的谈话。我们谈论的始终是他喜欢的事情，我需要注意的是使我们的谈话既有趣味又有教育意义。现在是阅读有趣的书籍的时候了，是教他分析语句并欣赏雄辩和修辞的美的时候了。学习语言是一件琐碎的事。语言的用处并不像人们想象的那样大，但是，对语言的学习会把我们引向对语法的研究。要透彻地掌握法语，就必须学好拉丁语。为了懂得说话艺术的规则，我们必须学习这两种语言，并对其加以比较和研究。

此外，在说话艺术上，有一种直抵人心的朴实风格，这种朴实的风格只有在古人的作品中才能找到。在雄辩术、诗歌和各种各样的文学作品中，爱弥儿发现古代作家往往乐于摆事实而慎于下论断——正如他之前在史书中看到的那样。我们当代的作家正好相反：事实没说多少，断言却说了很多，总是不停地把他们的论断像律法一样强加给我们，而这并不是形成我们的判断力的方法。这两种风格之间的差别表现在所有的纪念碑上——甚至包括墓碑。我们的墓碑上写满颂词，而古人的墓碑上却只记录事迹：

过客啊，请停下来追思这位英雄。

爱弥儿

当我在一个古代的墓碑上看到这个墓志铭的时候，一开始我认为它是当代人写的，因为在我们这个时代，再没有什么东西比英雄更稀松平常的了，而在古人当中，英雄是很少见的。他们不会说一个人是英雄，而会说他做了什么事情而成为英雄。古代作家展示的是人的本来面目，因此我们可以看出他们描写的确实是人。色诺芬[1]在追忆万人大撤退中被奸细出卖而牺牲的几个战士时，称赞他们说："他们死了，没有在战争和友谊中留下任何污点。"他只说了这么一句话。但是，请你想一想，如此简短的一句挽歌饱含了作者多少感情。谁要是感受不到它的魅力，那就太可怜了！

在赛莫皮莱的一个石碑上刻着这么一句话：

过客啊，去告诉斯巴达人，我们遵从了她的神圣律法而长眠于此。

很明显，这不是研究碑文的现代学者所作。

如果我没有做错什么的话，我那不注重言辞的学生定会一下子注意到古今之间的差别，而且这些差别会影响他在阅读上的选择。当他被狄摩西尼[2]的雄辩迷倒时，他会说"这是一个演说家"。而在读西塞罗[3]的作品时，他又会说"这是一个律师"。

一般来说，爱弥儿喜欢古人的著作甚于今人的著作，唯一的原因是：古人生得更早，更接近于自然，他们的天分也更为优异。不管怎么说，人类在理性上并没有取得真正的进步，因为我们在这方面有所得，在另一方面便会有所

---

[1] 色诺芬（Xenophon，约前430—前354），古希腊历史学家、作家，雅典人，苏格拉底的弟子。——译者注

[2] 狄摩西尼（Demosthenes，前384—前322），古希腊最伟大的政治家、演说家和雄辩家，希腊联军统帅。——译者注

[3] 西塞罗（Cicero，前106—前43），罗马共和国晚期的哲学家、政治家、律师、作家、雄辩家。——译者注

失。所有的心灵都是从同一点出发的，我们花时间去学别人已有的思想，就没有时间自己去思考。我们固然获得了更多的见识，但心灵的活力减少了。

我带爱弥儿去剧院不是为了研究道德，而是为了研究戏剧的审美和品位。因为，正是在剧院中，人们所有的趣味都会展现在一个有思想的人的面前。我将对他说："不要去管箴言和寓意，这不是我们在这儿要学的东西。"戏剧不是用来追求真理，而是为了娱乐。没有什么地方能像剧院一样，能让人学会使人喜悦和触动人心的艺术。对戏剧的研究会导向对诗歌的研究，二者有着完全相同的目的。如果他对诗歌有一点儿兴趣，他也将热衷于学习诗歌的语言：希腊文、拉丁文和意大利文。这些研究将带给他无限的乐趣，他也将因此受益多多。触动心灵的各种美妙的事物的魅力激发着他的兴趣，在这样的年龄和环境下，研究语言对他来说是一件极大的乐事。请你想象一下，一边是我的爱弥儿，另一边是学校的年轻学生，他们都在读《埃涅阿斯纪》[1]第4卷，或者读提布鲁斯[2]的诗，或者读柏拉图的《会饮篇》，他们之间会有多大的差别啊！那深深触动爱弥儿心灵的东西，竟然对另一个孩子没有一点影响！"啊，可爱的年轻人！停一下，停下你的阅读，我看你太激动了。我希望爱的语言使你感到快乐，但我不希望它让你感到迷失。你固然要做一个有感情的人，但也要做一个明智的人。"此外，我并不在乎他在研究语言、文学和诗歌上是不是能够获得成就。他即使对这些东西一点也不懂，也依然可以优秀。他所受的教育使他并不关注这些琐碎的东西。

在教他感受和热爱各种各样的美时，我的主要目的是要使他的情感和品位专注于此，是要防止他的自然的爱好被败坏，要防止他将来从财富中，而不是依靠自身来寻求实现幸福的手段。我在前面已经说过，所谓的审美，只不过是一种鉴赏琐碎事物的艺术。不过，既然人生的美好有赖于一系列的琐碎的事

---

[1] 《埃涅阿斯纪》（Aeneid），是维吉尔最重要的作品，也是整个罗马文学的顶峰之作。全诗12卷，9896行，形成于公元前19年，用拉丁语书写，是西方历史上第一部"文人史诗"。——译者注
[2] 提布鲁斯（Tibullus，前55—前19），古罗马诗人。——译者注

物，那么，关注它们也就不是一件无关紧要的事。通过这种方式，我们可以学会利用我们力所能及的东西所具有的真正的美，来充实我们的生活。我在这里所说的，不是道德的美，因为这种美依赖心灵的善良倾向；我所说的是排除了偏见之后的感性的美，以及感官所享受的美。

　　时间就这样过去了，我们一直在寻找苏菲，但是还没有找到。正是由于不应该很快就把她找到，所以我们才会去那些我非常清楚找不到她的地方去找她。现在时间已经很紧迫了，我们必须马上去找她了，以免爱弥儿把另外一个女人当成苏菲，等到他发现错误时可能就为时太晚了。再见了，巴黎，你这闻名遐迩的都市，你这充满噪声、烟雾和泥污的城市，你这女人不爱名誉、男人不爱美德的城市。再见了，巴黎。我们现在要去寻找爱情、幸福和纯真。我们离你越远越好！

第五卷 婚姻

一、青年期的尾声

我们已经到了爱弥儿青年时期的尾声,大幕就要拉上了。

一个成人独自生活,并不是一件好事。爱弥儿已然成年,我们曾经答应过在这一阶段要为他寻找一位伴侣。这个伴侣就是苏菲。她住在哪里,我们去哪里才能找到她呢?我们必须先了解她,之后我们才能知道去哪儿找到她。即使我们找到她了,我们的任务也依然未完成。洛克曾说过:"我们的年轻绅士将成婚之日,便是我们将他交给其爱人之时。"写到这里,洛克的著作就结束了。对我而言,我并无培养"年轻绅士"的荣幸。所以,在这方面我不会以洛克为榜样。

二、女子的教育

如同爱弥儿是一个成年男子一样,苏菲也应当是一个真正的成年女子。也就是说,她应当具备一切成年女性应有的特征,以便承担她在身体和精神方面应当承担的责任。现在,让我们从男性和女性的差异着手,进行一番研究。

就一切跟性没有关系的方面来看,女人和男人完全是一样的。她也有同样的器官、同样的需要和同样的能力。身体的结构也是一样的,身体的各个部分和它们的作用也是相同的,面貌也是相像的。不管你从哪一方面来看,女人和男人之间的差别只不过是同中求异罢了。就一切涉及性的方面来看,女人和男人处处都有关系,但处处都有差异。要对他们进行比较并不容易,因为男女在体格方面很难确定哪些东西属于性，哪些东西不属于性。我们确切知道的唯一的一件事情是：男人和女人共同的地方在于他们都具有人的特点，不同的地方在于他们的性。从这两点来看，我们发现他们之间既有许多相同的地方，也有许多相异的地方，以至我们不得不惊叹，造物主居然能够把两个人创造得既如此相像，又如此不同。

所有这些相同和相异的地方，对人的道德天性都是有影响的。这种显著的影响已被人的经验确证，所以我们用不着争论到底是男性优于女性，还是女性优于男性，或者两种性别的人是平等的。因为，每一种性别的人都是在按照他或她特有的方式实现自然的目的。如果两种性别的人再相像一点，那反而不能像现在这样完善了！就他们相同的地方来说，他们是平等的；就他们相异的地方来说，他们是无法进行比较的。一个成熟的女人和一个成熟的男人只能在外貌上相似，而非在精神上相似，因为完全的相似是不容许有任何差异的。

在两性的结合中，每一种性别的人都为共同的目的而贡献其力量，只不过贡献的方式不同而已。由于方式不同，所以在两性的道德关系上也就产生了显而易见的差别：一个是强大而积极主动的，而另一个则是柔弱而消极被动的。前者必须具有意志和力量，而后者只要稍微有一点抵抗的能力就行了。

如果这一原理能够获得认可，我们就可以说，女人是特地为了取悦男人而生成这个样子的。如果反过来说，男人也应该取悦女人，那么，这也只是一种不太直接的需要。因为，他的长处在于他的体力。只要他身强力壮，就可以使女人感到欢喜。我同意有些人所说的：这样的欢喜不是爱情的法则在起作用，而是自然的法则在起作用——它比爱情法则的由来更为久远。

如果说女人生来是为了取悦和从属于男人，那么，她就应当使自己在男人看来非常可爱，而不是使他感到不快。她的力量就存在于她的魅力之中，而借助这种魅力，她可以迫使男人去发现和运用他的力量。刺激这种力量的最可靠的办法是对他采取抵抗，这迫使他不得不使用他的力量。当自尊心和欲望结合起来的时候，就可使双方在对方的胜利中取得各自的成功。所以，在两性关系中，一方是进行进攻，另一方是进行防御。男性显得勇敢，女性则显得胆怯，直到最后拿出自然赋予弱者征服强者的武器——羞耻感。

至高的上帝在任何事情上都希望人类具有荣誉心，他在把无限的欲望赐予人类的同时，也赐予了调节欲望的法则，以便使人类既能获得自由，又能自我克制。他使男人既有旺盛的性欲，又使他具有克制性欲的理智。他使女人既有无限的春情，又使她具有节制春情的羞耻心。

不管女人是不是像男人那样享受性的快乐，不管她是不是愿意满足他的这种欲望，她总是要对此表示推辞并进行防卫，只不过程度不一样，也不是始终都是那样坚决和同样成功。如果进攻者要取得胜利，被攻者就要允许或控制他的进攻。女人有许多巧妙的办法，可以用来刺激进攻者拼命进攻。最自由和最温柔的行为是决不容许暴力存在的，自然和人的理性都会对之予以抗拒。自然之反对暴力，表现在它使较弱的一方具有足够的力量，想抵抗就能够抵抗；理性之反对暴力，在于真正的暴力不仅是最粗野的兽行，而且是违反性行为的目的的。一方面是因为这样做，男人就等于向他的伴侣宣战，她有权保护自己的人身和自由，必要时甚至可以为此将侵害者置于死地。另一方面是因为只有女人自己才能判断她的处境，同时，如果任何一个男人都可窃取做父亲的权利，那么一个孩子便无法辨认哪一个人才是他的父亲了。

这样，我们可以根据两性体质的差异而得出第三个结论，即与较弱的一方比起来，较强的一方看似处于支配的地位，但实际情况往往恰恰相反。之所以如此，并不是由于男人惯于向女人献殷勤，也不是由于他以保护他人自居，表现得宽宏大量、不拘细节，而是由于一种不变的自然法则——这种法则使女人可以轻易地刺激男人的性欲。而男人要满足这种性欲并不容易。他要以对方的兴致为转移，并且不得不尽力取悦对方，以便使她承认他为强者。对男人来说，在他取得胜利的时候，他最感到甜蜜的是他不知道究竟是弱者因他的强势而让步，还是她心甘情愿地投降。而女人往往又很狡猾地故意让他们之间存在这种疑团。在这方面，女人的心眼和她们的体质完全是一致的。她们不仅不以这种柔弱为羞，反而以此为荣。她们柔弱的肌肉没有什么抵抗力，甚至连最轻的东西也担负不起。如果她们长得健壮有力的话，反而会不好意思，这是为什么呢？这不仅是为了显得窈窕，而且是为了更好地进行防卫。她们要事先给自己找个借口，以便在必要的时候取得弱者的权利。

至于由性导致的结果，对男人和女人是完全不一样的。男性只不过在某些时候才起男性的作用，而女性终生都要起女性的作用，至少她在整个青年时期都是如此。任何事情都可以让她想起她的性别。同时，为了很好地起到她的作用，她需要一套与她的性别相适应的做法。她在怀孕期间需要得到照顾，她在孩子出生后需要有不工作的自由，她在哺乳期间需要过一种安静、舒适的生活。为了抚养孩子，她应当性情温柔、有耐心。她应当具有一种不为任何事物所挫败的热情和爱。她是孩子们和父亲之间的纽带。只有她才能使父亲爱他们，使他相信他们确实是他的骨肉。为了使全家人亲密相处，她需要做出多少充满爱的安排啊！女人们之所以能这样做，无关美德，而是因为这是一种爱的劳作，否则人类不久就会消亡殆尽。

柏拉图在《理想国》中主张女人应做和男人一样的运动。他在他所主张的政治制度中取消了家庭，但又不知道怎样安置女人，便只好把她们改造为男人。这个卓越的天才把各方面都论述得很详细，对各种问题都阐发了他的见解，甚至连人们还没有向他提出的一些难题他都想到了，不过他并没有成功地解决一些真正的疑难问题。我现在不打算谈那种所谓的女性共同问题。一般人在这个问题上对他的责备，恰恰证明他们没有读过柏拉图的著作。我打算论述的是社会上的男女混杂问题，由于这一问题，两种性别的人都要去承担同样的职务，做同样的事情，结果必然会产生一些难以容忍的弊端。我要论述最温柔的自然情感的消灭，它们正被一种虚伪做作的情感吞噬。难道离开自然的基础就能使习俗的联系变得稳固？难道我们对亲人的爱不是我们对国家的爱的基础？难道不是因为那小小的家园，我们才热爱祖国？难道不是首先要做个好儿子、好丈夫和好父亲，然后才能成为好公民？

既然男人和女人在体格和性情上不是而且也不应当是完全相同的，那么，我们便可由此推知：他们所受的教育也不应该相同。自然会教导他们在行动上互相配合，每个人都应承担属于自己的那一部分工作。他们工作的目的是相同的，但工作的内容是不一样的，因此促使他们进行工作的情感自然也有所差异。我们经过一番努力才把爱弥儿培养成一个天性自然的男子。现在，就让我们开始为其培养一个合适的伴侣吧！

如果你想永远按照正确的道路前进，那么，你就应始终遵循自然的教诲。所有一切男女两性的特征，都应当被视作自然的安排而予以尊重。你一直在说："女人有这样或那样的缺点，而我们并没有这些缺点。"其实你已经被这种骄傲误导。你所说的缺点，正是她们的优点。如果她们没有这些优点，那么，事情就不可能像目前这样好。你可以防止这些所谓的缺点退化成恶劣的品行，但请注意不要破坏它们。

另一方面，女人们也在抱怨，说我们把她们培养成徒有其表的卖弄风情的人，说我们老是拿一些微不足道的小玩意儿去取悦她们的心，以便使她们受我们的支配。这简直是在胡说！男人什么时候插手过女子的教育？谁阻碍做母亲的人按她们的意愿去教养女子了？"她们没有学校可上！真糟糕！"但愿上帝也不让男孩子上学！这样他们才会成为更懂事、身心更健康的人。谁强迫女孩子们浪费她们的时间去做那些琐碎的事情？谁要她们学你的样子把一半的时间用来梳妆打扮？谁不让你按照你的心意去教育她们和请人教育她们？如果她们因长得美丽而讨得我们的喜欢，如果她们优雅的气质使我们感到欣喜，如果她们从你那里学来的巧妙办法使我们心醉神迷，如果她们穿得漂亮使我们喜欢欣赏，如果我们让她们从容不迫地使用那些可以使我们甘拜下风的武器，难道应该怪我们做得不对吗？好吧，你就像培养男子那样培养她们好了。女人们愈想学男人的样子，她们便愈不能驾驭男人。那时，男人将会主宰女人的一切。

男女两性共同拥有的能力在程度上并不相同，但从总的方面来看，两者的能力是互相补充的。女人以女人的身份做事，其价值要高于她们以男人的身份去做事。无论在什么地方，只要她们善于利用自己的权利，她们就可以占据优势。如果她们要窃取我们的权利，那必然会不如我们。这是一个普遍的真理。

如果培养女人具有男人的品质，而不去培养她们本来应该有的品质，这显然是在害她们。狡黠的女人很容易看清这一点，所以是不会受这种做法的欺骗的。她们在企图窃取我们的权利的同时，也不会放弃她们的权利。然而这样做的结果是，由于这两种权利互不相容，所以她们得不到任何一种权利。她们不仅无法达到我们的地位，而且无法达到她们本来应该达到的地位，这样就让她们本应有的价值大打折扣。如果你是一位贤明的母亲，请接受我的建议：不要违背自然的要求，把你的女儿培养成一个好男人。你应当把她培养成一个好女人，这样做无论对她自己还是对我们都是有益的。

这是否意味着我们必须使她只专心于家务，对一切事物都蒙昧无知呢？她应该成为男人的奴仆还是伴侣呢？他会不会不让她去享受社交的乐趣呢？为了更好地支配她，他会不会使她没有半点思想和知识呢？他会不会把她变成一个机器人呢？当然不是这样，这不是自然的教诲。自然赋予女人聪慧而可爱的心灵，希望她们有思想和有眼光，希望她们有所爱和有所认识，希望她们像锻炼身体那样培养她们的心灵。所有这些都是大自然赋予她们的武器，以弥补她们体力的不足，并使她们能够支配男人。尽管她们需要学习很多东西，但是她们只能学习那些适合她们的东西。

无论是考虑女性的特殊天职，还是观察她们的倾向或义务，每一方面都表明什么样的教育才是她们所需要的。男人和女人是为彼此而生，但是他们对彼此的依赖程度并不相同：男人是因为自身的欲望而依赖女人的，而女人则不仅是因为欲望，而且是因为自身的需要而依赖男人。男人如果没有女人也能够生存，而女人如果没有男人便无法生存。她们想要实现生活的目的，就需要我们提供帮助，为此，她们还需要获得我们的尊重，使我们认为她们值得享受这些东西。她们要依赖我们的情感，依赖我们对她们的功绩的认可、对她们的魅力和道德的尊重。由于自然法则的作用，无论是女人自己还是她们的孩子，都要受制于男人的评价。

她们不仅应当值得尊重，而且必须有人尊重；她们不仅要长得美丽，而且必须讨人喜欢；她们不仅要生得聪明，而且必须让人能看出她们的聪明。她们的荣耀不仅在于她们的行为，而且在于她们的名声。一个在别人眼中声名狼藉的女人，她的品行可能不会端正。一个男人只要行为端正，他就能够以自己的意愿行事，不把别人的评论放在眼里。对一个女人而言，别人对她的看法，和她的实际行为一样重要。由此，对女子施行的教育，应当区别于对男子施行的教育。世人的议论是葬送男人美德的坟墓，却是让女人获得荣耀的王冠。

孩子的健康主要依赖母亲的健康。男孩的早期教育也要依靠母亲。他的德行、欲念、爱好，他的快乐乃至幸福，都取决于母亲的付出。因此，女人所受到的教育，注定是与男人有关系的。要让男人感到喜悦，要对他们有所帮助，要得到他们的爱和尊重，在幼年时期抚养他们，在壮年时期关心他们，给予他们建议和安慰，让他们的生活充满乐趣，所有这些在任何时候都是女人的天职。而这正是她们在幼年时期应该接受的教育。

即便是小女孩，也很喜欢装饰品。她们不满足于自己长得美，还希望别人认为她们美。我们从她们小小的面孔上就可以看出这种心思。一旦她们能够听懂别人对她们所讲的话，我们只需告诉她们别人怎样谈论她们，就可以把她们管好。然而，如果你愚蠢至极地对男孩子也采取同样的方法，那么，你就不可能取得类似的效果。事实上，小男孩只要能够自由自在地玩耍，就不会在乎别人怎样说他们。要使小男孩也受这个法则的约束，无疑要花费更多的时间和精力。

无论从哪个方面来说，小女孩的早期教育都是极有价值的。既然身体先于精神而生，那么身体的锻炼就要先于精神的培养。这个次序对男人和女人来说都是一样的。但是，两者的培养目的则是完全不同的：男人要增强他的力量，女人则要培养她的魅力。这并不是说男人只能具有男人的品质，女人只能具有女人的品质，而是说这些品质在不同性别的人身上应当有主有次。女人也应足够强健，如此才能优雅地干任何事情；男人也应足够灵巧，如此才能轻松地行事。

女人的体质要是过于柔弱，也会使男人的身体日趋柔弱。女人无须像男人那样强壮，但是也要与他们相匹配，这样才能生育健康的孩子。在女修道院寄宿的女子，吃的虽然普通，但由于在户外和花园中蹦蹦跳跳游玩的时候多，所以她们的身体要比在家里待着的女孩的身体好。因为在自己家里，虽然女孩吃的食物十分精美，但是她们成天待在一个关得紧紧的房间里，坐在母亲的面前，既不敢起来走动、说话或闹嚷，也不能自由地去玩、去跑、去跳、去叫，释放在她们那个年龄应有的活泼的天性。结果她们不是被过于娇生惯养，就是被管教过严。这并不符合理性的要求，只会让孩子的身心遭到破坏。

一切妨碍和束缚天性的东西都根源于败坏的习俗，就身体的装饰和心灵的修养来说，也是这样的。生命、健康、常识和舒适，应该是压倒一切的。让人感到不舒服的事物绝不会显得优美。"优雅"并不与"柔弱"同义，病恹恹也不会展现女人的魅力。要想得到他人的怜爱，必须快乐而活泼，而这无疑依赖健康的身体。

男孩子和女孩子应该有许多共同的游戏。他们长大以后，不是也应该在一块儿玩吗？不过他们也有各自的爱好。男孩子喜欢运动和吵闹，喜欢打鼓、抽陀螺和推小车。而女孩子则喜欢好看和可以用来化妆的东西，比如镜子、珠子、装饰品，尤其是布娃娃。布娃娃是女孩子特别喜欢的玩具，这自然地揭示出她们将一生从事的事务。取悦人的艺术在于打扮，而这正是她们在幼年时便可学会的艺术。

一个女孩子成天玩她的布娃娃，不停地给它穿上衣服又脱下衣服。无论她是否善于搭配，她都会尝试各种饰品的组合。她的手指还很笨拙，还没有养成一定的审美趣味，但是她的倾向已经显露出来了。在这无休止的玩耍中，时间飞逝，而小女孩却一点也没注意到，甚至到了废寝忘食的地步。让她着迷的是各种各样的饰品而非食物。有人可能会说："她所打扮的是她的布娃娃而不是她本人。"确实，她只注意她的布娃娃，而没有注意她自己。她还不能为自己做任何事情。她既没有才能，也缺乏体力。她只专注于她的布娃娃，把她所有可爱之处都转移到它的身上。这种状态不会一直持续下去，她在等待自己成为"布娃娃"的时刻的到来。

可见这种倾向很早便清晰地显现了出来。你只需遵循它的发展，并加以指导就行了。当然，这个小女孩心中所想到的只是怎样打扮她的布娃娃，怎样给它打蝴蝶结和围小围脖,怎样给它扎花边。所有这些她都需要别人的善意帮助,因此她会觉得要是她自己能做就好了。这也是人们从一开始就教她学做这些东西的原因。事实上,小女孩往往都不喜欢学习读书与写字,她们往往更乐于学习缝纫。她们以为自己已经长成大人,憧憬着有一天能用这些本领来打扮自己。

接下来,她们就会去学习裁剪、刺绣和打花边。挂什么窗帘,她们是不太过问的。用什么家具,她们也是不管的。这些东西跟她们没有什么关系,别人爱怎样安排就怎样安排。成年的女人才喜欢考究窗帘之类的东西,小姑娘对此兴趣不大。

我们很容易把她们的兴趣引向绘画,因为绘画这门艺术与她们爱好穿衣打扮的心理密切相关。但是,我不希望她们去学画风景,更不希望她们去学画人物。她们只需画一些树叶、花草、果木和各种图案就够了,因为这些画可以增加她们的服饰之美,使她们在找不到合适的花样时,可以自己画出来刺绣。一般来说,如果男子只应该研究对他有用的学问,那么女子更应该把她们的研究范围限定在对她们有用的事情上。因为,尽管女人的生活没有那样劳累,但她们做事比男人更加勤奋,而且常常要穿插着做许多其他的事情,所以不容许她们牺牲自己的天职而去自由选择自己的爱好。

不管那些讽刺者如何说,男女都一样具有良好的理性。女孩子一般都比男孩子更温顺一些,而且,正如我在后面即将谈到的,我们可以对她们管教得更严一些。但是,这并不意味着我们可以强迫她们做她们不明白其用处的事情。母亲要善于向她们指出,我们叫她们做的事情有什么用处。要做到这一点是比较容易的,因为女孩子的智力要比男孩子的智力成熟得早。根据这个原理,女孩子和男孩子不仅不应该去研究那些既没有什么好处,又不能让人感到愉快的无聊学问,而且不应该去研究那些他们在目前这个年龄还不明白,而必须等到长大后才能明白其用途的学问。既然我不愿意强迫一个男孩子读书,那么,我也不愿意在女孩子还没有明白读书的用处以前,就强迫她们去啃书本。何况我们平时向她们解释读书的用处时,总是以我们的观念自居。一个女孩子有什么必要在小小的年纪就学读书和写字呢？难道马上就要叫她去管理家务吗？其实，女孩子都充满好奇心，只要她们一有余暇和机会，用不着你强迫，她们自己就会学习读书和写字。也许，她们首先应该学会算术，因为没有什么东西像算术那样有明显的用处。它需要大量的时间进行练习，才不致发生错误。如果一个女孩子必须做一次算术题才能吃到樱桃，那么她必定很快就能学会计算。

你一定要把女孩要做的事情的意义向她们说清楚，同时一定要求她们把事情做好。懒惰和桀骜不驯是女孩子的两个最危险的缺点，而且，一旦有了这两种缺点，以后便很难改正。女孩子做事应当细心并且爱劳动，但这并不够。她们从小还应当受到管束。如果这种做法对她们来说是一种苦楚，那么这也是与她们的性别紧密相关的。而且，她们一生都会受到最严格的管束，服从种种礼数和规矩。首先必须使她们习惯于这种约束，这样她们才不会感到这种约束的痛苦。必须训练她们能够忍受这种束缚，这样她们才能够自然而然地控制自己的胡思乱想，并顺从他人的意志。如果她们成天想干活，在某些时候，她们应被强制停下来。如果她们最初有了不良的爱好，或者做什么事情都没完没了，那么，她们就容易产生轻佻放荡和反复无常等缺点。要防止这种弊病的产生，最重要的是教育她们克制自己。

要警惕女孩子们厌弃自身的职责而贪图玩乐。一般的教育方法很容易使她们产生这种缺点，因为，正如费内伦[1]所说，这种教育方法一方面使女孩子们感到十分厌烦，另一方面又使她们只贪图享乐。如果大家遵守前面所讲的法则，那么，我们就可以避免这两种缺点当中的第一点，除非小女孩不喜欢她周围的人，才会导致这一缺点的产生。相反，如果一个小女孩喜欢她的母亲或她的朋友，即便她终日与她们在一起，也不会感到厌倦。单单是与她们聊天，就足以消除她心中感到的束缚。但是，如果她的同伴让她感到厌烦，那么她在这

---

[1] 费内伦（Fénelon，1651—1715），法国作家、教育家，法国古典主义的最后一个代表。主要作品有《忒勒马科斯历险记》《寓言集》等。——译者注

个人的要求下做任何事情都会觉得不自在。有些女孩子觉得与母亲在一起不如与别人在一起快乐，这样的女孩子是很难变成好女孩的。不过，要想知道她们真正的情感，就必须对其进行研究，而不能单凭她们所说的话，因为她们会说一番甜言蜜语来掩饰她们的思想。爱并非源于义务，她们也不应被规定一定要爱她们的母亲。只要母亲没做什么伤害孩子意志的事情，母子间持续的交流、不断的关怀以及习惯本身，都会使孩子爱母亲。事实上，只要方法得当，母亲对女孩的严格管束就会增加而不是减少母女之间的感情。既然女人生来就处在隶属他人的地位，那就应该让她们认识到她们是应该服从别人的。

　　由于女孩子只有或只应有极少的自由，所以她们往往会滥用人们给予她的那点自由。她们处处都表现得很极端，甚至比男孩子还热衷于做游戏，而这就是我刚才所说的第二个缺点。因此，必须对这种任性加以限制，因为它是女人普遍具有的诸种恶习（例如任性和入迷）的根源。如果一个女人有了这些恶习，那么，尽管她今天还非常喜爱某一事物，明天可能就对其熟视无睹了。对她们来说，好恶无常与做事过分一样，是极其有害的，这两种缺点都是由同一个原因引起的。我们并不是不让她们欢欢喜喜、嬉嬉闹闹地做顽皮的游戏，而是要防止她们为了做另一种游戏便轻易放弃这一种游戏。不要对她们的约束有片刻的放松。要让她们习惯于在玩得正高兴的时候，可以马上停下来，并毫无怨言地去做另外一件事情。要做到这一点，只要养成习惯就行了，因为你已使其天性受到了你的引导。

　　习惯了被约束可以使女人养成温顺的品性，而这是女人一生都必须具备的品质。因为，她始终要听从一个男人或许多男人的评判，而自己又没有办法不受这些评价的影响。一个女人应当具备的最重要的品质就是温顺。因为，她生而便要服从那有诸多恶习和缺点的男人，她从小就要学会毫无怨言地忍受丈夫不公正的对待和错误的行为。她之所以要这样温柔，不是为了他，而是为了她自己。对于女人而言，她的泼辣和顽固只会增加自身的痛苦和其丈夫的错误行为。在男人的眼里，这些并不应该是女人用来对付他们的武器。上帝并不是为了使她们变成爱吵闹的人，才让她们那么动人而善辩；不是为了让她们能够颐指气使地蛮横行事，才使她们长得那样柔弱；不是为了叫她们骂人，才使她们长有那样一副好听的嗓子；不是为了叫她们能够横眉怒目地大发脾气，才使她们长有那样俊美的面孔。当她们一脸怒火的时候，她们就迷失了自我。尽管她们常常有发牢骚的理由，但如果她们大发雷霆，那无疑就使自己陷入错误之境了。男性应当保持男性的本色，女性也应当保持女性的本色。一个丈夫如果太懦弱，就会使他的妻子变得飞扬跋扈。不过，除非男人是一个怪物，否则一个女人的温柔性情迟早会使他俯首于她，胜利最终还是属于女人。

女孩子应该顺从，但做母亲的也不能老是那样严厉。我们不应当为了使一个小女孩变得很温顺，就采取折磨她的办法；也不应当为了使她变得彬彬有礼，就对她采取粗暴的态度。相反，要是她有时候玩弄一下狡黠，我也不会生气，只要她玩弄这种手段的目的，不是为了逃避我们对她不服从的行为所给予的惩罚，而是为了摆脱我们的管束。问题不在于硬要使她可怜地依赖他人，而在于使她意识到她必须依赖他人，做到这一点就够了。狡黠是女性的一种自然的秉赋。我相信一切自然的倾向其本身都是正当的。我认为，我们应当像培养其他天性一样培养她们的这种秉赋，问题只是在于怎样防止她们滥用这种秉赋。

凡是自然存在的事物都是好的，并没有什么普遍的规则对人类是有害的。上帝使女性生得那样聪慧，从而公平地补偿了她在体力方面的不足。事实上，如果缺乏这种聪慧，女人就只能沦为男人的奴隶，而非其伴侣。正是由于这一卓越品质，她才能保持她的平等地位，才能在表面的顺从中实现对男人的管理。一切事物都可能会伤害女人，例如男人的缺点、她本身的羞怯和柔弱。对她有利的，只有她的才能和美丽的容貌。但是，美貌并不是每一个女人都能拥有的，而且它会受到各种意外事件的伤害，会随着年龄的增长而日益消损，不同的风俗习惯也会损害它。所以，女人的真正资本在于智慧。不过，我们所说的智慧并不是社交场合中所赞赏的那种无助于幸福生活的智慧，而是善于适应女人地位的智慧。它是一种利用男人的地位并通过男人的优点来驾驭男人的艺术。言辞不足以表达女人的这种智慧对男人而言有多大的益处，不足以表达它使男女两性的交际多么富于魅力，不足以表达它多么能遏制孩子们的乖戾和约束粗野的丈夫。没有它，家庭将会乱作一团。而有了它，家庭则会充满幸福。狡猾的坏女人可能会滥用这种机智，不过，哪一种东西不会被世人滥用呢？我们不能因为创造幸福生活的手段有时候对我们有害，便把它加以毁灭。

梳妆打扮可以让一个女孩子出尽风头，但要赢得众人的喜爱，还要依赖她的人品。我们的华丽服饰并不是我们本身，太矫揉造作则会适得其反。往往越引人注目的东西，越不会让人敬重。在这方面，人们对女孩子所施行的教育其实是完全错误的。他们用装饰品作为对女孩子的奖励，促使她们喜欢华丽的衣裳。当她们衣着光鲜时，人们还会对她们说："多么美丽啊！"恰恰相反，我们应当教她们认识到，华丽的服饰只能用来掩盖她们的缺点。真正的美在于它本身就能显出奕奕的神采。爱好时髦是一种不良的风尚。当我看到一个年轻女孩浓妆艳抹、招摇过市时，我会对她这种做作的形象深感忧虑。我想："她佩戴这么多的装饰品，真是太可悲了！她是不是可以少佩戴一些？她没有这样或那样的装饰品，不也很美吗？"

成长中的女孩子首先应该明白的是：外在的妆扮并不足以让她变得美丽，除非她本身有内在的魅力。她们不可能通过打扮使自己变得美丽，也不可能一下子就变得婀娜多姿，但是她们可以努力做到风度优雅、声音美妙、步履轻盈、举止大方，而且这些优点都是她们当下可以获得的。只要她们声音响亮、口齿清楚、两臂丰满、行动稳健，不管她们怎样穿着打扮，都能够引人注目。从这个时候起，她们就不光是会做针线活和家务了。她们应当学会一些新的技能，并能够认识到这些技能的用处。

我很清楚，严肃的教师往往不愿意教小女孩学唱歌、跳舞或其他使人感到愉悦的艺术。在我看来这是很荒谬的。他们想让谁去学这些东西呢？男孩子吗？把这些艺术教给男人还是教给女人？"谁都不教，"他们回答道，"唱鄙俗的歌曲等于是犯罪，跳舞是魔鬼想出的花招。一个年轻的女子只能够用工作和祈祷作为她的消遣。"要让一个 10 岁的孩子拿这些东西来消遣，可真是奇怪！事实上，我担心如果强迫这些小小的圣徒将她们的童年时期用来祈祷上帝，那么到了青年时期，她们就会变得完全两样了。她们结婚之后，一定会想方设法弥补她们在童年时期损失的时间。小女孩不应该像她的祖母那样过日子。她应当快乐、活泼与热情。她应当投入到适合她年龄的玩乐中，享受童年天真无邪的乐趣。因为她们应当态度稳重和举止端庄的时候，很快就要来到了。

各种本应让人愉悦的技艺已然变得过于形式化，充斥着各种规则和做作，以致年轻人十分讨厌这些在他们心目中本应非常生动活泼的游戏。以唱歌为例，这门艺术一定要以会看乐谱为前提吗？要是一个音符也不认识，难道就不能唱得温柔而准确，就不能唱得很有韵味，就不能合着别人唱吗？同样的歌，是不是适合所有的人唱呢？同样的唱法是不是适合所有的人呢？我永远无法相信：同样的表情、步法、动作、姿态和舞蹈既适合一个活泼调皮的棕色头发的小姑娘，也适合一个心情忧郁的金色头发的漂亮女人。所以，当我看见一个老师把相同的功课教给所有学生时，我就会认为，这个人只知道照章行事，根本不懂他所从事的那门艺术工作的真谛。

小女孩到底是该由男老师教还是该由女老师教呢？对于这个问题，我无可奉告。其实，我认为她们用不着请男老师，也用不着请女老师。我希望她们爱学什么就自由自在地去学什么。我希望不再看到穿着打扮得花花绿绿的走江湖的艺人在城市里溜来溜去。我担心年轻人会在与这些人的接触中受到不良的影响，而非受到很好的教导。我担心他们胡说八道的那些话以及他们的态度和语调，会使他们的学生一开始就喜欢学那些无聊的玩意儿。由于这些无聊的玩意儿被他们说得了不起，所以女孩子们很有可能会全身心地投入到对这些玩意儿的学习当中。

在一切以娱乐为唯一目的的艺术中，任何人都可以做女孩子们的教师。她们的父亲、母亲、兄弟、姐妹、朋友、保姆、镜子，特别是她们自己的兴趣，都可以做她们的教师。你不要主动教导，而应当由她们自己向你提出请求。你不应使一件有趣味的事变成一件苦差事，特别是学这些东西。只要有学好的愿望，就算是取得了第一步成功。如果说非要正式学习不可，那我就不知道该请男教师还是女教师了。我不知道一个男舞蹈老师是不是可以握着女学生的白嫩的手，是不是可以叫她提起裙摆，是不是可以叫她抬起双眼看着他，是不是可以叫她张开双臂，把怦怦跳动的胸脯挨近他的身体。不过，我敢说，在这个世界上还没有什么东西可以吸引我去担任这种教师。

一个人的品位的养成部分源自勤奋，部分源自禀赋。正是借助它，一个人的心灵才能在不知不觉中接受各种美的观念，并且最后接受与美的观念相联系的道德观念。也许，这就是女孩子为什么比男孩子更早地具有规矩和羞耻观念的原因之一。如果你觉得这种早期的感觉是女教师教育的结果，那就表明你对她们的教育方式和人类心灵的发展是无知的。在一切使人愉悦的艺术中，说话的艺术占第一位。只有通过它才能使被习惯钝化了的感官获得新的乐趣。心灵不仅使身体富有生机，而且能使它重新焕发青春。由于感情和观念不断地产生，我们的面容便显得活泼和富有变化。发自心灵的语言可以让人的注意力长久地集中于同一个目标。我认为，正是由于这些缘故，小女孩才能很快学会说一些讨人喜欢的话语，才能在不知道语句的意思以前，说起话来就那样地有声有调。而男子甚至在女孩还不能理解他们的心意以前，就乐于倾听她们的语言，他们是在窥探这种才智开始显现的时刻，以便了解她们什么时候开始流露她们的情感。

女人口舌机敏，她们比男人更早说话，而且说起话来也更容易，更有吸引力。她们往往被认为说话太多，这也许是事实。但我要称赞她们，因为她们的嘴和眼睛一样处在活动的状态，而且都是出于相同的原因。事实上，男人往往只会说他所知道的话，而女人往往会说使别人开心的话。前者说话需要知识，后者说话则需要品位。前者说话的主要目的是实用，后者说话的目的则是讲述有趣味的事情。两者说话都应具有的共同点是，要讲求事实。

因此，你不该像对付男孩子一样，用"这有什么用处"这么一句生硬的话来应付女孩子，而应当换一句同样难答的话去问她们："这会产生什么效果呢？"在既不能分辨善恶又不能判断别人心意的幼年时期，女孩子应该以此为立身的原则，即在与别人说话的时候，只说使人喜欢的话。不过，这个原则实践起来其实是很困难的，因为它必须从属于第一个首要的原则，即千万不能撒谎。

　　如果说这个年龄段的男孩子还没有树立任何真正的宗教观念的能力，那么，女孩子更是不能理解任何一个真正的宗教观念了。对这一点，大家都是很清楚的。正是由于这个缘故，我才主张趁早把宗教的观念灌输给她们。因为，如果要等到她们能够有条理地谈论这些深奥的问题时才告诉她们，那么我们也许永远也不能告诉她们了。女人的理性是偏向实践的，这使她们能够很快地获得既定的结论，却无法让她们自己去探索、发现。两性的社会关系是很奇妙的，正是由于这种关系，结果就产生了一种道德的行为者。女人便是这个道德行为者的眼睛，而男人则是它的胳臂。他们二者是那样互相依赖，所以男人要教导女人应该看什么，而女人则要教导男人应该做什么。如果女人能够像男人那样发现种种原理，而男人能够像女人那样心思细密，则他们彼此将互不依赖，将陷入无休止的争执中，以致使整个社会走向终结。但是，当他们彼此和谐的时候，他们就会一起奔向共同的目的，彼此互相服从，彼此成为对方的主人。

　　由于女人的行为受制于舆论，所以她们的信仰往往由权威力量所决定。女孩就应信她母亲所信的宗教，女人就应信她丈夫所信的宗教。即使那种宗教是虚伪的，但由于驯良的秉性使得母亲和女儿都服从自然的秩序，这样一来上帝就不致把她信仰虚伪的宗教看作罪恶。既然她们自己没有判断的能力，那么她们就应当把父亲和丈夫的话作为宗教的信条加以接受。

　　当向女孩子们讲解宗教的时候，千万不要使宗教在她们的心目中变成一种阴森森的、使人感到厌烦的事物。信仰宗教对于她们来说既不是一项义务，也不是天职，因此，千万不要叫她们背诵任何讲述宗教的书，甚至连祈祷文也不能叫她们背诵。你只需当着她们的面按时做祷告就行了，但不要强迫她们与你一起做。要按照耶稣基督的教训，把祷告的词句说得简短。念祷告词的时候，精神一定要集中，态度要十分庄重。

　　女孩子是不是从小就懂得宗教，这一点其实并不重要，重要的是她们应当全面地了解宗教，特别是要热爱宗教。如果你使宗教变成她们的负担，如果你经常提及上帝之怒,如果你以宗教的名义将各种烦人的义务强加给她们,而她们却发现你从未履行过这些义务,那么,她们会怎么想呢?她们岂不会把学习教义和祈祷上帝看作小女孩才要做的事情?岂不想自己赶快长成大人,以便像你一样能摆脱这种束缚吗?要树立榜样!要树立榜样!不以身作则,你就不可能教育好孩子。

当你向孩子们讲解宗教信条的时候,你应当采用讲授法而非问答法。孩子们应该只回答他们的所思所想,而非别人告诉他们的。教义问答课本中的那些答案,其效果往往适得其反:常常使学生倒过来教育老师。因为老师讲解的那些东西他们都不懂,但是老师又硬要他们回答他们根本不相信的东西,所以那些答案从孩子们口中说出来就成了十足的谎话。请你告诉我,在知识渊博的聪明的成人当中,哪一个人在讲述教义问答的时候没有撒过谎。

在我们的教义问答课本中,第一个问题是:"是谁创造了你并把你带到这个世界上来的?"虽然小女孩明明知道是她的妈妈,但她毫不犹豫地回答说是上帝。她心里只明白一点,那就是她对这样一个似懂非懂的问题,做了一个连她自己也根本不懂的回答。

我希望有一个真正了解儿童心智成长的人,能够为孩子们写一个教义问答读本。这样一本书,也许会成为我们一切著作中最有用的一本书,而且在我看来,它会给它的作者带来极大的荣誉。有一点是肯定的,这本书若要写得好,就一定不能类同于我们当前的教义问答课本。

这样的教义问答课本,只有在孩子对其中的问题能够自行回答且不必事先学习书中的答案时,才可以收到良好的效果。当然,有时候应当让孩子们自由地提问。例如,要得出教义问答课本中第一个问题的正确答案,我想,新的教义问答课本应当以如下的问法开始:

阿　姨:你还记得你妈妈当女孩子的时候吗?

小女孩:不记得了,阿姨。

阿　姨:你的记忆力那样好,为什么不记得呢?

小女孩：因为那时候我还不在这个世界上咧。

阿　姨：那就是说你还没有出生？

小女孩：没有。

阿　姨：你会不会永远活下去呢？

小女孩：会的。

阿　姨：你现在是年轻还是年老？

小女孩：我很年轻。

阿　姨：你的奶奶是年轻还是年老？

小女孩：她年纪很大了。

阿　姨：她是不是曾经有过年轻的时候？

小女孩：是的。

阿　姨：为什么她现在不年轻了呢？

小女孩：因为她已经老了。

阿　姨：你将来会不会像她一样变老呢？

小女孩：我不知道。

阿　姨：你去年的连衣裙在哪里？

小女孩：已经被拆掉了。

阿　姨：为什么要把它们拆掉呢？

小女孩：因为我穿起来太小了。

阿　姨：为什么你穿起来太小了呢？

小女孩：因为我长大了。

阿　姨：你还会继续长大吗？

小女孩：对，还会继续长大的。

阿　姨：女孩子长大了，会变成什么样的人呢？

小女孩：会变成女人。

阿　姨：女人会变成什么样的人呢？

小女孩：会变成妈妈。

阿　姨：变成妈妈以后又会怎样呢？

小女孩：变成妈妈以后就老了。

阿　姨：你也会老吗？

小女孩：等我当了妈妈的时候。

阿　姨：人老了以后又会变成什么样子呢？

小女孩：我不知道。

阿　姨：你爷爷是怎样的呢？

小女孩：他已经死了。

阿　姨：他为什么会死呢？

小女孩：因为他已经老了。

阿　姨：人老了会怎样呢？

小女孩：他们都会死掉的。

阿　姨：当你老了以后，你……

小女孩（打断阿姨的话）：啊！阿姨，我不愿意死。

……

　　按照这种方法，我们可以通过具体的事例像寻找任何事物的起源与终结一般，找到人类的起源和终结。也就是说，最开始找到不是由父母生养的父亲和母亲，然后找到不再生养子女的孩子。

　　只有在这一连串的相似问题被问过之后，我们才可以提出教义问答课本中的第一个问题。只有在这个时候，我们才能问这个问题，而孩子也才能了解这个问题。从这个问题到第二个涉及神性的定义问题，中间还隔着多么长一段距离啊！什么时候才能走完这段距离呢？上帝是一种神灵！什么叫"神灵"？要不要让一个孩子把她的心思用来探究这个连大人也摸不着头脑的晦涩的形而上学的问题呢？这些问题不是一个小女孩可以回答的。如果是她提出这些问题的，那么，我将简单地告诉她说："你问我什么叫上帝，这并不容易回答。上帝是我们听不见、看不见和摸不着的，我们只能够通过他所做的事去认识他。

为了了解他的存在，你必须等待，直到你知道他的所作所为。"

因此，不要被那些神秘的教义束缚，因为它们对于我们来说，只是一些没有意义的空话。白白地浪费力气去研究那些荒唐无稽的教义，就会使研究的人忽略道德的修养，结果只会使人疯掉而非成为一个好人。必须使你的孩子始终只学那几条涉及道德修养的教义，必须使他们相信，只有那些教导我们行为端正的教义才能让我们从中受益。切不可把你的女儿培养成什么神学家和诡辩家。要使她们一生都保持她们将来出现在上帝面前时的那种快乐的心情。这才是真正的宗教，有了这样的信仰，才不会产生邪恶、不虔诚和狂妄的弊病。

与此同时，需要关注的是，如果女孩子还没到理智开启、日益增长的情感启发她们道德心的年纪，那么，对她们来说，是好是坏就全看她们周围的人是不是这样做的。要求她们做的事情都是好事，禁止她们做的事情都是坏事，这便是她们应该知道的全部。从这里我们可以看出，对她们周围的人和管教她们的人进行选择，比选择男孩子周围的人和管教男孩子的人，要重要得多。最终，她们自己判断事物的时刻就会来到，而这正是你改变教育方法的时刻。

可能我已经说得太多了。如果我们不将普遍的偏见作为女人应予遵守的法则，我们怎么会限制她们的受教育程度呢？女性是管理我们的人，如果我们不损害她们，她们就会增加我们的荣光，因此我们不应当把她们贬低到这种地步。就全人类来说，在还没有产生人类的偏见以前就存在着一条法则，其他所有法则都应当以这条法则为依据。它对公众的观念进行评判，而人类的看法只有在与它相吻合的时候，才能得到普遍的尊重。

这个法则便是内在的良知。我将不再重复前面说过的话，指出下面一点就足够了，那便是如果不同时从公众的观念和内在的良知这两方面去教育女子，那么，我们所受的教育始终是有缺陷的。仅仅有良知而不尊重公众的观念，就不可能使她们产生善良的心灵，她们就不可能以自己的善良行为赢得世人的称誉。但仅仅尊重公众的观念而不听从自己的良知，结果便会造就一些虚伪和道德败坏的女人——她们只注重外表而不重视德性。

因此，培养她们在两种影响之间做出判断的能力很重要，这种能力既不会让她们的良知误入歧途，又可以纠正偏见的谬误。事实上，这种能力便是理性。可是，一提到"理性"二字，就会引起诸多的问题。女人有没有健全的理性呢？她们需不需要培养理性呢？她们能不能把理性培养得好呢？培养理性是不是有助于她们承担她们的责任呢？理性的培养与她们应当具有的天真之心是不是相符呢？

使男人理解自身天职的理性并不复杂，而使女人理解自身天职的理性则更加简单。只要她们没有坏的信仰，也不拒绝倾听内在良知的声音，同时还能认识到自己自然天性中的职责，那么她们自然就会对丈夫服从和忠诚，对子女温柔和关爱。由于她们的行为取决于内在的良知和公众的评论，所以她们必须学会在这两者之间进行比较。而对于这一点，只有培养她们的理性才能做到。

三、苏菲的形象

现在，让我们按照我向爱弥儿描述的形象，按照爱弥儿自己所想象的能够给他带来幸福的妻子的形象，简单地描述一下苏菲。

我将不厌其烦地一再说明，我不是在培养什么神童。爱弥儿不是神童，苏菲也不是神童。爱弥儿已经长成一个成年男子，而苏菲也已经长成一个成年女子。而这便是他们可以为之骄傲的地方。在当前这种性别混乱的时代，能够像样地做一个男子或一个女子，几乎已经是一个奇迹了。苏菲出生于一个良好的家庭，性情纯良。她有一颗热切的心，有时候会使她产生难以平静的想象。她心思细腻却不深刻，性情温顺且富有变化。她相貌平平却讨人喜欢，观其相貌便可以看出她为人忠厚。你见到她时可能觉得她平淡无奇，但在离开她时你可能会难掩悲伤。别人可能会有她没有的一些优良品质。她的某些良好品质可能在程度上还不如他人，但没人能够像她一样，把一些良好的品质结合在一起，从而形成一种总体上非常好的性格。对自身的缺点，她也知道如何去利用。如果她长得十分完美的话，可能她就没有现在这么讨人喜欢了。

苏菲长得并不美丽，但她一出现，男子们就会忘记长相更美的女人。乍看一眼，她并不漂亮，但你越看越会觉得她很美。在某些方面，她长成那样就很美，而别人长成那样就不漂亮。至于她长得好看的地方，估计谁也比不过她。也许别人的眼睛长得更加漂亮，嘴巴长得更加乖巧，身材更加吸引人，但没人像她一样身材匀称、皮肤白皙、手儿白嫩、脚儿小巧、眼神温柔、相貌动人。她不会让人为之倾倒，她唤起的是你的兴致，她的出现会让人心动，但我们又不知道其中的缘由。

苏菲喜欢打扮，也懂得怎样打扮。她有比较好的审美能力，所以总能把自己打扮得很好。但是，她并不喜欢华丽的服饰。她的衣服总是简朴而淡雅。她不喜欢那种花花绿绿的衣服，而喜欢合身的衣服。她不知道什么颜色的衣服时髦，但是她很清楚什么颜色的衣服才适合她。没有哪一个年轻女子打扮得像她那么简单，而实际上却花了好一番工夫。她不会随便挑选一件装饰品戴在身上，但也看不出她精心搭配的痕迹。她的穿着打扮在表面上显得很平常，实际上却十分引人注目。她不仅不炫耀她迷人的美，反而会把它掩饰起来。但她愈加掩饰，便愈会使人在心里回味。当你看到她的时候，你便会说她是"一个朴实而聪明的女孩子"。当你和她在一起时，你的心和眼睛便一刻都无法离开她。这时候你会感觉到，她身上的服饰之所以那样朴实，正是为了使你通过它们去想象穿戴这些服饰的人。

苏菲有一些天生的才能，这一点她很清楚，而且她没有忽视这些才能。不过，由于她还不知道怎样培养这些才能，所以她只满足于用她清脆的声音准确而和谐地唱歌，用两只灵巧的脚轻松活泼地走路，在任何场合都能毫不拘束、大大方方地向人家行礼。她唯一的歌唱老师是她的父亲，她唯一的舞蹈老师是她的母亲。住在附近的一位风琴师教她弹过几次风琴，以后她就单独去练习了。起初，她只想多弹黑键。后来，她发现风琴清脆的声音可以使声调听起来更加美妙。她逐渐认识到和声的魅力。最后，当她长大后，她便开始欣赏音乐之美，纯粹地爱好音乐了。不过，音乐对她而言只能说是一种爱好，而非一种才能，她现在甚至还不能依据曲谱唱歌。

苏菲最喜欢做的、大家最认真地教她的女工是针线活儿。甚至连大家原来不打算要她做的剪裁和缝制衣服之类的工作，她也非常喜欢。没有哪一门针线活她不会做或不乐于做，其中她最喜欢的是做花边。因为，做花边的时候能够让人心情愉快、姿态优雅，也能让手指越练越灵巧。她也熟悉所有家务活的细枝末节。她会烹饪和打扫房间，她了解食物的价格，也知道如何挑选它们。她精于账目的计算，简直就是她母亲的管家。未来她终会成为一个家庭主妇，所以正是通过料理父母的家，她学会了如何管理自己的家。她能够做一些女仆才做的事情，而且是经常主动去做。因为，除非你自己能做到，否则就不能要求别人去做，而这正是她母亲要她如此做的原因。对于苏菲来说，她并不会想到这些。她的第一个天职是做一个好女儿，而这便是她现在所要考虑的一切。因此，她心中想的便是帮助她的母亲，为她分担一些忧愁。但是，对于家务，她并不同样喜欢。例如，尽管她喜欢吃精美的食物，但她并不喜欢亲自下厨。烹调食物的一些细节是她所厌烦的，也有一些东西在卫生上达不到她的要求。她在这方面是极其讲究的，这已经变成了她的缺点之一，即她宁可让一桌饭菜都烧焦，也不愿意弄脏自己的衣袖。由于同样的原因，她也不愿意去打理菜园。她认为泥土是很不清洁的，而且一见到肥料她就会觉得闻到了一种不好的气味。

　　这个缺点，是她母亲教育的结果。因为在她母亲看来，在女人们应当做到的许多事情中，特殊的乃至最重要的事情就是保持清洁，这是自然的要求。在世界上，最令人恶心的是一个肮脏的女人，如果她的丈夫因此而讨厌她，那就无可厚非。从苏菲的童年时候起，她就一再地讲解这一点。她严格要求女儿要保持个人的清洁。她的衣服、卧室、所做的一切东西和梳妆用具都要干干净净。保持清洁已经成为她的一种生活习惯，每天都要占去她的大部分时间，而且她做完了清洁工作之后才能做其他事情。而最终的结果便是，在女孩的眼里，如何做一件事情是次要的，而最重要的是要保持干净。

　　苏菲的头脑很聪明，但称不上才华横溢。她的思想很健全，但不是十分深刻。她的才情之所以没有引起大家的注意，是因为大家觉得她既不比人家聪明，也不比人家愚蠢。虽然按照我们所理解的女人的文化程度来看，她的措辞并不是特别优美，但是与她谈话能够让人感到很有乐趣。她所说的事情不是从书上学来的，而完全是从与她的父母的谈话中领会到的，是从她自己的思考和对她所接触的为数不多的人的观察中得来的。

苏菲的心十分敏感，她并不会总是和颜悦色。不过，由于她为人十分温柔，所以即使在发脾气的时候也不会使别人感到难堪。她只是让自己难过一阵罢了。即使你说了一句伤害她的话，她也不会生气。不过她心里会很激动，她会跑到另外一个地方去哭一场。而在她哭得很伤心的时候，只要一听到她的父亲或母亲叫她，她便会马上擦干眼泪，忍住不哭，笑着玩着跑到他们跟前。

她也并不是不会任性，她的脾气有时过于急躁，以致她对人不够友善，并且无法控制自己。但是，只要你在一段时间内不去管她，让她的心情恢复平静，她便会采取办法来弥补她的过失，而这几乎就是美德的表现。如果你惩罚她，那么，她也会大方而快乐地接受。你将看到，让她感到羞愧的不是受到惩罚，而是做错了事情。即使你一句话没说，她也会主动地去弥补她的过失，而且在这样做的时候，她的态度是那样的坦率和开朗，以至使你不可能对她发脾气。即使你当着最卑微的仆人的面责备她，她也会坦然接受而不会表现出狼狈不堪的样子。而只要她被原谅，你便可从她喜悦的面孔上发现她已从巨大的心理负担中解脱出来。总之，对于别人的过失，她可以耐心地忍受；而对于自己的过失，她则乐于改正。可以说，女人的天性如果没有受到破坏，便是如此。女人愿意服从男人，甚至愿意容忍加诸她身上的不公。如果你用这种方式约束男孩子，那估计行不通。他们会反抗任何形式的不公，因为自然并没有要求他们一定要容忍这种行为。

苏菲的信仰理性而朴实，不停留于宗教教条，她也很少做祈祷。说得更确切一些，她知道最正确的事情便是实践美德。她将自己的一生都奉献给服侍上帝与行善。在她父母的宗教教育中，她被培养成了一个恭敬而谦逊的人。他们经常对她说："我的女儿，在你这样的年龄，是不可能理解宗教的，将来等你到了能够理解的时候，你的丈夫会告诉你的。"除此之外，她们从来没有啰啰唆唆地向她讲什么对宗教要虔敬的话。他们只是以身作则，而这种榜样形象无疑会深深地印刻在她的心里。

　　苏菲热爱美德，这种爱已经变成支配她的一切行为的力量。她之所以爱美德，是因为任何事物都没有美德那么美；她之所以爱美德，是因为美德能够使女人获得荣耀。她认为，一个德行优良的女人就相当于是一位天使。她爱美德，是因为她把美德看作获得真正幸福的方法，是因为她认识到一个不诚实的女人一生中必然要遭遇贫穷、被人抛弃、不幸福、羞耻与丑恶。最后，她之所以爱美德，是因为她可敬的父亲和温柔的母亲热爱美德。他们不满足于以自己的美德而获得幸福，还要为了她的幸福而爱美德。苏菲发现自己的最大幸福是希望他们能够幸福。这些感受点燃了她内心里的热情，激励着她的心，使她的一切不良倾向都受制于这个崇高的愿望。苏菲终生都会是一个贞洁和诚实的女人。她已经在她的内心深处发誓要做到这一点。而且，她是在明白这个誓言值得遵守的时候，才发这个誓的。

　　由于她的判断力异常成熟，由于她的心智发展得就像20岁的女子，所以15岁的苏菲，在父母看来便不再是一个小女孩了。苏菲的父母刚刚从他们的女儿身上发现青年人躁动不安的倾向，便赶快做好应付这种发展的准备。他们将和她进行一场温柔且明智的谈话。他们那种富于情感的、温柔的话语，是很适合向她这样年纪和性格的人说的。如果她的性格是我想象的那样，她的父亲一定会这样对她说：

　　"……我现在向你提出一个既能表达我们对你的尊重，又能重新建立我们之间的自然秩序的条件。通常的做法是：父母替他们的女儿选择丈夫，而只是在形式上问她是否同意。而我们的做法则完全相反，由你去选择，而只是在形式上征求一下我们的意见。苏菲，你要使用你的权利，你要自由且明智地使用你的权利。应当由你自己去选择与你相配的人，而不能由我们去选择。不过，你在双方相配的条件方面是不是选错了，那就要由我们来判断。我们要判断你是不是按照你自己的愿望去选择的。我们是用不着去考虑出身、财产、社会地位和人们的舆论的。你要选择一个诚实的男人。他的人品和性格要让你满意。不管他是什么人,我们都愿意让这样的人做我们的女婿。只要他有干活的能力,只要他有好的品行,只要他热爱家庭,他就可以算是一个富有的人。如果他能以自己的美德使他的职业受到人们的尊重,那么,他的社会地位就是荣耀的。即使全世界的人都责怪我们,我们都不会在乎。我们所考虑的并不是别人是否赞同,而是你的幸福。"

展开上述对话之后,苏菲的父母觉得不可能有求婚的人会来到他们所居住的那个小村庄,于是在某一年冬天把她送到城里一个姑母的家中,并且把她去城里的目的悄悄告诉了她的姑母。苏菲在心灵深处有一种高贵的骄傲,也能够克制自己的情感,因此不管她多么想结婚,她都宁可终生不嫁,也不愿意由自己去找他。

为了满足苏菲父母的愿望,她的姑母便把她介绍给她的朋友们,带着她进入社交场合和热闹的场所,让她看一看各种各样的人,或者说得更确切一点,让各种各样的人看到她。苏菲对那些寻欢作乐的事情根本不感兴趣。她的姑母发现,她见到那些容貌俊秀、举止稳重的青年时并不躲避。她端庄的样子本身就有一种魅力,其效果与撒娇差不多。但是,她与他们谈过两三次话之后,便不再理睬他们了。不久以后,她就改变了这种似乎硬要人家膜拜她的神气,而代之以谦和的态度和冷淡的礼貌。她十分注意自己的行为,决不让他们找到一点为她效劳的机会,这充分说明她不愿意成为他们当中任何一个人的妻子。

敏感的心不可能从喧闹中获得快乐,无知的人才会享受这种空虚、贫乏的乐趣,才会认为快乐的生活是幸福的生活。苏菲没有找到她要寻找的人,并感觉她永远也不会找到他了,所以她厌倦了城里的生活。苏菲深爱着她的父母,任何东西都无法弥补因他们不在身边而给她带来的苦恼,任何东西都不能使她忘记他们。因此,预定的回家日期还没到,她便早早地回家了。

当她回到家里又重新做她原来做的那些事情时,大家发现:尽管她还保持着原先的做法,但是她的心情已不同了。她显得精神涣散,急躁不安,神情忧郁,心神不宁,而且时常躲在一边哭泣。起初,大家以为她有了情人,因此才感到不好意思。可是一问她，她又极力否认，说她根本就没有发现一个能够打动她芳心的人。苏菲从来不撒谎，一直都是坦诚待人。

其实，这其中的症结很好解答。如果说问题只在于找一个年轻的伙伴，那马上就可以做出选择。但是要选择一个终生的伴侣，恐怕就没那么容易了。双方都要互相选择，这样人们就经常要等待了，且往往要在找到那个能相伴一生的人之前浪费一些青春。苏菲就属于这种情况。她需要一个爱人，但这个爱人必须配做她的丈夫。不过，说到要称她的心意，找到一个情人和一个丈夫差不多是同样困难的。

"我是多么的不幸啊！"她对她的母亲说："我需要爱情，可是找不到一个我喜欢的人。那些人尽管引起了我的注意，但是我内心十分讨厌他们。我还没有见到过一个会使我产生希望，且不会打消这种念头的人。相爱而不相敬的感情是不能持久的。唉！这样的人，你的苏菲是不要的！她喜欢的人的形象早已深深地刻在她的心里了。她只爱这一个人，她只会让他感到幸福，她只有与他在一起时才觉得幸福。她宁可虚度年华，宁可不断地与自己的感情做斗争，宁可痛苦而自由地死去，也不愿意与一个她不喜欢的人在一起。她宁愿死，也不愿意活受罪。"

苏菲的母亲听完这些奇怪的想法后感到十分惊讶，以至她不能不怀疑这其中有什么秘密。她的母亲催促她讲，她还显得有些犹豫。最后她竟沉默不语，一言不发地走了出去。过了一会儿她才回来，手里拿着一本书说："可怜你不幸的女儿吧！她的痛苦是无法根治的，她的眼泪永远也流不完。这其中的原因就在这里。"她一边说一边把书扔在桌子上。她的母亲把那本书打开一看，原来是一本《忒勒马科斯历险记》[1]。起初她的母亲还不懂这个谜，经过一番盘

---

[1]《忒勒马科斯历险记》（*The Adventures of Telemachus*），是法国作家费内伦于1699年发表的一部小说。该书主要取材于《奥德赛》第四章，通过对异国风土人情和政治制度的描述来表达作者的政治观点和治国主张。忒勒马科斯是希腊神话中伊撒克王尤利西斯的儿子。当其父参加特洛伊战争的时候，他还是一个孩子。成年后，他在老师门特的陪同下出国去寻找其父亲。——译者注

问之后,她才惊奇地从女儿含含糊糊的回答中发现,她的女儿其实想做欧夏丽[1]的情敌。

苏菲深爱着忒勒马科斯,而且爱得无可救药。她说:"……我并不是想嫁给一个王子,我也不是在寻找忒勒马科斯。我知道他是一个虚构的人物,我只是想找到一个像他那样的人。既然世界上有了我,而我觉得我的心和他的心又是这样相像,那么,怎么会没有他呢?不,不要错误地看待人类,不要以为一个可爱的、有道德的人完全是幻想出来的。他存在于这个世界上,也许他也在寻找我——寻找一颗爱他的心。不过,他是谁呢?他在什么地方呢?这些我都不知道。在我所遇到的那些人当中,没有这样一个人。毫无疑问,我将来可能都见不到他。啊,我的母亲!你为什么要使我这样地爱美德?如果除去美德我不爱其他任何东西,那也不能怪我,而应当怪你。"

四、爱弥儿和苏菲

现在就让我们把苏菲还给爱弥儿吧!让这个可爱的女孩复活起来,我们要使她的想象力不再那么奔放,却给她更幸福的命运。我决定描写一个普通的女人,由于我要塑造她伟大的灵魂,所以我扰乱了她的理智,连我自己也误入了歧途。现在,我们要回到原来的道路。苏菲有一种良好的天性和一颗平凡的心。她胜过其他女人的地方就在于她受过良好的教育。

如爱弥儿一般,苏菲也是自然的学生,因此,她比其他任何女子都适合爱弥儿,她才是他真正的伴侣。她在出身和各种长处方面与他差不多,而在财产方面则比他略逊一筹。乍看起来她并不漂亮,但你越看就越觉得她有魅力。她的魅力是逐渐地发生作用的,而且要与她亲密相处之后才能看得出来,在世界上只有她的丈夫才能深刻地体会到这一点。她受到的教育既不引人注目,也不是可有可无的。她有一定的爱好但对其缺乏较深的研究;她有一定的才艺但

---

[1] 欧夏丽,《忒勒马科斯历险记》中忒勒马科斯的爱人。——译者注

缺乏相应的技巧；她有一定的判断力但缺乏更多的知识。她没有什么学问，但是她受过研究学问的训练，好比一块经过仔细耕耘的土地，只要你播下种子，就一定会有收获。除了《忒勒马科斯历险记》和巴雷姆所著的《算术》以外，她没有读过其他书。但是，一个钟情于忒勒马科斯的女孩子，难道还会有无情的心和缺乏智力的头脑么？这是多么可爱的无知啊！注定要成为她导师的那个男人多有福气啊！她不是她丈夫的老师，而是他的学生。她不仅不会试图控制丈夫的兴趣，反而会与之共享它们。他们见面的时刻终于到来了，让我们赶快为他们安排这场相会吧！

我们满怀着忧郁和压抑的心情离开了巴黎。这个乱哄哄的城市不是我们的家。爱弥儿对这个大城市轻蔑地瞟了一眼，以愤懑的语气说："我们白白浪费时间在这里寻找了好一阵子！啊！我称心如意的妻子是不会在这里的。我的朋友，这一切你是很清楚的。可是你一点也不爱惜我的时间，你一点都没注意到我的痛苦。"我紧紧地注视着他，冷静地对他说："爱弥儿，你想一想你说的这些话对不对。"他一下子跑过来抱着我的脖子，表现出很难过的样子，紧紧地搂着我，一句话也没有说。当他知道自己犯了错时，总是这样对别人表露内心。

我们就像真正的游侠似的横穿整个国家，但我们其实并不是在冒险。我们时快时慢，如游侠般闯荡着。由于他是按照我的方法培养的，所以他能够领略这其中的趣味。我想，没有哪一个读者会那么死板，以为我们两个人会在一辆门窗紧闭的舒适的驿车中打盹，什么都不看，什么都不注意，白白浪费从起点到终点这一段路，而且在赶路的过程中浪费了我们本来想节省的时间。

事实上，旅行本身就是一种乐趣。我们不会像两个囚犯忧郁地被囚禁于密闭的小笼子里一般，坐着游山玩水。我们也不会像女人那样舒舒服服地走一阵歇一阵。我们要呼吸新鲜的空气，观赏周围的事物，按照我们的心意到处看看。除非是为了赶路，否则爱弥儿绝不会住进驿站，也不会坐驿车。不过，爱弥儿赶路的理由是什么呢？理由只有一个，那就是享受生活。除此之外，我还可以补充这样一个理由，即：只要有可能，是不是可以做一些有意义的事情？

是的，因为这本身就是对生活的享受。

就我所知，只有一个办法比骑马旅行还要愉快，这个办法就是步行。你想走便可走，想停便可停，爱走多少路就走多少路。我可以体察各地的风土人情，我爱向左走就向左走，爱向右走就向右走。我觉得什么东西有趣味就去看什么东西，我可以停下来欣赏任何风景优美的地方。如果遇到小溪，我便会漫步溪边。如果遇到茂密的森林，我就会到树荫下去乘凉。如果遇到岩洞，我便会进去一探究竟。如果遇到矿场，我就会去研究它的地质状况。如果我喜欢一个地方，我便会在那里驻足停留。如果我厌恶它，我就会继续我的旅程。我不依赖马匹和马夫，我无须坚持非要走大路或平坦的小道。只要人迹可至，我便会踏足。只要人可以观看，我便会去观赏。我可以随心所欲，享受人可以拥有的彻底自由。如果天气不好，我便会停下脚步。如果我很疲累，我便会选择骑马。如果我太累了……爱弥儿几乎感觉不到疲累，因为他很强健。他是一点也不着急。即使他停了下来，也不代表他对此表示厌烦。他到处都能找到一些有趣的事情。他可以走进一个手工匠人的家，去为他干活，借这个锻炼胳臂的机会歇歇脚。

要徒步旅行，就必须效仿泰勒斯、柏拉图和毕达哥拉斯的做法。我很难想象一个哲学家采取另外一种旅行的方式，也为他不去研究摆在他脚下和眼前的财富而感到惋惜。凡是对农业有一点兴趣的人，谁不想研究一下他所经过的地方有哪些特产和耕作方法？喜欢自然科学的人见到一块土地哪有不去研究的？见到一块岩石哪有不去敲几下的？见到丛林哪有不去采集植物的？见到石头哪有不去寻找化石的？

待在城市里的博物学家在研究室里研究自然史，他们也收集了一些标本，知道东西的名称，可就是不了解它们的性质。爱弥儿的研究室里的东西比国王的研究室里的东西还要丰富。他的研究室就是整个地球，每一种东西在那里都安排得恰到好处。管理这个研究室的自然科学家把一切东西都摆得井井有条。

在这种旅行中，我们体验到了无穷的快乐！何况它还能增进健康，让人心情愉快。我注意到那些坐着舒服的马车旅行的人，经常在车子里沉思梦想，心情沮丧，满腹牢骚，受了许多的罪。但那些徒步旅行的人反而轻松愉快，对任何事情都感到很满意。当我们快要走到住宿的地方时，我们的心里一阵雀跃。一顿简单的晚餐吃起来是多么有味！进餐的时候是多么快乐！在一张木板床上睡觉是多么香甜！如果你的目的只是想到某一个地方去，你当然可以坐驿车。如果你只是为了旅行，那你还是步行为好。

我们看了一个地方又一个地方，就这样继续着我们的行程。如果我要为我们的第一次旅行制订一个长远的目标，那并不难。我们之所以离开巴黎，就是为了去远方为爱弥儿寻找一位妻子。

有一天，我们比平时多赶了些路程，走进了不辨路径的群山和幽谷之中，彻底迷了路。随便走哪一条路都可以到达终点。不过，我们的肚子饿了，总得找一个地方吃东西呀。幸运的是，我们碰到了一个农民，他把我们带进了他的茅屋。我们满怀感激地吃完了他给我们做的那一顿简便的晚餐。当他发现我们这样疲劳和饥饿的时候，就对我们说："如果上帝能把你们引到山那边去的话，你们也许可以得到更好的招待。你们将找到更好的歇脚的地方，那里有乐善好施的人。这并不是说他们的心比我的心更好，而是说他们比我更富裕，而且据人家说，从前他们比现在还要富裕。现在他们也不算穷，乡里的人都得到了他们的恩惠。"

一听到有善良的人，爱弥儿就高兴起来了。他望着我说道："我的朋友，我们去拜访那家人吧！这附近的人都因为他们而享福，我很乐意去拜访这家人，也许他们也很乐意看到我们。我相信，他们会很好地接待我们。如果他们把我们当一家人看待，那么，我们也将把他们当成我们的亲人。"

这个农民告诉我们去拜访那家人的路线之后，我们就出发了，但很快我们便在树林中迷路了。我们遭遇了一场大雨，耽搁了很长时间。最终，我们找到了正确的道路，并在傍晚找到了那户人家。其四周是一个小小的村落，它的建筑尽管简单，但样子很别致。我们走进屋去，请求主人留宿我们。仆人便领我们去见主人，主人十分礼貌地问了我们一些问题。我们没有把旅行的目的告诉他，但是向他讲了我们绕道的原因。由于他一度很富有，所以他很容易就从来客的行为举止看出我们是什么样的人。见过大世面的人是不会弄错这一点的。于是他就留我们住在他家了。

主人让我们住在一个十分干净和舒服的小房间里，房间里生着火。他还给我们预备了一些换洗衣物和各种生活必需品。"啊！"爱弥儿吃惊地说道："他们对我们真是殷勤，那个农民说得不错！真是周到！真是一片诚意！对陌生人这样无微不至地关心！我甚至觉得我们是生活在荷马时代。""很高兴你体会到了这一点，"我对爱弥儿说道，"不过，你用不着感到惊奇。在很难见到外乡人的地方，外乡人一般都很受欢迎。正是因为客人少，所以主人才会这样殷勤好客。如果客人经常去，主人估计就不那么好客了。在荷马时代，人们很少到外地旅行，所以旅行的人走到哪里都很受欢迎。我们很可能是今年路过此地的唯一的一拨路人。""不要紧，"他接着说道，"虽然他们难得见到客人，可是当客人来了之后他们竟招待得这么好，这本身就很值得称赞。"

我们擦干身子和换好衣服之后，就去见这家的主人。他把我们介绍给他的妻子。她对我们十分客气，也很关心我们。她的两只眼睛注视着爱弥儿。作为一个母亲，且又处在她这样的位置，看见这样一个年轻的男子走进她的家，不能不心情激动，或者，至少也会感到好奇。

我们的晚饭很快就准备好了。我们走进饭厅时发现有五个位子。我们坐好后，第五个位子依然空着。此时，一个姑娘走了进来，向我们深深地行了礼，然后一言不发地端坐在空位上。爱弥儿一边忙着进餐，一边忙着回答主人的问题，所以在向她还了礼之后，便继续说话，吃他的东西了。爱弥儿以为他现在距离行程的终点还很遥远，所以他当时根本没有联想到这次旅行的主要目的。话题谈到了我们迷路的情形。"先生，"主人向他说道，"我认为你是一个聪明可爱的年轻人，这让我觉得你和你的老师湿漉漉地拖着疲乏的身子到达这里，其情形就好似忒勒马科斯和门特到达卡利普索的岛上一样。""是的，"爱弥儿回答道，"我们在这里也受到了像在卡利普索岛上一般的款待。"他的"门特"跟着补了一句："还看到了富有魅力的欧夏丽。"不过，爱弥儿只读过《奥德赛》,还没有读过《忒勒马科斯历险记》,所以他对欧夏丽一无所知。至于那个女孩子,我看见她的脸一直红到了耳根,双眼盯着盘子,连呼吸都不敢大声。她的母亲看出了她难为情的样子,便向她的父亲使了个眼色,于是他就转变了话题。在谈到目前这种隐居生活的时候,他不知不觉地便谈到了过这种生活的缘由,谈到了他生活中的痛苦和他妻子的忠贞,谈到了他们共同生活带来的慰藉,谈到了他们隐居生活的安宁与平和。不过他自始至终都没有谈到那个年轻的姑娘。所有这一切构成了一个美丽动人的故事,使人听了不能不产生兴趣。爱弥儿听得入了迷,连东西都不吃了。最后,当这位好男人兴高采烈地谈到他与最端庄的女人的爱情时,我们这位年轻的旅行家竟被深深地打动了。他不由自主地伸出一只手抓着男主人的手,又伸出另一只手抓着女主人的手,一边激动地吻着,一边流着眼泪。这个年轻人的天真的热情使大家都深为感动。那个女孩子比任何人都更加敏锐地觉察到他有一颗善良的心,因此她觉得眼前这个人就是为菲罗克忒忒斯的痛苦而感到悲哀的忒勒马科斯。她害羞地观察着他的面部表情,发现所有一切都说明把他与忒勒马科斯相比是很恰当的。

当爱弥儿听到"苏菲"这个名字时,你可以想象他有多么吃惊。这个亲切的名字使他愣了一下,但他立刻清醒过来,以急切的目光看着竟叫这个名字的女人。苏菲,啊,苏菲!我一直苦苦寻找的人就是你吗?我心中所爱的人就是你吗?爱弥儿终于找到了苏菲,而苏菲也说她找到了她的"忒勒马科斯"。

如果你因为我把这里描述的他们天真无邪的爱情当作一个乐子而责怪我,那你就错了。一个男人和一个女人初次见面时的情形,对于他们一生的影响,大家还没有充分的认识。大家没有意识到双方初次见面的印象,如同爱情的印象一样,将产生深远的影响,而且这种影响至死方休。有些论述教育的著作往往充斥着繁杂而不必要的所谓孩子们的天职,可是对教育工作中最重要和最困难的一部分——从童年到成人这一阶段的决定性时刻却只字不提。如果我的著作的某些部分还有用的话,那是因为我在这部著作中不害怕人们的挑剔和文字表达上的困难,决心对其他著述家略而未提的这一重要部分做很详细的阐述。即使有人说我把这本书写成了小说,那也没有关系。描写人类天性的小说，是一本很有意义的小说。

现在，爱弥儿真的非常渴望能让苏菲开心，这时他才感到之前所学的几种艺术的价值。苏菲喜欢唱歌，他就与她一起唱。不仅如此，他还教她乐理。她很机敏，喜欢跳舞，他就与她一起跳舞。他让她的舞步变得更加完美，使她跳得越来越好。教唱歌和教跳舞是很有趣的事儿，快乐活泼的情趣使他们感到兴奋，将他们的爱情和那种羞羞答答的样子融合在一起。事实上，爱弥儿完全可以放开胆子教他的情人跳舞和唱歌，他有做她老师的权利。

苏菲家里有一架破旧的风琴，爱弥儿把它修理好，而且调好了音。他是一个木匠，又是一个会制作和修理乐器的人。他始终奉行着这么一句格言：凡是自己能够做的事，都应学着自己做，而不应求助于别人。苏菲的家修建在一个风景优美的地方，爱弥儿以它为背景画了几幅画。苏菲有时候也会帮他画上几笔，画好后，就把它挂在她父亲的书房里做装饰。装画的框子全都没有涂上金色，因为它们不需要这种颜色来陪衬。她一边看爱弥儿作画，一边模仿他，渐渐地她也画得越来越好了。她开始培养各种艺术才能，她的优雅给这一切带来了魅力。她的父亲和母亲看见家里摆了这么多艺术品，便想起了当年的富裕生活，只有艺术品才能使他们觉得从前富裕的生活很有乐趣。爱情装饰了他们的家，在既不花钱又不费力的情况下，爱情让他们获得了在从前必须花许多金钱和心思才能获得的快乐。

爱弥儿渴望把他知道的所有东西都教给苏菲，而不问她是不是愿意学，也不考虑那些东西适不适合她学。这真的既令人感动，也令人觉得好笑。他怀着一种孩子才有的迫切心情，把所知道的东西都对她说，都对她解释。他以为只要他一讲，她马上就能懂得。他期待与苏菲进行哲学问题的讨论乃至争论。若是他胸中的才识无法展现给苏菲，他便觉得这些知识没有用处。他会为自己的学识超过苏菲而感到不好意思。

所以，他给苏菲讲哲学，讲物理，讲数学，讲历史，一句话，他什么都讲。苏菲看到他那么热情，心里也很欢喜，而且想尽量利用这个机会多学一些东西。当她允许他坐在她身边教她的时候，他心里是多么高兴！他觉得天堂的大门已经向他打开了。然而采用这种方式教课对老师来说固然无所谓，可是对这个女学生来说却很为难，所以并不利于学习。她不知道她的眼睛怎样才能躲开他那一双紧紧地盯着她的眼睛。当他们的目光相撞的时候，课程也就无法进行下去了。

你可以看出，这个年轻的小伙子并不能成天和苏菲待在一起，不能想见苏菲就去见苏菲。一周只让他们见两三次面，而且每次去往往只能停留到下午，很少在那里过夜。他常常渴望见到苏菲，而在见她一次之后，他又要花许多时间去回味与她见面的甜蜜情景。他在这方面花的时间比他实际与她见面的时间多得多。即使他去看她，花费在路上的时间也要比与她待在一起的时间多。正是这种真诚的、纯洁的、甜蜜的、想象中的多于实际的快乐，能够刺激他对苏菲的爱情，而又不至让他变得像女人一样柔弱。

在不去看苏菲的日子里，他也不是懒散地待在家里不动。在这些日子里，他还是原来那个爱弥儿，一点儿也没有改变。他经常到附近的田野去探索自然的发展史。他研究当地的土壤、物产和耕作的情形。他把他见到的耕作方法与他熟悉的方法加以比较，以找出它们之间不同的原因。如果他认为其他方法优于本地的方法，他就把他知道的好方法传授给当地的农民。当他设计了一种样式更好的犁头时，他就叫人按照他所绘的图样去制作。如果他发现了泥灰岩，他就把它的用处告诉当地人，因为他们对此一无所知。他经常亲自动手去耕作。当地人看见他用起工具来比他们还熟练，看见他在田间翻土比他们都翻得深，砌垄比他们都砌得直，播种比他们都播得匀，管理苗床比他们都管理得好时，都感到十分惊讶。他们并不嘲笑他是纸上谈兵，他们明白爱弥儿确实很懂行。总之，他对所有那些有益于大众的事情都怀有热情。

不仅如此，爱弥儿还常到农民家里去拜访他们，了解他们的处境和家庭状况，调查他们有多少子女和多少土地，调查他们的农产品和销售状况，调查他们有哪些权利、有多少负担和债务，等等。他很少给他们发现金，因为他知道这些钱不会被合理地使用。即使他把钱给他们了，他也要亲自指导这些钱的使用，使之能够真正有益于当地百姓，而不会给他们徒增麻烦。他找工人来帮他们干活,而且常常是由他偿付工人替他们干活的工资。他曾帮人修缮快要倒塌的茅屋;他曾帮人整治因缺乏资金而荒废的土地;他给人一头母牛、一匹马或其他的牲口,以弥补他所受的损失。他劝服两个要去打官司的邻居,使他们重归于好。如果一个农民生病了,他便请人去照料他,并且亲自去看望他。当一个农民被豪强邻居欺负的时候,他就会保护这个农民。当青年男女互相追求的时候,他帮助他们结成夫妻。当一个善良的女人失去了她亲爱的孩子的时候,他就去看她并且坐在旁边安慰她。他一点也不轻视穷人和不幸的人,他愿意与受苦的人长久地待在一起。当他去帮助农民的时候,他往往要和那个农民一起吃饭。虽然有些人不需要他的帮助,但他也接受他们的邀请,到他们家里去做客。他在成为一些人的恩人和所有人的朋友的同时,始终把他们看作与自己平等的人。总而言之,他不仅善于使用金钱去帮助他们,而且善于身体力行地去帮助他们。

做这些事情的同时,我们也做一些以前学过的手艺活。我和爱弥儿每个星期都要到木工师傅家里去干活。至少每周去做一次。而且,凡是因天气不好,不能到田间去工作的时候,我们都要到他家里去干活。我们工作不是为了像那些身份高贵的人一般作秀。我们就像那些最普通的工人一般,兢兢业业地工作。有一次苏菲的父亲来看我们的时候,正好看见我们在工作,因此他一回去就把他看到的情形告诉他的妻子和女儿了。他说:"你们去看一看那个在工场里工作的年轻人,看看他是不是看不起穷人!"我们可以想象得到苏菲听到这番话心里是多么的高兴。他们反复谈论这件事情,而且想出其不意地去看他工作的情形。她们表面上装作是随便问一问,打听好我们去干活的日期之后,母女两人就坐着一辆马车到镇上去了。

苏菲到达工场时,发现有一个身穿背心、头发散乱的年轻人——他正在专心致志地干活儿,以至对她视而不见。于是苏菲便向她的母亲做了一个暗示。爱弥儿一手拿凿子,一手拿榔头,即将凿好一个榫眼。凿好榫眼之后,他又去锯木板,锯好之后又用夹子把它夹住,以便把它刨光。这样的情形并没有逗乐苏菲,反而让她深受感动,以至她对爱弥儿产生了敬意。女人啊,你要尊重你的主人：他为你工作，为你挣钱买面包，这样的人才是你的丈夫！

后来，爱弥儿和苏菲去了一个有病人的穷苦人家。苏菲既不嫌脏，也不嫌臭。她既不要人家帮忙，也没有打扰那两个病人，一会儿工夫就把屋子收拾得干干净净。平常大家都觉得她十分害羞，有时候还显得十分倨傲。她，在世界上连指尖儿都没有接触过男人的床，现在竟毫不迟疑地扶起那个受伤的男子，替他换好包伤口的布，让他睡在更舒服的地方。慈善的心肠胜过了害羞的心。无论做什么事情，她的动作都是极其轻巧和敏捷的，这样可以减轻病人的痛苦。那个农民和他的妻子异口同声地祝福这个来照料、同情和安慰他们的可爱的女子。她是上帝派来的天使，她有天使的容貌和风度，有天使的温存和善良的心。爱弥儿悄悄地看着她，内心十分感动。男人啊！你要爱你的伴侣，因为上帝之所以把她赐给你，是为了在你痛苦的时候让她来安慰你，在你生病的时候由她来照料你，这样的女人才称得上是妻子。

爱弥儿和苏菲已经两天没有见面了。第三天早上，我手里拿着一封信走进爱弥儿的房间。我的两只眼睛紧紧地盯着他问："如果有人告诉我说苏菲死了，你会怎么办？"他大叫一声，站了起来，双手紧握，一言不发地用茫然的目光看着我。"快回答我，怎么办？"我仍然是那样沉着地问道。他对我这种冷静的样子感到生气。他向我走过来，眼睛里冒出了愤怒的火光，并且摆出一副吓人的姿势站在那里说："怎么办？我不知道。不过，我要说明的是，谁把这个消息告诉我，我这一生就永远不想再见他。""你放心吧，"我微笑着回答道，"她活着，她身体很好，她在想念你，而且在等我们今天晚上到她家里去呢！现在，让我们出去散一会儿步，聊聊天。"

他的心中充满了情欲，所以不可能再像从前那样听我谈论纯粹理性的问题。因此，为了让他对我的教导引起注意，我必须利用他这种情欲。我之所以要在前面提出这样一个可怕的问题，其原因就在于此。我相信，现在他可以听进去我讲的话了。

"我们应当生活得幸福，亲爱的爱弥儿。这是一切有感觉的造物的终极追求，这是自然教给我们的第一个欲望，而且是我们永远也不会放弃的唯一的愿望。但是，幸福在什么地方？谁知道它在哪里？每一个人都在寻找它，但没有一个人找得到它。我们用一生的时间去追求它，一直到死的时候也得不到它。"

"你成了自己不羁的欲念的奴隶，这是多么可怜啊！你经常感到空虚，经常患得患失，经常感到惊慌失措。你害怕失去一样东西，结果没有得到任何东西。你一心追逐你的欲念，结果永远也得不到满足。你时时想保持心情平静，然而你的心灵一刻也得不到平静。你将成为一个可怜的人，你将成为一个道德败坏的人。你使一切都屈从于你的欲念，这样怎能不成为一个坏人呢？如果你不能忍受迫不得已的穷困，你又怎能自愿抛弃已经占有的东西呢？你又怎能为了履行天职而牺牲你的爱好，为了听从理智而抵抗你的欲念呢？既然你说，如果有人告诉你说你的情人死了，你就再也不愿意看见那个人，那么，要是一个人把她从你手中活活地夺走，要是他敢于向你说'你必须把她看作已经死去，你将不会拥有美好的德行'，你又将怎样对待这个人呢？不管结果如何，不管苏菲是不是已经嫁人，不管你是不是已经结婚，不管她爱你还是恨你，不管她接受你还是拒绝你，你都要与她生活在一起，这是你的志愿，你可以不计代价地占有她。那么，请你告诉我，要是一个人心中想做什么就做什么，要是他从来都不控制自己的贪欲，那么他还有什么罪恶的事情做不出来呢？"

"亲爱的儿子！若人没有勇气，就得不到幸福，不经过斗争就不能成就德行。'德行'这个词来源于'力量'这个词，可以说，力量是一切德行的基础。一个力量微弱的人之所以能够实践德行，固然是由于他的天性，但他必须凭借意志才能果断地去实践。正直的人之所以能够赢得我们的称誉，其原因就在于此。尽管我们说上帝是善良的，但我们不说他是有德行的，因为他做出善良的行为是不需要经过一番努力的。我一直等到你具有理解的能力时才告诉你这句话，如果我们不花什么代价就能实践德行，那么，我们是不需要认识它的。只有在我们的欲念开始产生时，我们才有必要认识德行。对你来说，这种时刻已经到来。"

"要成为一个有德行的人，该做些什么呢？一个有德行的人首先要能够克制他的感情。唯有如此，他才能服从他的理智和良心，才能履行他的天职，才能严守做人的本分，不因任何事情而背离他的本分。到现在为止，你就像一个奴隶一样，只不过在表面上是自由的，只不过因为没有被主人命令而享受暂时的自由罢了。现在，你应当获得真正的自由，你要学会怎样做自己的主人，控制你自己的心。爱弥儿，这样你才能成为一个有德行的人。"

"你的第一个欲念已经产生，也许这是你应得的唯一的欲念。如果你能够用男人的气概对它加以控制，那么，它也许就会成为你最后一个欲念。而你也就可以成为其他一切欲念的主人，也就可以除了受美德的驱使以外，不再受其他欲念的驱使了。"

"如果你想生活在智慧和幸福之中，你的心就必须只关注那些永恒之美；你应根据你的条件去控制你的欲望；你应首先履行你的天职，然后才去满足你的欲望；你应把需要法则也用于道德行为；你应学会放弃你可能失去的东西；你应在实践美德的时候，学会抛弃一切；你应学会应付各种事变，变得更加超然，使你的心不受世事的摧残；你应学会鼓起勇气应付逆境，以便使你永远不会落到悲惨的境地；你应坚定地履行你的天职，从而使你永远也不会做出犯罪的行为。这样一来，即便命运捉弄人，你也会生活得很愉快。即便欲念丛生，你也会生活得很明智。你将发现，即使你所占有的东西是容易丧失的，你也会从中享受到极大的快乐，而不会感到忐忑不安。你将拥有它们，而不是它们占有你。你也将认识到，一切东西都有失去的一天，人要舍得放弃，才能够真正享受。这样一来，你就不会幻想什么虚假的快乐，也就不会尝到从虚假的快乐中产生的痛苦。这样的转变将让你获益匪浅。人生的痛苦是经常的、实际的，而快乐则是稀有的、空洞的。你不仅会洞悉许多骗人的偏见，而且会看穿生命有了不起的价值的说法。你可以平静自在地享受你的生命，可以毫无恐惧地结束你的生命，可以像舍弃一切东西似地舍弃它。其他的人因为害怕便认为一没有生命就停止存在了。可是你，由于深知生命的虚无，所以你将认为在生命结束的时候才真正地开始存在。对于恶人来说，死亡是生命的结束，然而对正直的人来说却是生命的开始。"

爱弥儿认真地听我说话，时而流露出不安的表情。他担心我做出这么一段表述后，接着做出可怕的结论。他料想，我向他叙述锻炼灵魂力量的必要性之后，便会让他接受严格的训练。

他对我将要做的事情感到十分疑惑、焦虑和不安，故而他不仅不正面回答我的问题，还略带惧怕地反问我，"我该怎么办呢？"他战战兢兢地问道，连眼睛都不敢抬。"怎么办？"我以坚定的语气回答道，"你应该离开苏菲。""你说什么？"他气冲冲地叫道，"离开苏菲！离开她，欺骗她，要我成为一个背信弃义的人，成为一个坏人，一个发假誓的人！""怎么了？"我打断他的话说道，"爱弥儿，你以为我要你去做这样的人吗？""不，"他仍然以激烈的语气说道，"你不会这样，别人也不会这样。我能够保持你对我的教育，绝不会做耻辱的事情。"

"亲爱的爱弥儿，苏菲还不到18岁，而你也才刚满22岁，这正是适合谈恋爱的年纪，但不是结婚的时候。难道你们在这样的年龄就想做父亲和母亲吗？如果你想把孩子抚育好，至少你自己不能是一个孩子。你知不知道有多少年轻的女人因为早早生儿育女而损害了身体并缩短了寿命？你知不知道有多少孩子因为母亲的身体不好而长得瘦弱且多病？当母亲和孩子都在发育时，如果把身体发育所需要的一份养料分给两个人，结果母亲和孩子都得不到大自然所定的份额，两个人岂不是都长得不好吗？单凭我对你的了解，我认为你会宁可晚一些结婚，娶一个健康的妻子，养育健康的子女，也不会为了满足自己急切的欲望而牺牲他们的生命与健康。"

"现在让我们聊一聊你自己。你渴望成为一个女人的丈夫和一个孩子的父亲，可是你考虑过做丈夫和做父亲有哪些责任吗？当你成为一家之长的时候，就意味着你成为了国家的一个成员。成为国家的一员是什么意思呢？这一点你知道吗？你研究过做人的责任，可是做公民的责任你知道吗？你知不知道什么叫政府、法律和国家？你知不知道为了生活你要花多大的代价？你知不知道你应当为谁而死？你以为你什么都懂，而实际上你对很多东西还很无知。在社会秩序中获得一个席位之前，你应当研究和了解什么地位最适合你。"

"爱弥儿，你必须离开苏菲。我的意思并不是叫你抛弃她。如果你能够离开她,现在不跟她结婚,对她来说,那简直是太好了。你现在要离开她,以便在回来的时候更适于做她的丈夫。你不要以为你已经配得上娶她了。其实,你还有许多事要做。走吧,去完成那崇高的使命。你要学会忍受离别的痛苦,你要学会获得忠贞的报偿,这样,当你回来的时候,你才配得上这份荣耀,才能够让她出于一种回报而不是出于一种恩赐嫁给你。"

听完我说的话,爱弥儿低着头默默地想了一会儿,然后抬起头来,用很坚定的语气问我:"我们什么时候走?""一个星期以后,"我回答道,"要让苏菲在思想上有所准备。女人是比较软弱的,我们应当提前做一番安排。对你来说是必须要走的,然而对她来说就不是这样了,所以如果她没有勇气来面对这件事情,也是可以理解的。"

五、爱弥儿的游历

外出游历是否有利于青年的成长?这个问题常有人问起,有时还会引起许多争论。如果我们换一种问法:外出游历过的人有没有变得更好呢?也许争论的意见就没有那么多了。

我认为有一种观点无可争辩,那便是任何一个只待在一个国家的人无法真正地了解人类。他了解的只是那些生活于他身边的人。因此,我们可以换一种提问方法:"一个教养良好的人是不是只了解他本国的同胞就够了,或者,他是不是还需要广泛地了解各民族的人?"这种问法就没有什么可争论或怀疑的了。可以看出,要解决一个困难的问题,有时候在很大程度上取决于你表述这个问题的方式。

要真正地增长知识,匆匆地横穿一个国家的做法是不可取的。观察需要一定的眼光,更需要引导我们去观察我们渴望了解的对象的动力。许多人在游历一阵之后,所受到的教益还不如他们从书本中受到的教益多,其原因就在于他们不懂得怎样思考。他们在读书的时候,至少可以得到作者的指导,但当他们自己去游历的时候,他们反而不知道该如何观察。还有一些人在游历中可能一无所获，因为他们并无增长知识的愿望。他们的目的是这样不同，以至他们抱着学习的目的去游历是不大可能的。对于无心了解的事物，你是不可能仔细进行观察的。

我们不能因为游历得不好就说游历没有用处，这是不合逻辑的。不过，如果承认游历有用处，那么这是否就意味着它对我们所有人都有益处呢？恰恰相反，只有很少的人才适合去游历。这种人有坚强的毅力，能够从他人的错误中接受教训而不受引诱，看到别人做恶事而自己不去做恶事。游历可以促使一个人的天性按它的倾向发展，以至最终使他成为一个好人或坏人。有很多游历归来的人，终生将会是他归来时的样子。也有人在归来时比以前变坏了而非变好了，因为他去游历的目的就是向往做坏事而不是向往做好事。在游历的过程中，缺乏良好教养且行为不端的青年，将习得所有一切他游历过的国家的人的恶习，而别人身上与恶习相伴的美德，却一点也学不到。但是，生长在善良人家的青年，由于他们善良的天性受过良好的培养，由于他们确实是抱着受教育的目的去游历，所以在游历归来之后，个个都会变得比游历以前更好和更聪明。爱弥儿就是要这样去游历。

一切依理性而做的事情都有其法则。作为教育的一部分，游历也有其法则。为了游历而游历，就是在乱跑，是在到处流浪。即使是为了受教育而去游历，这个目的也过于空泛，因为没有明确教育目的的游历是没有意义的。我希望青年人有一种明确的学习意图。这种意图经过很好的选择之后，就可以决定他们所要学习的内容。

爱弥儿已经研究过他与其他事物的物质关系，也研究过他与他人的道德关系，现在，他还需要研究他与公民同伴之间的公共关系。为此，他必须首先研究一般意义上的政府性质、不同的政府形式，最后还要专门研究他出生地的政府，以便了解他是否适宜生活于它的管辖之下。由于每一个人具有任何力量都不可能加以破坏的权利，所以在他长大成人，成为自己的主人之后，他便可以自主地废弃那个把他与社会联系起来的契约，离开那个社会所在的国家。他之所以在长到具有判断力的年龄以后，还被大家看作默认了他的祖先所订立的契约，只不过是因为他还居住在那个地方。正如他有权放弃他父亲的遗产，他长大后也有权离开他的国家。再说，出生地是自然的恩赐，他一旦放弃，也就放弃了一切。严格来说，每一个待在他出生地的人，除非他为了获得受其保护的权利而自愿遵守当地的法律，否则他时刻都会面临危险。

例如，我会对爱弥儿说："迄今为止，你都会生活在我的监护之下，你还不能自己管理自己。但是现在你将达到法定年龄，法律将允许你自己管理自己的财产，成为自己的主人。你将会发现自己在社会生活中形单影只，依赖一切，甚至要依赖所继承的遗产。你想结婚，这是值得称赞的想法，也是人的天职之一。但是，在你结婚之前，你必须了解你想成为什么样的人，你想如何度过你的一生，你如何保证为你的家庭和你自己提供生活所需。因为，尽管我们不应当把这些作为生活的主要内容，但这无疑应被慎重地考虑。难道你愿意依赖那些你所轻视的人吗？难道你愿意通过那些使你受他人摆布的社会关系，通过那些迫使你自己也要变成坏人才能逃避种种欺骗的社会关系，去维持生计和确立你的地位吗？"

接下来，我会向他展示各种可能的使用钱财的方法：或用于贸易，或用于公共服务，或用于理财。我会向他指出，这些方法中的任何一种都有风险，都会使他处于不确定、不独立的境地，都会迫使他按照别人的榜样和偏见去改变自身的节操、意见和做法。我还告诉他，他可以去当兵。

我们完全能够想象得到，所有这些职业都不会适合爱弥儿的品位。"怎么了？"他会说，"难道我把童年时的本领都忘记了吗？我的胳膊不能用了吗？我的力气全都用尽了吗？我不知道如何干活了吗？你所说的那些职业和人们愚蠢的偏见，跟我有什么关系？我只知道为人善良和正直才是最光荣的。我只知道与我所喜欢的人一起独立生活，以自己的劳动去维持生计和增进健康，才是最幸福的。你向我讲的那些困难，我完全不在意。在这个世界上我只要有一小块土地，就十分满足了。我只要埋头苦干，收获土地出产的果实，就可以过上无忧无虑的生活。我只要有苏菲和一片土地，便会生活得富足。"

"不错，我亲爱的朋友，一位妻子和一片属于你的土地，这是一个明智的人所应拥有的一切。但是，这些财富其实不是像你想的那样人人都可以得到。最难寻找的妻子你已经拥有，让我们来谈一谈土地吧！"

"一片你所拥有的土地，亲爱的爱弥儿，你从哪里可以找到呢？在这个世界上的哪个偏僻角落，你能够说'我是这里的主人，这里的财产都归我所有呢'？我们知道哪些地方可以让人发财致富，但谁知道哪些地方可以让人没有财富也能生活呢？谁知道在哪些地方人可以自由而独立地生活，既不需要侵犯别人也不用害怕被别人侵犯呢？你以为找到一个让你能够永远诚实生活的地方那么容易吗？如果确有那样一种既合法又可靠的谋生办法，可以使我们无须玩弄手段、无须依赖他人，就能独立地生活，我认为，那就是靠你的双手劳动，耕种你自己的土地。但是，在哪一个国家我们能说'我所耕种的这一块土地是属于我的'？在选择这样一个幸福的地方前，你必须要确定你在那里是不是一定能够得到你寻求的安宁；你必须防备专制的政府、迫害异端的宗教和不良的风俗来扰乱你的安宁；你必须能够避免种种苛捐杂税，以免把你的劳动果实剥削干净；你必须能够避免与人家无休止地打官司，以免把你的财富消耗得所剩无余；你必须能够堂堂正正地生活，以便使你无须去讨好当地的官员或他们的下属，无须去讨好法官、教士、有钱有势的邻居和各种各样的坏人。因为，如果你忽视他们，那么你时刻都有被侵犯的可能。"

"亲爱的爱弥儿，我的人生经验比你多，我对你这个计划将要遇到的困难比你看得清楚。不过，你的计划确实很好，它将最终使你获得幸福，让我们努力去实现它。我有一个建议：让我们从现在起花两年的时间去游历。等你游历回来以后，再在欧洲选择一个可以使你和你的家人幸福生活的地方，这样就可以避免我刚才向你讲述的那些麻烦。如果我们成功了，你就可以得到其他人寻求不到的幸福，你就不会后悔把时间用在这样的游历中。如果我们失败了，你也可以消除你的幻想，把痛苦看作是不可避免的，从而使你自己得到安慰，按照需要法则行事。"

现在该到我们结束游历的时候了，让我们把爱弥儿带回到苏菲的身边吧。他将带给她一颗跟从前同样温柔的心，以及更加聪慧的头脑。由于他已经研究了各种政府的利弊，研究了各国人民的美好德行，所以他回国的时候，还会给他的祖国带回他从这些研究中受到的启示。在我的安排下，他到达每一个国家，都会有一些有才德的人，以古人殷勤好客的方式来款待他。将来，我也不反对他与那些人书信往来以增进交情。再说，与来自遥远国家的人士通信，也是一件很有意义且非常有趣的事情，是防止一个民族产生偏见的好办法。

我们用近两年的时间游历了欧洲的一些大国和很多小国后，学会了两三种主要语言。当我们看到了那些国家的自然风光、政治制度、艺术和人物方面的趣事之后，爱弥儿感到有些不耐烦了，并且告诉我说该结束这次游历了。于是我对他说："好的！我的朋友，你知道我们此行的主要目的。你已经看见和研究了许多东西，你研究的最终结果是什么呢？而你又将做出何种决定呢？"要么，我采用的方法是不对的，要么他会这样回答我：

"我将做出何种决定？我决定要成为你想让我成为的那种人。除了自然和法律的束缚之外，我不会给自己戴上任何枷锁。我越研究人们在社会中所做的事情，就越清晰地发现，人们对独立的努力追求，反而使他们变成了奴隶，而且这种努力是徒劳的，反而让他们丧失了自由。为了不受各种事物的洪流的冲击，他们便想出种种办法使自己有所依附。此后，当他们想往前挪动一步的时候，他们才惊奇地发现他们要依赖一切了。在我看来，要使某人获得自由，其实用不着做什么特别的事情。你原本就是自由的，只要你一心向往这种自由就可以了。我的老师，你已经通过教导我服从需要而使我获得了自由。我将不会依靠任何东西来支撑自己。在游历的过程中，我曾试图在这个世界上找到一个角落，让我能够完全自主地生活。但是，在人世间的什么地方我们才可以不受人们的贪欲的影响呢？经过仔细的研究以后，我发现这个愿望本身就自相矛盾。因为，虽然我无须依赖任何一样东西，但至少我要依靠我所居住的土地。正如森林女神的生命要依靠树木一样，我的生命也要依靠这块土地。我发现'统治'和'自由'这两个词其实并不兼容。我只有放弃做自己的主人，才能做一间茅屋的主人。"

"我该如何处理父母留给我的财产呢?首先,我将不会依赖这些财产。我要摆脱一切使我与财产发生关系的因素。如果他们把遗产留给我,我就让它保持它原来的那个样子。如果他们不给我,我反而能不受财产的牵制。我绝不会为了保护我的财产而操心,但我要坚定地按本分做事。无论贫穷还是富有,我都要坚持我的自由。我不只是在这个国家或这个地方获得了自由,无论在世界上的哪个地方我都会如此。在我看来,一切偏见的锁链都已被打破,我只知道需要的法则。从童年开始我就学会忍受它们,我将继续忍受它们直至故去,因为我是一个真正的人。"

"我在这个世界上能获得何种地位,这有什么关系呢?我住在哪里,这又有什么关系呢?不论在什么地方,只要有人,我就认为我是在同胞的家里。如果没有人,我就认为我是在自己的家里。只要我能够保持独立和富裕,我就有生活的本领,我就能够活下去。如果我的财富要奴役我,我就会毫不惋惜地抛弃它。只要我能干活,我便能生存下去。当我的双手无法干活时,我便只能依靠别人而生存下去。如果他们抛弃我,我将会死去。即便别人不抛弃我,我也愿意接受死亡,因为死亡并不是贫穷导致的惩罚,而是一个自然法则。不管死亡在什么时候到来,我都不把它放在眼里。在它面前,我决不做偷生的打算。而在我活着的时候,它也永远不能妨碍我的生活。"

"我的父亲,这便是我的决定。若我不产生什么欲念,在成人以后,我就能够像上帝那样独立地生活。因为,我满足于现在的一切,所以也用不着与命运做斗争。充其量我也只有一条锁链,而且也只有这一条锁链我要永远受它的束缚,并且为受到它的束缚而感到光荣。现在,请把苏菲还给我,这样我便能获得自由了。"

"亲爱的爱弥儿,听到你像男人那样说话,并了解到你内心的情感,我真的很高兴。在你这样的年纪,能够不存一点私心,是让人很欢喜的一件事。当你有了子女后,这种不讲求私己利益的精神将会减少,但在那个时候,你将会成为一个慈父和智者所应有的样子。在你开始游历前,我便知道它会产生什么样的结果。我知道你在密切地观察了我们的种种社会制度以后,是不会对它们产生它们不配受到的信任的。要想在法律的保护之下寻求自由，那是徒劳的。法律！哪里有什么法律？哪里的法律是受到尊重的？你已经看到，大家正是借法律的名义来满足个人的利益和欲念。然而，自然和秩序的永恒法则是存在着的。对睿智的人来说，它们就是正式的法律。它们通过良心和理智而印刻在人们的心灵深处。人必须服从这些法则，然后才能成为自由的人。只有做坏事的人才会变成奴隶，因为他在做坏事的时候违背了内心的法则。在任何形式的政府之下，自由都无处可寻。自由只存在于自由人的心里，他走到哪里就把自由带到哪里。一个坏人不管走到哪里都是受到束缚的。即使在日内瓦，坏人也是奴隶。而自由的人，即使在巴黎也能享受他的自由。"

"如果我跟你谈论公民的义务，你可能会问我：'哪个国家才是我的祖国？'你可能认为你的问题会把我难倒。但你的想法是错误的。亲爱的爱弥儿，因为一个人即便没有祖国，至少也有一个可以居住的地方。人总是要在一个政府以及所谓的法律之下，才能安宁地生活。只要个人的利益也像公共意志那样保护了他，只要社会的暴力保障了他不受个人的暴力侵犯，只要他所目睹的恶事教育了他要向善，只要社会制度本身使他看到和憎恨其中不公平的事情，那么，即使社会契约没有受到人们的尊重，那又有什么关系呢？爱弥儿啊！哪一个人没有从他居住的地方得到一点恩惠呢？不管他居住在什么地方，他都是因此才能获得人类最珍贵的东西：行为中的美德和对美德的爱。如果生长在森林里，他当然可以生活得更快乐和更自由。但是，由于他听任自身天性的发展，所以他不会为什么事情而去斗争，而这无益于他成为一个有德行的人。他绝不可能像现在这样克服欲念而成为一个有美德的人。单单是秩序的表象就能够让他对秩序有所认识和喜爱了。公众的福利，尽管对他人而言仅仅是一个借口，但对他来说是真正的行为动机。他已经学会了怎样与自己进行斗争，怎样战胜自己，怎样为公众的利益而牺牲个人的利益。所以，不能说他从法律中什么好处都没有得到，因为法律能使他在面对坏人时也有追求公正的勇气。也不能说法律无法使他获得自由，因为法律能够教会他管理好自己。"

"因此，不能说'我住在哪里又有什么关系呢？'，这关系到你是不是能够尽你所有的义务，其中之一就是热爱你的家乡。因为当你还是一个孩子的时候，你的乡邻就曾保护过你。因此当你长大成人后，你也应该热爱他们。你应该生活在他们当中，或者，你至少也应该生活在尽可能对他们有帮助的地方，以便在他们需要你的时候知道在哪里可以找到你。可爱的爱弥儿，你不用承担向人类传播真理的艰巨任务。你只需生活于你的同胞中间，在与他们的亲密交往中培养友情。你应当成为他们的恩人和模范。作为榜样你将会起到比所有的书籍都大的作用。他们亲眼看到你所做的善行，将会比一切空洞的说教更能触动他们的心。"

"但是，我并不会硬要你到大城市中去住。相反，善良的人应该为别人树立的榜样之一就是过居家的田园生活，因为这是人类最朴实的生活，是良心没有败坏者最宁静、最自然和最有乐趣的生活。我年轻的朋友，只要你在一个国家用不着跑到深山旷野就能得到安宁，那么，这样的国家就是美好的！但这样的国家在哪里呢？一个善良的人在城市中是很难满足他的意愿的，因为在城市中他的所有精力都要用来对付奸人和骗子。城市欢迎那些游手好闲的人，而这些人到城市去的目的也只是追求财富，所以这只会招致乡村的毁灭。反之，我们倒是应该增加乡村的人口。所有那些从大城市隐居到乡村的人之所以对国家有用，恰恰就在于他们离开了城市。因为城市的种种弊病都是人口太多造成的。如果他们能够把生活、文化及对自然的爱带到穷乡僻壤去，那么，他们对国家就更有用处了。"我会时常想到爱弥儿和苏菲做的有益的事情，在他们简单的生活中，他们会使乡间的生活趋于活跃，使可怜的村民们重新燃起他们已经熄灭的热情。

在想象中，我看到那里人丁兴旺，田野里一片生机，大地为绿茵所覆盖。欢乐劳作的农民和他们收获的果实使土地上的劳作变得像节日一般。我看见这对年轻的夫妇站在乡民中间，迎接只属于他们的欢呼声和祝福声。因为他们使乡间重新充满了活力。

六、爱弥儿和苏菲的结合

最后,我看到幸福生活正在不断地接近,这是爱弥儿和我生活中最快乐的日子。我终于看到我的付出取得的成就了。现在,我已经开始领略到这种成就的乐趣。这一对可敬的夫妇至死也不会分离,他们从口中说出了,而且他们在心里都确证了这一誓言。他们成为了夫妻。他们从教堂返回的时候,被人们领着走回去。他们不知道他们现在何处,不知道他们将去往何方,不知道他们周围发生着什么。他们充耳不闻,也无法理智地回答各种问题。他们眼花缭乱,什么也看不见了。啊!他们已然乐得心醉神迷啦!这正是人类的弱点。幸福的感觉冲昏了他们的头脑。他们还不够坚强,无法承受这种情感带来的冲击。

"我的孩子们",我拉着他们两人的手,对他们说道,"从我看见你们之间产生纯洁而强烈的感情至今已经三年了,今天它终于铸就了你们的幸福。这份感情不断成长,你们的眼睛告诉我它已经达到了最激烈的程度,此后它将不可避免地不断减弱。"读者诸君完全可以想象,爱弥儿先是狂喜,继而是激动,最后竟郑重地发起誓来!苏菲有些嘲讽似地,把她的手从我的手中缩回去。他们彼此相视,流露出一丝反对的神情。不管他们的表情怎样,我依然继续讲:

"我经常想,如果爱情的幸福能延续到婚姻中,那就如同在人间觅得了天堂。到目前为止,这一点还未曾变为现实。但是,做到这一点并不是完全不可能,你们俩是可以去树立这样一个他人未曾有过的榜样的,而能够学你们这种榜样的夫妻并不多。我的孩子,你们愿不愿意听我告诉你们一个在我看来是唯一能够树立这种榜样的办法?"

他们为我的直率而言相视一笑,显得不太相信我说的话。爱弥儿简单地感谢了我的指导,同时又说,他认为苏菲还有一个更好的方法,对他而言这个方法已经足够有效了。苏菲赞成他的观点,并且表现出一副很有信心的样子。不过,我从她那嘲笑的神气中看出她有一种好奇心。我仔细地观察爱弥儿,他用渴望的眼神凝视着他的妻子，除此之外，他并无其他的兴趣，因而他对我说的话并不会予以丝毫关注。接着我微微一笑，并且自言自语道："我很快就会引起你的注意。"

男女两性之间的内心秘密冲动的差别从表面上几乎是看不出来的，然而正是这种差别突出地表明了男女两性在个性上的不同，并且与一般人持有的看法完全相反。大体上说，男人不会像女人那样始终如一，总是比女人更易于对爱的甜蜜失去兴趣。女人很早就料到男人的心是容易变的，并且因此而感到不安，这让她们变得容易妒忌。当男人的热情开始冷却时，女人便不得不像男人从前为了赢得她的芳心那样，反过来对他表示关心。由此，她时时会哭泣，对他毕恭毕敬，而且不容易次次都做得成功。对人表示爱和关心本来是能够赢得人心的，可现在她即使是爱他和关心他，也很难夺回他的心了。我要回头来谈一谈关于防止婚后爱情渐趋冷淡的办法。

"这个办法既简单又容易，那便是：在结为夫妇之后继续像两个情人那样过日子。"

爱弥儿一边暗暗微笑，一边说道："实际上对我们来说，要做到这一点并不困难。"

"你说这不困难，但也许比你所想的要困难得多。现在，请给我一点时间，让我来阐述一下。"

"如果你把一个结打得太紧，那么，它很快便会坏掉。婚姻的结合也是如此：你越想使婚姻的结合紧密，结果它越不会紧密。婚姻的结合要求夫妇双方都忠诚，它是一切权利中最神圣的权利。不过，一要求忠诚就必然会使一方把对方管束得过严。约束和爱情是不能融合在一起的，靠命令并不能带给对方快乐。苏菲！你别害羞，也别回避这个问题。上帝为证，我绝不会伤害你的羞耻心！不过，这件事情关系到你一生的命运。为了这样重大的一件事情，你必须站在你的丈夫和我这位长辈中间，听我讲这一番话——这番话在其他场合你听起来也许受不了。"

"采用占有或控制的办法并不能束缚一个人的心。有时，一个男子对与他私通的女子的爱比对他妻子的爱还要深厚。怎样才能把温存的关心变成一种义务，把最甜蜜的爱情变成一种权利呢？只有双方的共同意愿才能形成这种权利，除此之外，不可能在自然中找到其他的办法。法律会对这种权利加以限制，但不会把它扩大。肉体的快乐本身所具有的快乐就是甜蜜的。但能够用强迫的办法得到这种应该由肉体的快乐本身产生的美妙感觉吗？不！我的孩子，婚姻使两个人的心连在一起，但身体并不受到约束。你们应当采取的办法是彼此忠实而不是互献殷勤。你们中间的每一个人都不能再许身给另外一个人。除了自愿以外，你们两人谁也不应该强迫谁。"

"如果是这样，亲爱的爱弥儿，我希望你始终做你妻子的情人，希望她也永远做你的情人和她自己的主宰，成为一个快乐而让人尊敬的爱人。希望你们为对方所做的一切都是因为爱情而非义务。所有爱护，哪怕是很小的一件事情，都是出于一种恩惠，而不是应得的一种权利。我知道她将因为害羞而不愿意公开表示她爱你，因此，需要你去帮助她克服害羞的心。但是，如果一个男人既体贴又真正地爱一个女人，那么他怎么会看不出她心里的真实想法呢？他哪里会不知道当她的心和眼睛已表示同意的时候，口头上的拒绝就完全是假的？我希望你们两个人永远都是自己身体和爱情的主人，只有在自己心甘情愿的时候，才把这一切给予对方。你们一定要记住：即便在婚姻中，也只有在两厢情愿的时候，做快乐的事才是合法的。我的孩子，不要担心这个法则会使你们彼此疏远，相反，它将使你们两个人都更渴望取悦对方，并且可以防止出现厌烦。只要你们诚实相待，天性和爱情就可使你们彼此成全。"

"啊！苏菲！当爱弥儿成为你的丈夫时，他便成了一家之主。你应当服从他，这体现了自然的意志。但是，如果妻子都像苏菲这样，那让男人听命于女人也是很好的，这也符合自然的法则。我之所以要你对他的行乐加以节制，是为了能够使你像他作为男性控制你的身体一样控制他的心。这对你来说可能会很难，但若你能控制住自己，你便能控制住他。这已然发生的一切告诉我，你有足够的勇气来面对这些困难。如果你让他觉得你的恩情很稀罕、很珍贵，如果你能够把这种恩情运用得当，那么你就可以借爱情的力量而长久地控制他。如果你想让你的丈夫时常处于你的控制之下,你就要与他保持一定的距离。不过,你在坚持自己的做法的同时,要带一点儿羞怯,千万不能任性,要使他觉得你是稳重而不是胡闹。你要注意的是:在控制他的爱情的同时,不要使他对这种爱情产生怀疑。你要通过你的恩情而使他更加爱你,你要通过采取拒绝的办法来赢得他的尊敬。要使他赞美他的妻子的贞洁,但不要使他抱怨他的妻子太冷漠。"

"如此这般,我的孩子,他将会对你寄予信任,听从你的意见,凡事都与你商量,凡事不与你商量就不做决定。这样,你才能在他走入迷途的时候唤起他的理智,很温存地说服他,让他回到正路。为了让你对他有帮助,就需要使你在他看起来很可爱,要使用娇羞的媚态去达到道德的目的,要使用爱情的力量去增益理智的行为。"

"亲爱的爱弥儿,一个男人一生当中都需要别人的指导和忠告。我已经尽了最大的努力来履行我对你的义务。至此,我这耗费了许多岁月的任务也该结束了,而另一个人将开始把这个任务承担下去。今天,我便放弃你赋予我的权利。从今以后,负责管理你的人就是苏菲了。"

他们最初的狂喜一点一点地慢慢褪去,接下来便可以平静地享受他们新生活的快乐了。多么幸福的爱人,多么可敬的夫妇!为了赞颂他们的德行,为了描写他们的幸福,便需要回顾他们一生的历史。当我一再从他们身上看到我的教育成绩时,我的心都激动不已!我曾经多少次把他们两个人的手握在我的手心里,从心底里感谢上帝!我曾经多少次吻过他们两人互相握着的手!他们曾经多少次在我面前流下快乐的眼泪!他们被我快乐的心情触动,与我一起分享这令人陶醉的时刻。对于他们可敬的父母而言,他们在自己孩子的身上再一次享受到了青春的美,在他们孩子的身上重新开始了真正的生活,或者说得更确切一点,他们第一次认识到了生命的价值。让他们感到遗憾的是,过往的荣华富贵并没有让他们在年轻时享受到如此美妙的生命。如果这个世界确有幸福存在,你在我们所居之地便可觅得!

附录一　卢梭的早年生活

——《忏悔录》节选

译者按：我们有理由相信，一个哲人——"三省吾身"之人，对自身生活经历的反思会在他的思想中体现出来，反之，他的思想也会影响他所过的那种生活，所谓"行之于途而应于心"是也。卢梭就是这样的情形，他是一个极富个性的思想家，他本人对自己的个性也有深刻的反思和认识，这种反思和认识集中体现在他的《忏悔录》一书中。在此，我们精选的是《忏悔录》中叙述卢梭早年生活的篇章。生活即教育，因此，从某种意义上说，他的早年生活就是他的早期教育。

当下我所做的事情，实乃前无古人，后无来者。我将真实而全面地呈现一个人的人性，而这个人便是我自己。

我了解我的内心，并已经看透了世人。我生来便和我所熟识的人不同，可能也不会像任何一个在世之人。我不会比他人更好，但至少我可以确信自己是独一无二的存在。大自然塑造了我，并没有让我生活于陈规之中。它这么做是否明智，只能等到读者诸君阅读完这本书后方可裁定。

无论末日审判的号角何时响起，我都会手捧这本书，直面至高无上的审判者并大声呼号：我就是这么做的，这些都是我的所思，我当时便是这样的人。无论善恶，我都会自由而真诚地记述。我既没有隐瞒任何罪恶，也没有虚饰过多的荣耀。有些时候我加了一些额外的修饰，也仅仅是为了填充由于记忆力贫弱而导致的空白。我可能有些自以为是，但绝没有明知其为假，却故意将其认为真。我彼时是怎样的人，我便会怎样描述。有时我会很卑微、鄙俗，有时我则会善良、慷慨与庄重。上帝啊！就像您曾看到的那样，我的内心已经完全祖露，请您把众生都叫到您的宝座旁！让他们听一听我的忏悔，让他们为种种恶行而感到羞愧，让他们为我的苦难而战栗，让他们每一个人都同样真诚地讲述自身的缺憾、心灵的迷乱，看看是否有人敢于说出并且证明："我比那个人好！"

6 岁前的我

我于 1712 年出生于日内瓦。我的父亲是伊萨克·卢梭，母亲是苏萨娜·贝纳尔，他们都是日内瓦公民。我父亲是个钟表匠，技艺高超，依此而维持着家里的生活。我母亲是一位牧师的女儿，家境富裕，而且贤惠、美丽。事实上，我父亲能和我母亲喜结连理，并不是一帆风顺的。不过，我母亲的弟弟嘉伯利·贝纳尔爱上了我父亲的一个妹妹，我姑母并不厌弃这场婚姻，但前提是我母亲要嫁给我父亲。于是，爱情快速地摧毁了一切阻碍，在同一天举行了两场婚礼。过了一年，两家各自生了一个孩子，但不久两家便因事被迫两地分居了。作为一位工程师，我的舅舅供职于匈牙利王室。而我父亲则在我唯一的哥哥出生后，前往君士坦丁堡担任宫廷钟表师了。后来，母亲因事催父亲赶紧回来，他急忙放下一切回到了日内瓦。我便是父亲这次回家的不幸的果实。父亲回来十个月后，孱弱多病的我便来到了这个世界。而我的出生却使母亲付出了她的生命，这是我人生诸多不幸中的第一个不幸。

那时我不知道父亲是如何从丧妻之痛中走出来的，但我知道他的痛楚一直都未减少。他一直认为能在我身上看到令他悲伤的亡妻的音容笑貌，而且他始终无法忘记是我让他生活得如此不幸。每当他拥抱我时，我总是在他的叹息中、在他那痉挛的臂膀中，体味到他的爱抚中夹杂着一些辛酸的遗恨。其实，也正因如此，他的情感才不失深挚。

我出生时几乎没有什么生命的征象，以至他们对我的存活都不抱什么希望。随着时间的推移，我身上病痛的种子愈加强烈地影响着我。虽然病痛有时会稍微减轻一些，但那只是为了换一种方式叫我忍受更残酷的痛苦罢了。其实，我能活下来与我的姑姑有很大的关系。那时，她还是一个温和善良的女孩，对我关怀备至。我写这本书的时候她还健在，但已是80岁高龄的老人了。亲爱的姑姑，我不怨你保全了我的生命，让我感到痛心的是，在我年幼时你费尽心力地照顾我，而在你的晚年我却不能有所报答。还有我那位亲爱的乳母雅克琳娜，她也健在，并且精神矍铄，身体健康。她那双在我出生时为我拨开眼睛的手，很可能还要在我死时为我合上眼睛。

我的感觉总是先于思考，这本是人类共同的特质。但这一点我比别人体会得更深。我不知道自己五六岁以前都做了些什么，也不知道自己是怎样学会阅读的。我只记得最初读过的书，以及这些书对我的影响。也正是从那时起，我才不间断地记录下对自己的认识。每天晚饭后，我都会读一些母亲留下来的小说。其实，父亲的初衷不过是想利用这些有趣的读物叫我练习阅读，但是不久之后，我们两个人就兴致勃勃地轮流读起来，没完没了，往往通宵达旦。一本书到手，如果没有一气读完是决不罢休的。有时父亲听到早晨的燕子叫声，才会很难为情地对我说："走，走，我们快去睡吧！我简直比你还孩子气啊！"

这种危险的方法不仅让我获得了极端娴熟的阅读和理解能力，而且使我获得了在我这个年龄本不该拥有的对情欲的理解。在我对事物本身还没有一点概念的时候，就已经了解所有的情感了。我什么都不理解，但已经感受到了。我不断感受到的这些混乱的激情，并没有破坏我的理智，因为我那时还没有形成理智。不过这些却让我拥有了一种关于人生的荒诞的看法，此后的人生经历与反思也没能改变我的这些看法。

7—11岁的我

到1719年夏末，我便将收藏的小说全部读完了。在接下来的冬天，我便开始读别的书了。读完母亲的藏书后，我们就拿外祖父留给我母亲的书来读。在这里，我们欣喜地发现了许多好书。这原本是不足为奇的，因为这些书是一位牧师收藏的。按照当时的风尚，牧师往往是博学之士，而外祖父又是一个有鉴赏力、有才能的人。勒苏厄尔的《教会与帝国历史》、包许埃的《世界通史讲话》、普鲁塔克的《名人传》、那尼的《威尼斯历史》、奥维德的《变形记》、拉勃吕耶的著作、封得奈尔的《宇宙万象解说》和《死人对话录》,还有莫里哀的几部著作,一齐被搬到我父亲的工作室里来了。每天当父亲工作的时候,我就读这些书给他听。对于我这个年纪的孩子来说,对书有如此非比寻常的渴望与体验,其实并不多见。

彼时,普鲁塔克是我最喜欢的作家。在反复阅读他的作品时,我得到了极大的满足,对小说的兴趣也随之开始慢慢转变。不久,我喜爱阿格西拉斯、布鲁图斯、阿里斯提德的程度便胜过喜爱欧隆达特、阿泰门和攸巴了。这些有趣的读物,以及由这些书所引起的我和父亲之间的谈话,使我的共和精神及对自由的热爱逐渐形成了,也让我养成了倔强高傲以及不肯受束缚和奴役的性格。每当这种性格无法发挥作用时,我便感到苦恼,这成为我一生中的痛苦。我满脑子里都是罗马与雅典,可以说我就是与罗马和雅典的伟人生活在一起的。加上我自己生来就是一个共和国的公民,我父亲又是一个热爱祖国的人,我便以他为榜样而热爱起祖国来。我竟自封为希腊人或罗马人。每当读到一位英雄的传记时,我就把自己想象成传记中的那个人物。那些使我深受感动的忠贞不二、威武不屈的形象,会让我双目发光、声高气壮。有一天,我在吃饭时讲起西伏拉的壮烈事迹,为了表演他的英勇行为,我直接伸出手放在火盆上,大家因此都被吓坏了。

我有一个比我大7岁的哥哥,当时他正跟着父亲学手艺。由于家里人对我过分疼爱,所以对他未免有些忽视。这样厚此薄彼,在我看来是个错误。这种漠不关心影响了对他的教育。他还不到放荡的年龄,就开始放荡起来了。后来他被送到别的师傅那里去学艺,但依然我行我素。我几乎见不到他,只能勉强说我跟他相识罢了。但我非常爱他,我相信他也像一个顽劣少年爱别人那样爱我。我依然记得有一次,就在父亲严厉教训他时,我急忙冲到他们两人中间,紧紧地搂住他,用我的身子掩护他,替他挨打。我一动也不动地保持着这种姿势,最后,父亲的怒火终于消了。这也许是因为我连哭带喊,弄得父亲心软了,也许是父亲不愿意让我受到更大的伤害。后来我的哥哥越来越堕落,最终逃离了家庭,一去无踪。过了一些时候,听说他在德国。他连一封信也没给家里寄过。从那时候起，我们就再也没有得到他的消息。这样一来，我便成为父亲唯一的儿子了。

如果说这个可怜的少年从小是被大家忽视的，他的兄弟可就完全不同了。即便是国王的儿子，恐怕也不会像我小时候那样受到无微不至的关怀和周围人的疼爱。幸运的是，我是一个一向只被人疼爱，却从来不曾被人溺爱的孩子。在我离开家庭之前，我从未被允许单独在街上和其他孩子一起乱跑，也从来没有人抑制或放任过我那稀奇古怪的脾气。有人说这古怪的脾气是天生的，其实那都是不当教育的结果。我有着我那个年纪的孩子都有的一些缺点：爱唠叨、嘴馋，有时还撒谎。我偷吃过水果、糖果和其他一些吃食，但我从来不曾损害人、毁坏东西、给别人添麻烦、虐待可怜的小动物或以此为乐。记得有一次，我趁邻居克罗特太太上教堂的时候，在她家的锅里撒了一泡尿。说真的，至今我想起这件事来还觉得十分好笑，因为那位克罗特太太虽然是个善良的女人，但她是我一生中遇见过的最爱唠叨的老太婆。这便是我幼年时所干坏事的简短而真实的历史。

当时我看到的都是善良的榜样，陪伴我的都是世上最好的人，我怎么可能变成一个残忍而邪恶的人呢？我的父亲、我的姑姑、我的乳母、我的亲戚、我的朋友、我的邻居，总之，所有跟我亲近的人，并不都是一味地顺从我。他们爱我，我也同样爱他们。我的欲望很少受到刺激和阻挠，因此我竟然觉得我根本没有什么欲望。我敢发誓，在没有受到老师的管束之前，我根本不知道什么叫作幻想。

在那段时光里，我除了在父亲身边念书写字，随乳母去散步之外，在别的时间里我总跟姑姑在一起。在她身边坐着或站着，看她绣花，听她唱歌，我心里一直都很开心。我对音乐的爱好，更确切地说，我在很久以后才发展起来的音乐爱好，百分之百是受了姑姑的影响。她会唱无数美妙的小调和歌曲，她那清细的嗓音唱起歌来十分动听。这位出色的姑娘可以让她周围所有的人都沉浸在幸福之中。她的歌声是如此吸引我，以至她所唱的一些歌曲一直都留在我的记忆里，甚至在我的记忆力已经衰退的今天，有些在我儿童时代就已经完全忘记了的歌曲，随着年龄的增长，又浮现在我的脑海中，并伴随着一种难以言说的魅力。谁会相信呢？像我这样一个饱受焦虑和苦痛折磨的老糊涂，在用颤颤巍巍的嗓音哼起这些童年最喜爱的曲调时，还会像个孩子似的大哭一场。

这就是我踏入人世间最初拥有的情感，由此，我便开始表现出一种既十分高傲又非常温柔，既优柔怯懦又不受约束的性格。这种性格一直在软弱与勇敢、犹疑与坚定之间摇摆，最后使我自身都陷于矛盾之中，使得节制与享受、欢乐与慎重等都远离了我。

一次意外的变故中断了这种教育，其结果影响了我的余生。这件事源于父亲和一个法国陆军上尉的一场纠纷。为免于坐牢，我父亲只得离开日内瓦，在异乡度过自己的余生。这样，舅舅贝纳尔便成了我的监护人。舅舅那时正在日内瓦防御工事中任职。他的大女儿去世了，但还有一个和我同岁的儿子。我们一起被送到包塞，寄宿在朗拜尔西埃牧师家里，在那里跟他学习拉丁文，附带学习一些带有教育名义的乱七八糟的科目。

在乡村生活的两年时光，在一定程度上软化了我那罗马人的严峻性格，使我返回到童年时的状态。在日内瓦，没有人督促我，我却喜欢学习，喜欢看书，那几乎是我唯一的消遣。到了包塞，功课使我对游戏产生了兴趣，使我能劳逸结合。乡村对我来说真是太新奇了，我不知厌倦地享受着它。我对它有一种非常浓厚的兴趣，而且这种兴趣一直没有减退过。此后，在所有的岁月中，只要一想起在那里度过的幸福时光，我就会对乡村生活感到无限怅惘。朗拜尔西埃先生是个通情达理的人，他对我们的教学从不马虎，但也不给我们布置过多的课业。他在这方面安排得很好，有两点可以证明，即：尽管我很不愿意受老师的管束，可是当我回忆起求学时代时，却从来没有感到厌恶；尽管我从他那里学到的东西并不多，但他所教的东西我都能够轻易地掌握，而且终生都不会忘掉。

这种淳朴的乡村生活对我而言有着诸多的益处。它使我能够敞开心扉，享受真挚的友谊。没过多久，我对表兄的感情就超过了我对亲哥哥的感情。我们俩的功课、游戏和爱好完全相同。我们也没有别的朋友，两人年龄相同，每个人都需要有个同伴。如果硬要把我们分开，那简直可以说就是毁灭我们。虽然我们很少有机会互相吐露深厚的感情，但这种感情已经发展到了无以复加的程度，以至我们住在包塞或在日内瓦的5年时间里，天天都形影不离。事实上，我们时常会打架，但是从不需要别人来劝解。我们之间的任何一次争吵从来都没有超过一刻钟，而且在现实生活中，我们也从未告发过彼此。

包塞的生活方式其实十分适合我，只要持续稍长的时间，我的性格就可以彻底定型。温柔、亲切、平和的感情构成了这种生活方式的基调。我相信，世界上没有一个人生来就比我的虚荣心更少。虽然有时候一冲动，我的心情会变得特别激昂，但我立刻又会陷入原有的颓唐。那时，让一切认识我的人都爱我，是我最强烈的愿望。那时的我性情温柔，我的表兄也一样，连所有管教我们的人也都很温柔。凡此种种，都在培养我心中天然的倾向。而且在这段时间里，我也没有成为任何暴躁情绪的牺牲品或目睹者。

看到大家对我都很满意，我感到无比开心。每当想起我们在教堂里进行教理问答时，没有什么能比朗拜尔西埃小姐[1]脸上那种痛苦不安的表情，让我更心烦意乱了。在众人面前答不上问题，我固然会感到羞愧和难受，但朗拜尔西埃小姐的这种表情则是唯一让我感到更加难受的事。虽然我对表扬没有什么感觉，但对羞耻总是非常敏感。在这里可以说，我怕朗拜尔西埃小姐责备我远不如怕惹她难过那样厉害。

她和她的哥哥一样，都不失理性的严厉，但从不会不正当地使用它。事实上，跟我自己受责罚比起来，使别人不愉快会更让我感到难受。如果人们能够认识到这种不加区别、经常轻率使用的对待年轻人的方法所产生的长远的不良影响，他们一定会改变这种做法。其实我不想再做进一步的解释，但我要讲的例子让我无法不去言说。

朗拜尔西埃小姐对我们不但怀有母亲般的慈爱，而且拥有母亲般的权威。因此，遇到我们应该受罚的时候，她有时也采用惩罚子女的办法。在一段相当

---

[1] 朗拜尔西埃小姐，是朗拜尔西埃牧师的妹妹。——译者注

长的时间里,她只是以惩罚来吓唬我们。我以前从没遇到过这种惩罚方式,所以她这样做让我觉得十分可怕。但后来我才发现,现实并没有想象的那么可怕。更加奇怪的是,这种惩罚使我更加热爱朗拜尔西埃小姐。我发现在受罚的痛楚乃至耻辱之中,竟然还搀杂着另外一种快感,使我不但不怎么害怕,反倒希望再尝几回她那双纤手的责打。这里无疑有点早熟的情欲在作祟。我确信,如果同样的惩罚来自她哥哥,将产生完全相反的效果。不过,以她哥哥的脾气,他是不会这么做的。我之所以约束自己,免受惩罚,唯一的原因是怕惹朗拜尔西埃小姐生气。

我不怕重犯却又避而远之的错误再次发生了,但这不怨我,也就是说,我并不是有意要犯的,而且可以说,我是心安理得地利用了这个机会。不过,这第二次也是最后一次了,因为朗拜尔西埃小姐说,这种办法太累人了,她不会再用这种办法了。她一定也从某种迹象中看出这种惩罚达不到目的。在这以前,我们俩都睡在她的房间里,冬天有几次甚至还睡在她的床上。过了两天,她便把我们安置到另一个房间里去睡。从那一刻起,我便有了被她视为大男孩的荣誉,但我一点也不想要这种荣誉。

谁能想到由一个30岁的年轻女人的手在一个8岁男孩身上施行的体罚,竟能违反自然常态而决定了我以后一生的趣味、欲望和癖好,乃至影响了我整个人呢?在我的感官被激起的同时,我的欲望也发生了变化,它使我只局限于以往的感受,不再想寻求其他事物。尽管我的血液里几乎生来就燃烧着肉欲的烈火,但在最冷静、最成熟的素质都发展起来之前,我始终守身如玉,保持着纯洁。在很长一段时间里,不知为什么我经常用贪婪的目光注视着漂亮的女人。她们的魅力不断激发起我的回忆,在这样的想象中,她们便化成了无数个朗拜尔西埃小姐。

假如真的有质朴而纯洁的教育,那么我所受的就是这样的教育。我的三位姑姑都是贤德的典范,而且她们身上的那种庄重典雅也是当时一般女人所没有的。我父亲倒是个喜欢玩乐的人,但他的情趣是旧式的。在我们家里,尤其在我面前,大人们十分注意对孩子表示应有的尊重。这种情形我在其他地方都没有见过。我觉得朗拜尔西埃先生也同样很注意这个问题。在成年以前，我对两性的结合问题没有清晰的概念，即使是一些模糊的概念，也总是以一种丑恶而可厌的形象出现在我的脑海。这种由教育得来的先入为主的观念，本身就能够推迟我那种易于燃起欲火的天生气质的最初迸发。尽管我被沸腾起来的血液充斥，可是由于我的想象只限于我过去的感受，所以我只知道把我的欲望寄托在这种已知的快感上，从未想到那种使我憎恶的快乐。就这样，我竟以十分热情和异常早熟的气质度过了青春期，除了朗拜尔西埃小姐无意中使我认识到的一些肉体上的快感之外，我从来不曾想过，也不曾有过任何感官之乐。甚至在我成人以后仍然如此，依然是原来可以把我毁掉的事物保全了我。我旧有的童年嗜好不但没有消失，反而和后来的那种嗜好联系在一起，使我怎么也不能把它从感官所燃起的欲望里分离出来。正因为如此，我才不致堕落。

有一天，我正在厨房隔壁的一间屋子里独自念书。女仆把朗拜尔西埃小姐的几把拢梳放在砂石板上烘干。朗拜尔西埃小姐来取的时候，发现一把拢梳有一边的齿都断了。这是谁弄坏的呢？除了我以外，没有人来过这里。他们追问我，我否认动过那把拢梳。朗拜尔西埃先生和朗拜尔西埃小姐一起来训诫我，逼问我，甚至还恫吓我，但我始终坚决否认。他们给我舅舅贝纳尔写信。舅舅来了。我那可怜的表兄也被加上另一种同样严重的罪名，我们两个人要受到同样的判定。舅舅对我们施以了非常严厉的惩罚。他们没能从我口中得到想要的口供。后来，他们又逼问了好几次，弄得我狼狈不堪，但我毫不动摇。

你们可以想象一下，一个在平常生活里性情腼腆温顺的儿童，在激情发作的时候却是那样激烈、高傲而不可驯服。他一向听从理智的支配，日常所受到的都是温柔、公正和亲切的照顾。在他心里连不公正这个概念都没有，可是现在他恰恰受到了他最爱和最尊敬的人所施加的第一次不公正的对待。当时，他的思想该是多么混乱！他的感情该是多么复杂！在他的心里，在他的脑海中，在这个小小生灵的精神和理智中会产生多么翻天覆地的变化啊！当我写下这件事的时候，我仍能感到脉搏在怦怦跳动。即使我活到一千岁，这些情景也一定会清晰地留在我的记忆中。有生以来第一次被不公正和暴力对待的感受，深深地铭刻在我的心里,以致后来每一种与之相关的事情都会重新唤醒我当时的感受。这种感受一开始是由自身引起的,后来转变成一种固定的性格,并且完全摆脱了个人的利害关系。无论不公正行为的受害者是谁,无论它发生在什么地方,只要我看见或听到,便会感同身受,愤怒异常。

这件事意味着平和的童年生活的结束。从那时起,我便无法享受纯粹的童年快乐了。回望当时的童年欢乐,我仍然觉得它们在这里就戛然而止了。这件事情过后,我们继续在包塞住了几个月。在这期间,我们就好像人们所描述的亚当的情况那样,虽然还在这个乐园,但已不再能享受其中之乐。虽然表面的环境没有什么变化,但是实际生活完全不同了。学生对他们的教导者再也没有那种热爱、尊敬、亲密和信赖的感觉了,我们不再把他们看作洞悉我们内心秘密的神灵了!我们做了坏事也不再像从前那样感到羞愧,而是比以前更加害怕被告发。我们开始隐瞒、反驳、说谎。田园生活在我们眼中也失去了那种令人感到惬意的宁静和淳朴,好像变得荒凉阴郁了。我们不再照顾我们的小花园,不再轻轻地掀开地上的泥土,不再为我们撒下的种子发芽而欢呼了。我们讨厌这种生活,人家也讨厌我们。最后,舅舅便写信让我们回去。我们便离开了朗拜尔西埃先生和朗拜尔西埃小姐。分离的时候,彼此间并无任何惜别之情。

回到日内瓦以后,我在舅舅家里又住了两三年,等待我敬重的人为我安排前途。舅舅希望自己的儿子当工程师,他教给表兄一点制图学,并给他讲欧几里得的《几何学原理》。我陪着他一起学,并且对这些课程产生了兴趣,特别是对制图学。这时大家却商量着让我做钟表匠、律师或牧师。我很喜欢做牧师,我觉得传道说教很有意思。可是我母亲遗产每年的那点收入由哥哥和我平分之后,就不够供我继续读书了。既然以我当时的年龄还不用急于选择职业,我就只好暂时留在舅舅家里虚度光阴,同时还得支付一笔虽然公平合理、但是数目实在可观的膳宿费。

对我和我的表兄而言,我用"闲散"来定义我们的那段时光可能是错误的。因为,终其一生,我们再没有比那时更清闲的时光了。幸运的是,我们有极为有趣的各种游戏让我们在家里忙个不停,甚至我们都不想出门去玩耍。我承认这些琐事没有什么意思。不过,这些琐事证明,最初的教育需要很好的指导,这样才能使我们这些在幼小的年龄就几乎自己管束自己的孩子很少滥用这种放任。我们不太需要结交同伴,甚至有这种机会,我们也不重视。我们一起散步时经常看到其他孩子在玩耍,但是我们并不羡慕,也不打算加入他们。我们两人之间的友情让我们感到心满意足。只要我们两人能在一起,即使是最单调的娱乐,也会让我们感到十分开心。

由于我们两人形影不离,所以人们很快就注意到我们了。我的表兄长得很高,而我却很矮,这样一对组合的确十分可笑。他的小脸儿像个皱苹果,神情柔弱、步伐无力,招得孩子们嘲笑。人家用当地的土语给他起了一个绰号,叫他"笨驴"。只要我们一出门,周围就会响起一片"笨驴、笨驴"的喊声。他并不在意这种嘲笑。我十分恼火,想跟他们打架。这正是那些小流氓求之不得的。我跟他们打了起来,结果挨了打。我那可怜的表兄尽力帮助我,可惜他弱不禁风,被人家一拳打倒在地。我简直要气疯了。虽然我脑袋上、肩膀上挨的那几拳也不轻,但他们要打的并不是我,而是"笨驴"。后来,为躲开那群男孩的欺侮,只有在他们上学时,我们才会到街上去玩耍。

现在我已经成了一名打抱不平的骑士了。为了做一个像样的骑士,我还需要有一位情人,而我就有过两位。我时常到尼翁镇去看我父亲。尼翁镇是伏沃州的一个小镇,我父亲定居在那里。我父亲的人缘很好,连他的儿子也跟着沾光。虽然我在他那里住的日子不多,但是看在他的面子上,所有人对我都很亲切。有一位菲尔松太太更是对我疼爱有加,这还不算,她女儿还把我看作她的情人。一个11岁的男孩给一个22岁的姑娘做情人,人们当然会明白这是怎么一回事。这种非常机灵的姑娘都很乐意把小洋娃娃摆在前面,以便把大洋娃娃掩蔽起来。她们很会利用手腕,造成一种令人着迷的假象,以此来诱惑那些大洋娃娃。我看不出她和我有什么不相称的地方,因此我对这件事十分上心。我把我的整个心,或者更确切地说,我把全部的心思都用在这上面了。虽然我爱她已到发狂的程度,虽然这种狂热、兴奋、激昂让我做出了许多令人捧腹的趣事，但我也只是在我的小脑袋瓜里爱她而已。就在这个时期，我还跟戈登小姐有过几次时间不长却热烈的幽会。幽会时，她好像老师对待学生一样对待我。全部经过完全是儿童式的。虽然不过如此，但实际上我觉得这就是一切，就是无上的幸福了。

我对这两位女士的感情都是全心全意的。当我跟其中一位在一起的时候，心里从来不会想到另外一位。而且，她们对我而言并没有什么相似性。我就是跟德·菲尔松小姐过一辈子，也不会想到要离开她。当我接近她的时候，我的心情是平静的，绝不会为感情所激动。我爱她，特别是在跟许多人一起谈笑的时候，打趣取笑，打情骂俏，甚至争风吃醋，都使我感到心花怒放。看到那些年龄大的情敌受到冷遇，而她只垂青我时，我便得意扬扬地自豪起来。我也曾被逗得愁肠百转，但是我喜欢承受这种苦痛。人们的赞美、鼓励和欢笑又使我心头发暖，勇气倍增。我既会发脾气，又会说机灵话。在交际场里，我爱她爱到发狂。如果单独和她相处，那么我反而会局促不安，心情低落，甚至有些厌烦的情绪。不过，我是那样关心她。当她生病的时候，我非常苦恼，宁愿牺牲自己的身体让她恢复健康。一旦离开她，我就想念她，觉得非有她不可。在和她相会的时候，她的爱抚使我感到甜蜜的是心灵而不是肉体。我跟她在一起有一种泰然的感觉。除了她所给的一切，我并不想得到更多的东西。不过，我要是看见她对别人也这样，就会感到难以容忍。我对她是爱如兄妹，妒如情郎。

我跟戈登小姐的幽会没有维持多久。这对我们俩来说都算天大的幸事了。而我跟德·菲尔松小姐的交往则没有发生同样的危险，不过，经过一段时间之后，也同样以悲剧收场。

作为学徒的我

由此，在我的前途还未确定之前，我少年时代的大好光阴便在这些无聊的琐事中被消磨掉了。人们经过再三考虑，根据我的天性，终于为我选择了一个我最不喜欢的职业。他们把我送到本城法院书记官马斯隆那里，叫我在他手下学习"承揽诉讼人"的行道。依照贝纳尔先生的说法，那是有用的职业。我对"承揽诉讼人"这个雅号讨厌透了。我人格高尚，绝不想用卑鄙的手段去发财。天天干这行真是枯燥无味，令人难以忍受，加上工作时间又长，还得像奴才一样听人使唤，我心里就更不高兴了。每次走进事务所大门的时候，我总是怀着憎恶的心情，这种心情日甚一日。至于马斯隆先生，他对我很不满意，经常骂我懒惰和蠢笨。每天他都喋喋不休地说："你舅舅硬说你会这个，会那个，其实你什么也不会。他答应给我送来一个能干的小伙子，哪知道送来的却是一头驴。"最终，我被冠以"无能"的名号，很不光彩地离开了那家事务所。照马斯隆先生的那些办事员们的说法，我只适合操弄钟表匠的锉刀。

于是我只好去当学徒了。不过，他们叫我去投靠的不是一位钟表制造匠，而是一个零件镂刻师。我并不讨厌手艺本身。我非常喜欢打图样的艺术，觉得挥动刻刀也很有趣味。同时，在钟表制造业这一行里，镂刻零件不需要多么高超的技术，所以我希望在这方面能有卓越的成就。假如不是由于师傅的蛮横无礼，不是由于我所受的种种束缚而导致我对这种工作感到厌烦，那么，我也许会达到这个目的。师傅的暴虐专横，让我对原本喜爱的工作感到苦不堪言。我还染上了自己痛恨的一些恶习，比如撒谎、偷窃等。

虽然我染上了学徒的种种恶习，但是，我对这些恶习未能产生丝毫兴趣。我渐渐开始讨厌伙伴们的那些娱乐。重重束缚让我对工作感到十分乏味，最终我厌倦了一切。在这种心态下，我把久已放弃的读书爱好重新捡了回来。我利用工作时间偷着看书，因此造成一种新的罪过，也带来一些新的惩罚。不过，我的读书爱好越受到限制，我读书的兴致就越高。有一个有名的女租书商，名字叫拉·特里布，她向我提供了各种各样的书籍。不论好书坏书，我都同样贪婪地阅读。我在干活的案子上读书，在出去办事的时候读书，在厕所里读书。我经常一连几个小时沉醉在书籍里。我读得头晕脑胀，别的事儿什么也干不下去。我师傅窥探我，捉住我，打我，抢走我的书。有多少本书被撕毁，被焚烧，被扔到窗户外边去啊！拉·特里布的书店里有多少部残缺不全的文集啊！我没钱付的时候，就把自己的衬衫、领带、衣服给了那位租书商。每星期日我一定会把师傅付给我的三个苏的零花钱交给她。

不到一年工夫，我就把拉·特里布小书铺里的书全部读光了。之后，每当闲暇无事的时候，我就感到十分烦闷。在这种情况下，我那不安分的想象把我从自己的手里救了出来，平息了我那日益旺盛的欲火。经过是这样的：我以沉思默想书中曾使我感兴趣的情节来自娱自乐。我追忆那些情节，改变它们，将它们综合起来。我要变成我所想象的人物之一，并使我设想的那些空中楼阁恰恰适合我的身份。我总是把自己放在我感到最称心如意的地位。最后，我完全处在我所幻想的世界中，甚至把极端不满的现实环境都忘掉了。由于我喜欢虚幻世界中的事物，又容易到那里去神游，所以我开始讨厌周围的一切，养成了孤独的性格。从此以后，我始终是一个爱好孤独的人。乍看起来，这种性格是极端厌世、十分阴郁的，实际上，它产生自一颗充满热情、善良、温和、亲切的心。而这颗心由于找不到跟它相通的心，就不得不耽于幻想了。这种癖好改变了我所有的欲念，而且它本身包含着欲念，使得我热衷于梦幻而疏于行动。

就这样，我长到了16岁。那时候的我心神不安，对自己和周围的一切都感到不满，对自己的工作也毫无兴趣。我没有16岁少年应有的欢乐，心中充满了漫无目的的欲念。我常常毫无原因地潸然泪下，无缘无故地喟然长叹。总之，由于看不到自己周围有什么值得留恋的东西，我只好寄情于玄思遐想。每到周日的时候，我的伙伴们在做过礼拜后，就找我跟他们一同出去玩。在没去之前，如果有可能逃走的话，我是宁愿逃离他们的。不过，一旦参加了他们的娱乐，我就会比谁都兴奋，比谁都跑得远。要激起我的兴趣是很困难的，叫我停下来也不容易，我的脾气永远都是这样。当我们到郊外散步的时候，我总是跑在最前面。除非别人提醒我，否则我会忘记回城的时间。有两回我不得不在城外过夜，因为在我回城以前，城门已经关上了。第二天我受到了怎样的处分，你们可以想象。师傅第二次警告我说，如果下次再犯，一定严惩不贷，因此我下决心不再冒险了。可是，这个万分可怕的第三次仍然落到了我的头上。米努托里队长是一个该死的家伙，当他看守城门的时候，总比别人提前半个钟头关上城门。那天，我跟两个伙伴一起回城。离城还有半里远，我就听见准备关城的号声响了。我拼命往前跑,跑得大汗淋漓,连气都喘不上来。我听见鼓声咚咚地响了起来。我的心怦怦直跳。我远远看见那些士兵还在站岗。我赶紧跑上前去,上气不接下气地呼喊。可是已经迟了,在离城门还差二十步的地方,我看见一号桥已经吊了起来。

于是我万分悲痛地倒在斜堤上,嘴啃着地。伙伴们对我的不幸只是觉得可笑,他们马上决定应该怎样做,但我的决定与他们的不同。躺在那里,我发誓,从今以后再也不回师傅那里了。第二天早上,当我的伙伴们进城时,我便与他们永远道别了。

附录二　卢梭的公共教育思想
——《论波兰的治国之道及波兰政府的改革方略》节选

译者按：《论波兰的治国之道及波兰政府的改革方略》是卢梭应波兰伯爵韦洛尔斯基的请求而写的。在这本书中，卢梭为波兰政治改革提出了一系列建议，包括在教育方面应该采取的措施。18世纪时，人们还不怎么关注公共教育。即便在《爱弥儿》一书中，卢梭论述的也是私人教师对儿童个体进行的教育。在此，我们从《论波兰的治国之道及波兰政府的改革方略》中节选出与公共教育相关的两章，以便更全面地展现卢梭对教育的思考。

第三章　应用

波兰是一个大国，却被一些更大的国家包围。由于专制统治以及军队训练有素，这些国家都有很强的侵略能力。尽管波兰人很勇猛，但国内的混乱削弱了波兰的实力，使得波兰遭受来自这些国家的各种侵略。波兰也没有什么可以用来阻止外敌入侵的要塞据点。人口的减少使得波兰几乎丧失自卫能力。波兰经济无序，没有或者只有人数极少的军队，士兵缺乏军事训练，军队纪律涣散，国家的内部长期分裂，而外部总是受到威胁。这样的波兰自身极不稳定，深受邻国反复无常的影响。从目前的事态来看，我认为只有一种方法可以让波兰获得稳定，那就是为整个民族注入同盟的精神，在波兰人的心中建立牢固的共和国意识，这样即便受到侵犯，波兰也将仍然存在于波兰人的心中。在我看来，波兰人的爱国心是唯一不会被侵犯和捣毁的庇护所。永远不要忘记以前的事例——波兰曾受到俄国的奴役，但是波兰人依然保持独立。这是一个伟大的事例，告诉你该怎么抵御邻国的实力和野心。也许你不能阻止他们吞并你，但至少他们不能把你全然同化。不管怎么努力，在波兰有能力抵抗入侵的敌人之前，波兰也许已经被他们打倒上百次了。民众的品德、爱国热情、国家制度是塑造国民灵魂的独特方式，这是唯一可以时刻保卫波兰的堡垒，没有什么敌人可以打破它。

正是国家制度塑造了国民的才干、性格、志趣以及行为方式，让国民具有国民性，激起国民强烈的爱国情怀。这种情怀根植于不可磨灭的习性之中，让那些生活于异国他乡的国民会因思乡心衰而死，即使他们身边有那么多在祖国无法享有的乐趣。还记得那个在宏伟宫殿中纵情享乐的斯巴达人吗？他因为思念故乡的黑色汤汁而受到责备。"啊！"他叹息一声，对总督说，"我知道你的乐趣，你却不知道我们的乐趣。"

今天，所有人都说已经没有什么法国人、德国人、西班牙人甚至英国人了，有的只是欧洲人。所有人都有同样的志趣、同样的激情、同样的行为方式，因为没有人被特定的制度按照某一国的特点来塑造过。所有人都处于同样的环境中，做着完全一样的事情，自称无私，却不诚实。所有人都高谈公共福利，同时又只想着自身的利益。所有人都赞扬节制，同时又渴望像科瑟斯一样变得富有。他们一心想要过奢华的生活，他们确信金钱将实现所有的心愿，他们迫切地要把自己出卖给第一个竞价者。他们又怎么会关心遵从哪位主人、生活于哪个国家的法律之下呢？只要有钱可偷，有女人可供享乐，那么，他们在任何一个国家都会感到乐不思蜀。

朝另一个方向引导波兰人的情感，这样你将赋予他们的灵魂一个国家的面貌，把他们与其他人分别开来，让他们不会与别的民族混为一体，让他们与别的民族在一起时感到艰难，不会与他们结盟。你将带给他们活力，以取代那苍白无用的训令，让他们有兴趣和激情去做那些仅靠责任和利益不能做好的事情。他们将不会违背这些法律，因为这些法律适合他们，也是他们发自内心地赞同的。他们热爱自己的祖国，要全心全意地为祖国服务。只要有了这种爱国心，即使不好的法律也能造就良好的国民，而良好的国民本身才能使这个国家变得强盛和繁荣。

附录二　卢梭的公共教育思想——《论波兰的治国之道及波兰政府的改革方略》节选

接下来我将解释，在不需要对你们的法律做根本改变的情况下，管理制度就可以把爱国主义及相关的美德，提升到可以企及的高度，至少我是这么认为的。但不管你是否采用这种管理制度，无论如何首先要让波兰人对自己和祖国有伟大的观念：从他们现在表现出来的品质来看，这个观点无疑是正确的。必须利用当前的形势[1]，把国民素质提升到先人曾有的水平。可以确定的是，巴尔联盟[2]把祖国从灭亡中拯救了过来。伟大而神圣的时刻必须铭刻于波兰人的心中。我期望看到在波兰人的记忆中竖起一座纪念碑，将所有同盟者的名字铭刻在上面，甚至包括那些后来背叛了共同事业的同盟者。为他们在祖国受到敌人的统治时与祖国同舟共济，给那些高尚的国民以赞美——恰当而不浮夸的赞美。甚至要让他们的家庭享有光荣的特权，这样在公众面前就会持续唤起伟大的记忆。我并不认为因此就要在庄重的场合漫骂俄国人。人们甚至不愿谈论到他们，因为那样反倒给侵略者太多荣耀。对他们野蛮行径的记忆，对那些反对他们的人的赞美，将说明有关他们的一切：你一定是太鄙视他们了，以至不屑于憎恨他们。

……

第四章　教育

这是一个重要的话题。正是教育把一个国家的形式赋予人们的心灵，并进而形成他们的观念和志趣，让他们因性格、情感和需要而成为爱国者。一个婴儿首次睁开眼睛时看到的便应该是自己的祖国，直至他去世时所看的也应该是自己的祖国。每一个真正的共和主义者都应该醉心于爱国，热爱她的法律和自由，就像热爱母亲的乳汁一样。这种爱就是他存在的意义。他的眼睛看到的只有祖国，他活着只为了自己的国家。当他没有祖国的时候，他便不复存在。即使他还活着，那也是生不如死。

---

[1] 指 1770 年 9 月 10 日，巴尔联盟的成员用武力夺回了一座被俄军占领的城堡。——译者注
[2] 指 1768 年 2 月反对俄国干涉的波兰贵族在巴尔组成的联盟。——译者注

接受国家教育是每个自由人的权利，因为他们是乐于在集体中生活并遵守法律的人。一个法国人、一个英国人、一个西班牙人、一个意大利人和一个俄国人事实上是同一个人。在20岁时，一个波兰人应该成为波兰人，而不是别的什么人。我希望当他学会阅读时，他读的是关于自己国家的书。10岁的时候，他应该熟悉国家的物产。12岁的时候，他应该熟悉国家的省份、道路和城镇。15岁的时候，他应该知道祖国的完整历史。16岁的时候，他应该知道祖国的所有法律。没有他不曾记住和不能马上解释清楚的波兰的大事件和著名人物。从这些期望中你可以看出，我希望孩子学习的并不是那些由外国人和牧师教授的一般课程。法律应该规范学习的先后顺序和形式。教师应该都是波兰人，而且可能的话都应该是已婚的波兰人。他们道德高尚、为人正直、理性且富有学识。在教师这个岗位上有一定年限的出色表现后，他们会被指派到不那么辛苦而待遇更好的岗位上，尽管这些职位不可能比教育更重要和更值得尊敬。最重要的是，要谨防把教育变成一种专门的职业。在波兰，没有公职人员可以拥有除了公民以外的一切终身头衔。他所承担的职务，以及那些与此同样重要的职务，都应该被认为是对德才的考验，被看作荣誉进步阶梯上的一级级台阶。我告诫波兰人要注意这个准则，我坚信这就是使国家强大的关键所在。接下来我们将看到这个准则是放之四海而皆准的。

我并不喜欢有学校和学院之分，这样会导致富人和穷人分开接受不同的教育。国家宪法规定，所有人都是平等的，他们就应当接受同样的教育。即使不能建立完全免费的公立教育体系，至少也应该保证穷人付得起学费。难道不能在每所学校设置一定的免费生名额吗？（这是由国家出资的，在法国被称为奖学金。）可以将这些奖学金提供给那些有功于国家的穷绅士的孩子。不要把它当作慈善，而应当作对孩子父亲的美德的奖励。这样奖学金就会变成一种荣耀，可能会因此产生双重的好处。为此，名额的确定不应该是武断的，而应该通过选举，我后面会加以阐述。那些被选出接受奖学金的学生应该被称为国家的孩子，并且给予他们某些区别性的荣誉标志，这样他们就会比同龄人有优先权，甚至包括那些富商的孩子。

附录二　卢梭的公共教育思想——《论波兰的治国之道及波兰政府的改革方略》节选

每一所学校都应该为孩子建立体育馆或者其他锻炼身体的场所。人们经常忽略体育锻炼，但在我看来这才是教育中最重要的部分。这不仅仅是着眼于培养强壮和健康的身体，更重要的是道德的培养。道德教育通常要么被忽视，要么就是通过许多无用的学究的训导来完成的，这些训导简直就是浪费口舌。我总是不厌其烦地宣称，好的教育应该是消极教育。如果你想防止恶习的养成，那么你就要为培养美德做所必需的一切。在良好的公立教育体系中，防止恶习养成的方法很简单，就是让孩子时刻保持有事可做。当然这不是通过那些他们不理解的学习，或者他们被强迫静坐而心生厌烦的无聊学习来获得，而是通过锻炼或其他方式给他们带来快乐，以满足他们身体发育的需要。

不应该允许儿童按自己的喜好独自玩耍，应该让他们在一起玩耍。这样他们就会一直追求共同的目标。为了实现这个目标他们会相互竞争和模仿。那些倾向于在家里教育孩子、在自己的眼皮底下培养孩子的家长，依然需要把孩子送去参加这些集体活动。对孩子的教育可以来自家庭，但是孩子的活动应该永远是集体性的。这不仅仅是让他们有事情可做，或者锻炼他们的身体，让他们变得敏捷和肌肉强健，更重要的是尽早让他们习惯于遵规守纪、平等待人、养成互助和竞争的品性，习惯于在公众面前生活并去寻求公众的认可。这样，胜利者得到的奖励就不会由教练或者学校领导来武断地决定，而是由观众的欢呼和评判来决定。可以说这样的评判总是很公正的，如果能让比赛对公众有吸引力，如果能为公众提供一些可参与的仪式，那么我们就可以断定爱人之人和爱国之人都愿意参与其中。

在伯尔尼，那些要从学校毕业的青年爱国者都会接受一种极为特殊的训练，叫作模拟国家，也就是去模拟所有共和国的政治生活——参议院、主要地方法官、文员、法警、律师、诉讼、宣判和仪式，甚至有模拟政府以及一定的收入。这种得到最高政府机构授权的制度，是为了培养未来的政治家。有一天他们会在同样的职位上处理公共事务，而他们的经验便来自游戏中的锻炼。

不管公共教育采取什么样的形式（我在这里不讨论具体的形式了），我都认为应成立一个培养最高行政官的行政学院。该机构拥有最高的管理权力，不仅能够独立任命、免除、更换校长和学校领导（如我所说，他们也可以成为更高行政官的候选人），而且能决定体育教师的任用——根据体育教师的表现来决定是否提拔他们，以此激起他们的工作热情和勤勉。共和国的希望、民族的荣誉和命运全部系于这些制度之上，因此，老实说，我认为这些制度非常重要。可是我惊讶地发现，从没有一个国家设立这样的机构，也没有赋予它们重要性。我为人类感到痛心的是，有很多我认为又好又可行的观念，并没有落实到实践中去。

　　然而，我在这里只是给出一般的建议，这样做已经足够了。这些没有展开论述的观念将为我们指出一条道路——现代人并不熟悉这条道路，但是古人就是沿着这条道路来激励人们心灵的活力、爱国的热情、对个人价值和良好品性的尊重。我们没有继承古人的这些品质，但这些品质就像酵母一样存在人们的心里。只要有合适的制度加以激发，它们就会发酵。而由于我们腐化的准则、陈旧的制度、自我主义人生观的扼杀，这种酵母只能一直潜藏在人们的心底。如果以古人的这种精神来引导波兰的风俗习惯和行为方式，就会激活藏在他们心里的酵母。这个国家将从严重的危机中迎来她的再生，在危机中开始看到是什么使她的人民变成现在这个样子。他们将从均衡的制度中期许和获得更多。他们将遵守和拥护法律，因为法律赞扬他们高尚的自尊心，让他们获得幸福和自由。把他们心里那些回避法律的情愫驱除掉，他们将会珍惜让他们变得受人欢迎的法律。最终，通过自我革新，波兰将在新的时代恢复一个民族重生的活力。但是，要是没有这些制度措施作为保障，就不要期望法律能带来什么。不管法律被制定得多么明智，多么有远见，它都可能会因为被回避而变得毫无用处。你看似纠正了伤害你的弊端，实则会带来更多不曾预见的其他弊端。

附录三　卢梭的家庭教育思想
——《新爱洛伊丝》节选

译者按：《新爱洛伊丝》是一部书信体小说，由小说主要人物之间的一系列书信来往构成。这封长信是朱莉（即德·伏尔玛尔夫人）的旧情人圣·普栾写给米罗德·爱德华的。信中主要记叙了"我"（圣·普栾）和伏尔玛尔夫妇关于儿童教育思想的讨论。作为一本差不多和《爱弥儿》同时期出版的著作，该书中的大部分教育思想在《爱弥儿》这本教育巨著中都有体现，细心的读者不难看出这一点。下文节选自《新爱洛伊丝》第五卷中的第三封信。

后面几天家里一直有客人，直到昨天他们才离开。我们三人继续我们之间无所不谈的美好相处。我努力改变自己，以便不辜负你对我的信任，在这个过程中我体会到了莫大的快乐。朱莉并没有对我表现出太大的敬意，她丈夫也没有从内心里为我感到骄傲，最后还是我勇敢地向他们说出了我的想法。正是在你的督促下，我才克服了以前的缺点，达到了现在的状态。如果说竭尽全力的爱让心灵变得憔悴，那么，对爱的克制将给予这颗心灵以新的提升，并且让所有美好的事物焕发出更强大的吸引力。想想会有人愿意失去那种以牺牲挚爱之物而换来的果实吗？没有人会愿意的。米罗德，我知道有你这个榜样，我的心将会受益于它所克服的一切炙热情感。我知道，只有像过去那样，我才能成为自己想成为的人。

在浪费了6天时间去和无关紧要的人做无聊的讨论后，今天早上我们像英国人似的安静地聚在一起，享受这份快乐和沉思带来的巨大乐趣。有几个人能体会这种愉快的状态呢！在法国我没有发现谁对这种状态有半点认识。他们说朋友之间的谈话永远也不会变得无聊。是的，口舌最擅长用轻巧的胡言乱语来装饰普通的关心。但是，友谊，米罗德，是友谊！多么强有力且神圣的情感，有什么词语配得上它呢？口舌又怎敢担当那贫苦的传译者呢？有谁对朋友说的话抵得上他对朋友的情感呢？哦，一双紧握的手、充满深情地看一眼、一个紧紧的拥抱、一个惊叹，就有多少感情得以传达，而口舌说出的第一句话就显得冰冷无比！与柏桑松在一起的最后几晚，因友谊而显得弥足珍贵。哦，柏桑松！伟大的灵魂，崇高的朋友！不，我并不是要贬低你为我所做的一切，我并没有对你说一个这样的字。

当然，这样的沉静总让人体会到智慧者的巨大魅力。但是，我发现外人在场让人难以享受这种沉静。如果没有外人在场的话，那么，朋友之间要想保持沉默，就可以不说话。他们需要的是聚在一起，心心交融，他们之间哪怕最微小的分心也是令人失望的，最轻微的限制也是让人难以忍受的。如果心灵能让口舌不多做任何思考就能把要说的话表达出来，那该是多么的甜美。似乎是这样：当一个人可以把自己想的说出来时，他才能自由地思考。只要有陌生人在，就会压抑情感和心灵。没有陌生人在，心灵便可以畅快地交往。

早餐后，孩子们像往常一样来到他们母亲的房间，但母亲并没有像往常一样把孩子们带去内室，而是让他们和我们待在一起，这样我们一直待到晚餐前。刚刚学会拿针的昂利爱特坐在正在做花边的方勋前面。她的座垫就放在儿童椅的靠背上。两个小男孩正在翻看一本画册，哥哥给弟弟讲书里的内容。昂利爱特记得书里的内容，她留意着，要是听到讲错了就会纠正他。她装作不知道他们正在看哪一幅画，站起来在她的椅子和男孩子们看书的桌子之间来回走动。在这些不经意的没有丝毫压制的教学过程中，弟弟偷偷数着藏在书本下面的小木条。

德·伏尔玛尔夫人坐在孩子们对面的窗户边做刺绣。我和她丈夫则坐在茶桌边看报纸。她对报纸内容并不感兴趣，但是当我们谈到法国国王的病情以及臣民对他的关爱（只有罗马人对日耳曼尼古斯的关爱才能与之匹敌）时，她马上对这个民族温和、仁爱的良好天性加以赞赏，说尽管别的民族怨恨它，但它未曾怨恨谁。她还说唯一让自己嫉妒的是上流社会的人总能赢得人民的爱戴。"无须嫉妒,我们早就是您的臣民了。"她丈夫用本适合我使用的口吻说道。听到丈夫这样说,她放下手上的活,转过头来含情脉脉地看了他一眼,她的眼神是如此的温柔,连我都为之触动。她什么也没说,是啊,有什么语言能够比得上这深情的一瞥呢?我们也相互看了一下,她丈夫紧紧地抓住我的手,我们三个人都沉浸在同一种感情之中。她那高贵灵魂散发出的甜美氛围弥漫在周围,驱散了所有的冷漠和无情。

我开头提到的沉静就是在这样的氛围中开始的。你当然知道这并不是由谁的冷漠无聊所致。只有孩子们的嬉闹才会打破这种安静。在我们不说话的时候,孩子们叽叽喳喳的声音也变小了,好像是怕打扰大家沉思的气氛。那位小老师最先降低了她的声音,她还向其他孩子示意用脚尖走路。由于这样的限制,他们的游戏变得更加有趣了。这样的场面有其自然的效力,像是被刻意呈现在我们面前,以延长我们内心的情感。

虽无语,但灵魂在发声。有多少事情无须开口就已表达!有多少炙热的情感无须冰冷的言语就已传达!不经意间朱莉就沉浸在这种强烈的情感体验之中。她的目光停留在她的三个孩子身上。她的心灵欣喜沉醉,她迷人的脸庞光彩熠熠,母性的温柔写满脸颊。

我们也被这样的景象吸引。在我和伏尔玛尔陷入沉思的时候,引起这种沉思的孩子们却让它突然结束了。哥哥发现玩小木条的弟弟无心听他讲述,便趁弟弟把小木条搭起来的时候打了一下他的手,弄得满屋都是小木条。玛塞林哭了起来,德·伏尔玛尔夫人并没有急着让他停止哭泣,而是让方勋把小木条收了起来。孩子立刻安静下来。尽管小木条被收起来了,但那孩子并未像我想象的那样再次哭起来。这场景虽然没有什么特别的,但让我想起了一些我不曾注意的事件。我不记得有哪家的小孩会像这家的孩子一样,虽然大人对他们交代的不多,他们却很少会制造麻烦。虽然他们总是待在母亲的身边,但人们几乎注意不到他们的存在。他们天真活泼、无忧无虑,从不胡搅蛮缠和狂暴,这正符合他们的年龄。人们会发现,他们在不知道谨慎为何物的时候就会表现得很谨慎。这让我想到很多,其中最令我惊讶的是,这一切好像都是自然而然产生的。朱莉对待孩子很温和，几乎不会跟孩子们计较什么。实际上，她从来都不强求孩子说话或者保持安静，也不命令或禁止他们做这样那样的事。她从来不和孩子们争论，也从不反对孩子们做游戏。可以这么说，她满足于看着他们并爱着他们，只要能跟孩子们在一起度过每一天，就尽到了她做母亲的全部责任。

尽管对我来说比起其他母亲的焦虑和操心，这样平静的心态更令人愉悦，但我还是感到很惊讶，也不赞同这种做法。尽管她有太多的理由这样做，但我宁愿她不要这样：母亲对孩子操再多的心也不为过啊。我愿意把我从孩子们身上看到的优点，全都归功于她的照料。我乐于看见孩子们更多地受到母亲的恩惠而不是自然的。我倒愿意看见孩子们有些缺点，这样我就可以看看她改正这些缺点的意愿如何。

就这样默默地思考良久之后，我和她分享了我的想法。我告诉她："我知道老天爷用孩子们的良好性格来回报母亲的品德，但是这种性格需要培养。在他们出生的时候，就应该开始对他们进行教育。如果从小就顺其自然地发展，到什么年龄你才希望他们表现得温顺一些呢？即使你没有什么东西可以教给他们，也要教他们顺从你。"她反问道："你看见他们不顺从我了吗？"我说："你没有要求他们做什么，他们当然不会不顺从了。"她望着她的丈夫微微一笑，然后牵着我的手，带我来到书房，在那里我们三个人的谈话就不会被孩子们听见。

在书房里她慢慢地向我解释了她教育孩子的原则。她说从表面上看她是忽视孩子的，但是其实她对孩子温和的同时也有着密切的关注。她说："我对早期教育的观点曾经和你一样。在头一次怀孕的时候，我为就要付出的责任和关爱而担心。我经常忧心忡忡地和德·伏尔玛尔先生谈论这些问题。他对孩子既有父爱的投入，也有像哲学家一般旁观的理智，还有什么指导比开明的观察更好呢？他和我对孩子抱有同样的期望，但他不局限于此，他更正了我的一些偏狭之见。他教会我怎样不用费太大的劲就获得更多的成就。他让我懂得最重要的教育，首先应是适合儿童的教育，而这一点却常常被大家忽视。那些自以为是的家长犯了一个共同的错误：他们以为刚出生的孩子就具有理性。在他们学会说话之前就把他们当作成人一样对待，与他们说话就像是成人与成人在说话。家长们以为他们可以将理性作为教育孩子的工具，要知道理性必须要靠其他工具的帮助才能形成，而且在人需要学习的所有领域中，理性恰恰是最晚获得的，也是要付出最大的努力才能获得的。如果从幼年开始就用一种他们无法理解的语言来和他们交流，那就会让孩子们满足于甚至习惯于说空话，而且要别人适应他这样的陋习。他们会对任何我们说的话进行质疑，认为他们要比自己的老师更加聪明，他们变得爱争论和反叛。总之，我们认为我们对孩子的要求是理性的，但事实上只是出于我们的害怕或者自负，而这正是需要我们用理性来加以控制的。"

"在这样的教育方式下，所有的耐心都会被消磨殆尽。家长们被孩子无休止的纠缠弄得烦躁泄气和恼怒，但这样的习惯正是家长们自己造成的。当家长们承受不了教育孩子的烦恼时，便不得不把孩子交给教师去教育，就好像教师自然要比家长更有耐心似的。"

朱莉接着说道："自然让孩子在成人之前保持儿童的样子。如果我们不遵守这种规律，那么我们最终得到的将是稚嫩而无滋味的早熟的果实，而且果实很快就会烂掉。我们将造就幼稚的专家和老成的儿童。童年时代有独特的看待事物、感受事物的方法，再也没有比用我们自己的方法去代替他们的更加荒谬的了。我宁愿一个10岁的儿童长到1.5米高，而不愿他有什么判断力。"

"理性总要等儿童生长几年后才开始发展，那时儿童的身体已经有了相应的发展。自然的意图是在理性发展之前，先让身体变得强壮。儿童总是好动的，安静和沉思不适合他们的年龄。案前久坐学习会阻碍他们的成长和发展。他们的身体和心理都无法忍受束缚。如果他们总是被关在屋子里学习，那么，他们将失去活力，变得柔弱无力和苍白愚笨，而不是富有理性。由于身体的衰弱，灵魂也将终生病态。"

"尽管这种早熟教育对儿童的判断力养成有好处，但是，如果不顾儿童天性的差异，不加区分地进行教育，那么其坏处是巨大的。人有共同的本性，但儿童出生之时就有各自不同的性情，这决定了他的才干和性格。我们不应改变和限制它，而应培养和完善它。按照德·伏尔玛尔先生的理解，孩子最初的本性都是良好的和健康的。他说自然本身并没有错误，所有我们归于自然本性的恶习其实都是错误教育的后果。经过正确的引导之后，恶习也能够转变为良好的品行。就像那些奇形怪状的图形，只要从合适的角度看，人们都可以发现它们的美丽和协调。"

"在宇宙中，万物都为着共同的福祉而协同运作。每个人都根据事物的秩序拥有自己的位置，关键是要找到自己的位置并维持这种秩序。如果我们不顾儿童心智的巨大差异，从儿童还在摇篮中开始就对他施予一成不变的教育，那么最终结果会怎么样呢？很明显，我们给予大多数儿童的都是不适当的教导，而真正适合他们的教育却被忽视了。我们处处与自然作对。我们阻碍高尚灵魂的发展，在本属于它的位置上放置了一个狭隘的虚幻不实的替代品。对于差异如此巨大的孩子，我们给予的训练却没有任何差别，都是为了完全一样的目的。在我们花费了大量精力来误导儿童之后，我们真正欣赏的来自自然禀赋的微弱光芒已变得晦暗，甚至转瞬即逝，不复存在。最后我们得到的回报就是，眼看着这些小天才变成一些毫无能力、毫无个性之人，只剩下可怜的软弱和无用。"

"我明白这些道理，"我对朱莉说，"但是我发现很难把这些原则与你的某些观点协调好。不管是出于儿童自己的快乐，还是出于社会的利益来发展他们的个体天赋，总是有好处的，那么先形成一个有理性、受人尊敬的完美模型是不是更好呢？然后就可以通过教育的力量，让孩子们无限地接近这个模型，即通过激励或抑制的方法，完善理性，最后改变天性。""改变天性！"伏尔玛尔打断了我的话，"说得不错，但是在这样阐述之前，你应该先对朱莉所说的话发表一下看法。"

我觉得最直接的回答就是，我不认同朱莉提出的原则。"你总是假定是自然造就了儿童心灵和才智的多样性，让他们各自不同，而且说这是显而易见的。但是，如果心灵是不一样的，那么它们就是不平等的了。而且要是自然让

附录三　卢梭的家庭教育思想——《新爱洛伊丝》节选

它们不平等，那么自然就必定会偏心，即赋予某些人更精确的感受力、更好的记忆力或者更强的专注力。感受力和记忆力在广度和完善程度上的巨大差异，并不是心智差异的表现，这已经为经验所证实。专注力则完全取决于鼓舞着我们的激情的力量。经验证明，所有人天生都容易受到强烈的激情的驱使而精神高度集中，如此显现出心智高人一等。"

"如果心智的多样性不是出于自然，那么就是出于教育的作用，即出于不同的思想情感。从婴儿时期开始，各种事物以及我们置身其中的环境，还有我们不断接受的外界印象，不断地激起我们各种各样的思想情感。因此，在我们还未来得及了解儿童的心智特点之前，我们就应该尽快让他们发展出通过教育来培养的心智特征。"

对此伏尔玛尔回应说，他不能因为我的解释就否认他所看到的。他说："请看院子里的那两只狗，它们是一胎所生，是用同样的方法喂养和照看的，彼此也未曾有过分别。然而它们其中一只活泼顽皮，聪慧而招人喜爱，另外一只却愚笨，性情乖戾，什么也学不会。它们唯一的差别就是秉性的不同，就像我们人类内部组织的差别导致了心智的不同。其他东西也是一样的。""一样吗？"我打断了他，"没有差别吗？有多少小事物只对某一个人起作用，环境中有多少小细节对儿童产生的影响是不同的，难道你没注意到这些吗？""很好，"他回答说，"你的这番推论很像占星家。当有人反对说两个人出生的时候情况是一样的，却有完全不一样的命运时，这些占星家都会直接否定这两个人的相同点，坚持认为由于宇宙的快速运行，导致两人之间本性的巨大差异。还说要是两个人的出生可以被记录下来，那么他的解释将得到证实。"

"让我们放下如此精细入微的讨论，先来进行观察。许多儿童在出生之时就已表现出自己不同的性格。儿童还处于哺乳期的时候，我们就可以对其加以研究了。不过他们是特殊的一类，他们从生命一开始就在学习了。但是对于那些发展得比较慢的儿童，在没有了解其心智特征的情况下，就试着去培养他们的心智，这样做有可能破坏自然赋予他们的良好品质，用不好的东西来取代自然的东西。您的导师柏拉图说，所有人类知识和哲学都可以从心灵里引出，因为自然早已把它们植入人的心灵了。他说这就像所有的化学操作都不能从化合物本身所含的黄金之外获得更多的黄金一样。我们的思想情感也许不是这样，但是对于产生这些思想情感的性格来说，情况就是这样的。要想改变心智，你必须改变它的内部组织；要想改变性格，你必须改变它所依附的禀性。你是否曾听说过一个鲁莽的人变得冷静，或者一个严谨的人变得充满幻想？在我看来这很不容易，就像把一个金发人的头发变成棕色，把一个傻子变成聪明人一样。所以妄想在共同的模型里重新塑造出各种不同的心智是徒劳的。你可以强迫它们，但你改变不了它们。你可以阻止人展现其自然本性，但是你不能把他变成另一种人。虽然在日常生活中他们伪装自己，但是在重要的时刻他们就会冲破限制而显露本色，他们知道这样做就可以不再受到限制。问题又回到了不要改变性格和扭曲自然的安排，而是要最大程度地促进它的发展，培养它并防止它退化。这样，个体就会得到最大程度的发展，自然的杰作就会因为教育的缘故而显现出来。不过，在培养性格之前，你必须研究这种性格，耐心地等待它展现出来，并为它的展现提供机会，永远不要鲁莽地做任何事情。对一种天赋，你要给予翱翔的翅膀，而对另一种天赋，你要给予的可能是束缚。有的人可能需要驱使，有的人可能需要抑制。有的人可能需要鼓励，有的人可能需要胁迫。有时你需要给予启示，有时你需要给予迷惑。有的人可以培养成研究高深学问的人，有的人甚至无须懂得阅读。让我们等候理性的第一次闪耀。正是理性使性格获得发展，并赋予它最真实的形式。我们也正是通过理性来培养儿童的性格，而当理性没有出现时，真正的教育是不可能发生的。"

"你不认同朱莉的教育准则，但我不知道你在这些准则中发现了什么相互矛盾之处。就我来说，我认为它们是高度一致的。每个人出生的时候都有自己独特的性格、天赋和才能。那些注定过乡村简朴生活的人，没有必要为自己的幸福而发展所有这些能力。他们埋藏起来的才能就像瓦莱的金矿一样，为了公众的利益而不被允许开发。但是生活在城市中，人们更加依赖头脑而不是双手。每个人都得对自己和别人负责，这样才能获得财富。要把自然赋予个体的所有才能都发展出来，要把这些才能引向最能发挥本领的地方，最重要的是要利用一切有利的条件来培养这些才能。在第一种情况下，重要的是集体，每个人的行为都要向集体靠拢，以模范为准绳，每个人加以开发利用的只不过是自身天赋中与集体共性的那一部分。在第二种情况下，个体总被这样鼓励：要让每一种胜过同伴的才能都得到发展。你要按照自然的引导促进他的发展。如果他具备这种天赋，那你会造就一个最伟大的人物。这些准则之间没有互相矛盾之处，都可以应用于早期教育。不要给予乡村的儿童任何一点教育，因为那不适合他们；也不要给予城市的儿童任何一点教育，因为你完全不知道什么教育适合他们。总之，要让身体生长直到理性开始展露，到那时才是进行教育的正确时刻。"

"在我看来，所有这些都很好，"我说，"只可惜我在其中发现了一个缺陷，这个缺陷能大大降低你对这种方法所抱有的期望。就是你让孩子们养成了很多坏习惯，且只有一种好习惯可以防止这些坏习惯。那些被放任自流的儿童很快就学会了他们看到的坏习性，因为这些坏习性很容易学会，而且他们从来不模仿好的行为，因为好的行为是不容易实践的。他们习惯于得到任何想要的东西，习惯于不分场合地轻狂。他们变得反叛、刚愎自用和不可一世。""但是，"德·伏尔玛尔先生打断了我，"我是这样认为的，你已经注意到我们的孩子与你所说的情况正好相反，正因如此我们才开始这场讨论。"我说："是的，我承认是这样的，这正是我感到惊讶的地方。德·伏尔玛尔夫人做了什么以至让他们这么温顺呢？她是怎么做到的？她用什么来代替了纪律的枷锁？""一个宽松得多的枷锁，"他马上就说，"仅仅是一个必要的枷锁而已。还是让她仔细描述她的做法吧，这样你就能更好地理解她的观念了。"然后他就请她向我解释她采用的方法。

稍稍停顿了一会儿以后，她大致说了这么些话："朋友，幸福就是生而良善。我不像德·伏尔玛尔先生那样对我们的努力有很多期待。不管他有怎样的原则，我都无法确信坏的品格能变好，也不认为每种自然倾向都可以往好的方向发展。不过，我相信他的方法是正确的。在管理家庭上我尽量让我的行为和他的方法保持一致。我的第一个期望就是我的孩子没有恶的本性，第二个期望是在孩子们父亲的指导下，我能尽最大的努力来培养他们，这样有一天他们也能幸运地成为如他们父亲那样的人。为此，我采纳了很多他向我提出的建议：不向孩子们提那些抽象的原则，而是给予他们更多的母爱。让孩子们都感到幸福，这是我心怀"母亲"这一甜蜜称谓时的最大心愿。我要用毕生的精力来实现它。当我第一次把我的大儿子抱在怀里的时候，我想，在他身体柔弱的年龄，自然在许多方面都限制着他，要是我们再剥夺他本就有限且谈不上泛滥的自由，用我们怪异的想法专横地为他增添新的限制，这是多么的无情啊！我决心尽可能免除我对他的限制，不阻止他身上任何自然的冲动，让他有限的力量得以尽情地施展。如此，我已经得到了两大益处：一是防止他幼小的心灵学会说谎、虚妄、愤怒和嫉妒等。有的人为了让儿童达到他们的要求，竟会让儿童染上这些恶习。二是让他按照自然本性的需要，进行持续的锻炼，这样他就可以茁壮地成长。让他像农夫一样，习惯于光着脑袋在太阳底下、在寒风里奔跑，跑到气喘吁吁、大汗淋漓。让他像农夫一样置身于大自然中，长得强壮，活得充实快乐，使自己能够经受风吹雨打。这是为成人期和突发事件所做的准备。我已经向你说过，我惧怕那种要命的优柔寡断，那会因为过分讲究和忧虑，让他变得柔弱娇气，为一种无止境的束缚所折磨，到最后人们保护了他一时，却使他终生都暴露于危险之中。我绝不会为了治疗他童年时的小感冒，而使他在成年时死于肺炎、胸膜炎和中暑。"

"你刚才提到那些放任自流的儿童，说他们总会染上许多坏毛病。他们不满足于我行我素，还要把自己的意愿强加于人。这些都要归咎于母亲愚蠢的纵容，她们唯一的骄傲就是满足孩子一切任性的要求。朋友，你并没有在我身上发现一丁点儿对孩子的支配和权威主义，甚至对家仆也没有。你也没有看见我因为虚假的奉承而暗暗高兴。我相信我选择了一条新的、可靠的途径去教育孩子，让他变得自由、有耐心、情感丰富且温顺。这些都是通过简单的方式达到的，就是让他明白，他只是一个孩子而已。"

"想想儿童本身，地球上还有比他们更弱小、更可怜、更值得关爱和保护的生物吗？正是因为这样，大自然才把啼哭赋予他们——作为出生后最先发出的声音。她赋予他们如此甜美的外表和打动人心的气质，以至所有接近他们的人都关心他们的柔弱，急切地要去照顾他们。一个孩子专横、叛逆，向他身边的人发号施令，对只要不管他就能置他于死地的人粗鲁地使用主人的口吻，盲目的父母准许了这种胆大妄为，把孩子养成乳母的暴君，最后又成为他们的暴君。还有什么比看到这种情况更令人惊讶，更违背常理的呢？"

"对我而言，我不必担心儿子会产生专横和奴役别人的危险观念，也不会让他有理由认为他得到的帮助是别人出于义务而非关心向他提供的。在所有教育中，这一点也许是最难的，也是最重要的。儿童有区分家庭雇工照顾和母亲温柔服侍的本能，为了防止他过早出现这种本能，我必须采取许多预防措施。"

"正如我之前告诉你的，我采取的主要方法之一就是让他彻底明白，在他这么小的年龄，没有我们的帮助他是无法生存的。剩下的事情就容易多了。要让他明白，我们从别人那里获得的所有帮助，都属于我们的依赖行为。就他离不开佣人的照顾而又不能提供任何回报而言，家庭佣人对他有某种优越性，所以他会带着谦卑去接受别人的帮助。这其中并不会产生任何虚荣心。他会明白自己的弱小，然后迫不及待地要长大，以使自己享有成为自食其力者的荣耀。"

我说："这些理念很难在父母本身像孩子似的需要别人服侍的家庭中得以实施。但在你们家里，从你开始的每一个人都有自己要做的工作。主人和仆人的关系永远都是互相帮助和关心。我不认为这些理念是不可能实施的，但我依然顾虑的是，对那些习惯于自己所需被别人提前准备好的孩子，如何让他们不得寸进尺地提出各种过分的要求呢？如果一个仆人把孩子的合理要求当作胡搅蛮缠，那么孩子如何才能不受仆人的失礼对待呢？"

"我的朋友，"德·伏尔玛尔夫人说，"一个愚昧的母亲会在每件事上都自找麻烦。和大人一样，孩子正当的需要总是有限的。我们必须关心孩子持久的幸福，而不是那种一时的快乐。你难道认为，一个无拘无束的孩子会在母亲眼皮底下受到佣人无礼行为的束缚吗？你假定以前的缺点总会导致新的缺点，但是你没有想到我的努力正是要阻止恶习的养成。女人天生就爱孩子。只有当其中一方希望另一方屈从自己的过分要求时，孩子和仆人之间才会起冲突。但现在不会出现这种情况,不管是我们对其没有要求的孩子,还是孩子对其没有要求的仆人,他们都不会这样。在这方面我的做法与其他母亲的做法正好相反。她们表面上希望孩子听从仆人,事实上却希望仆人听从孩子。在这里既没有人下命令,也没有人屈从。他知道他不能要挟身边的人听从他的号令,而是要通过和善来换取别人的信任。这使他变得温顺和善。要想赢得别人的真心,他就必须对别人报以真心。要想得到别人的真爱,他就必须付出自己的真爱。正是在平等的基础上产生的互惠的情感,使那种我们无休止地唠叨也未能产生的优良品质,不费吹灰之力就获得了。"

"在我看来,儿童教育的精要在于,让儿童确切地理解他的苦楚、虚弱和对他人的依赖,还有如我丈夫所说的,让他感受自然加之于人的、必要的、沉重的负担。这样做不仅是为了让他知道我们为减轻他的负担所做的努力,更重要的是为了使他及早知道在命运的安排下他所处的生活地位。这样他就不会超过自己能力的边界,就不会对为人之道感到陌生。"

"儿童从出生开始就生长在慵懒的环境里,每个人都对他顺从有加,任何想要的东西他都会轻易得到,这样他就会认为每个人都必须遵从他的要求。所以年轻人都带着极大的偏见进入这个世界,通常只有受到羞辱、反抗和失望的打击之后才能加以克服。现在,我宁愿告诉他对事物更正确的看法,以免他日后接受这种挫败的反面教育。起初,我决定满足他所有的要求,因为我认为自然的原始冲动总是好的和有益的。但很快我发现,如果他以为自己有使唤别人的权利,那么他从出生开始就会慢慢脱离自然状态,而且会习得我们身上的毛病,跟着我们变得轻率起来。我发现如果总是满足他所有的无理要求,那么,他的要求将会越来越多。这样总有一天我需要停止溺爱,那时被拒绝对他来说,就是一种巨大的痛苦,因为他根本不习惯被拒绝。在等待理性到来之前,我无法让他免受一切痛苦,我只能希望他承受的痛苦少一些和快些过去。所以在我开始让他适应被拒绝时,他能够发现被拒绝并不是很残酷。为了让他免于长久的失望、痛哭和反叛,我不会改变每一个拒绝。我的确会尽可能少地拒绝他,而且我在决定要不要拒绝他时都很慎重。任何我给予他的,都是在他提出

附录三 卢梭的家庭教育思想——《新爱洛伊丝》节选

要求时我无条件地给予的,在这方面我很宽大仁慈。但是他从来没有因为无理纠缠而获得什么,眼泪和好话都同样不起作用。这样他就知道不该再使用这些招数。从他接受第一句话开始,他就不会因为看见我们把他爱吃的一袋糖果收起来而感到难过,就像看见一只他本想抓住的小鸟飞走了一样,因为他知道这些都是不可能得到的。如果我们把一些东西从他那里收起来,他只会认为那是他不能保留的。如果我们拒绝给他什么东西,他只会认为那是他不能得到的。他不会想到与拒绝他的人进行斗争,就像他不会想要去拍打桌子一样,因为那样做只会弄伤自己。在所有挫伤他的东西中,他感觉到的只是法则的威严,因为受挫败是由于他的柔弱,而不是别人恶意希望的结果……"再稍等一下,"看见我要做回应,她坚定地说,"我知道你会反驳,我现在就要谈到这些方面了。"

"助长孩子不断吵闹的原因是我们对他们的关注,或是迁就他们或是与他们进行抗争。有时候让他们哭上一整天,便足以让他们知道我们不希望他们哭泣。不管我们采取哄他们还是威胁他们的办法来让他们停止哭泣,这样做都是有害且无效的。只要我们在意他们的哭泣,那么实际上就给了他们足够的理由继续哭下去。但是,当他们看见我们根本不在乎时,他们就会马上不哭了,因为不管是大人还是小孩,都没有人愿意承受不必要的痛苦。这正是在我大儿子身上发生的事情。开始他是个弄得所有人都心烦意乱的小哭泣鬼,现在他不会再哭泣了,就是哭也只是一个人偷偷地在房间里哭。他疼的时候还是会哭,但那是再自然不过的了,一定不能对此加以制止。他只要一不疼就马上停止哭了。所以他哭的时候我会十分关心,因为我很清楚他并不会随意掉眼泪。这样我就能及时知道他什么时候感到难过,什么时候并不感到难过,什么时候身体健康,什么时候生了病。那些只是为了得到安慰而任性哭泣的孩子,他们的父母就不会有这样了解孩子的机会。顺便说一下,我承认看护孩子的佣人和家庭教师并不容易体会到这一点,因为没有什么比总是听到一个孩子哭叫更让人心烦的了。由于他们总是自然地关注眼下这一刻,所以他们不会想到今天让孩子安静下来了,负出的代价却是明天他们哭得更加厉害。最糟糕的是,不合时宜地纵容会让他在长大后变得顽固起来。同样一件事情,在 3 岁的时候会让他哭泣,在 12 岁的时候会让他变得叛逆,在 20 岁的时候会让他变得爱争吵,在 30 岁的时候则让他变得专横,从而使他的一生都变得让人难以忍受。"

"现在我来谈谈你的反驳意见,"她微笑着说,"从任何我们答应儿童的事情中,他们很容易看到我们有顺应他们的意愿。从任何我们要求他们做或者不让他们做的事情中,不用询问他们也知道大人这样做是有理由的。这就是在必要的时候表现得专断一些,而不是试着说服他们的另一个好处。因为他们有时会看出人们拒绝的理由,于是在不知道理由的时候,也会假定那么做是有道理的。相反,一旦你把事情交给他们去判断,他们就会擅自判断每件事情。他们就会变得诡辩、狡猾和善于吹毛求疵,总想找机会让那些不善表达的人沦落到无言以对的境地。当有人向他们说明那些他们不能理解的事情时,他们就会把你讲的话当作耳边风。总之,让他们顺从理性的唯一办法不是跟他们说理,而是让他们完全明白他们在这个年龄是没有理性的。这样,他们就会认为事情本该如此,除非别人有充分的理由让他们不这样去想。当他们认为我们爱他们时,就不会认为我们想要他们受折磨,这一点孩子通常都不会弄错。因此,当我拒绝孩子时,我都不会与他们争论。我不告诉他们为什么我要拒绝,我只是尽可能地通过我的行为来让他们知道为什么。通过这种方式,他们会知道我从来不会无理地拒绝他们,虽然他们不知道我的理由是什么。"

"基于同样的道理,我从来不允许我的孩子参与大人们的谈话。因为当他们轻率地胡乱插嘴却被容忍时,他们就会愚蠢地认为他们可以跟别人平起平坐了。我的意思是当有人问他们什么事情时,他们能简单谦虚地回答就好,但不要主动讲,更不要擅自插话——无礼地向那些他应该尊敬的年长者提问。"

"说真的,朱莉,"我打断她的话,"对一个如此温柔的母亲来说,这种方法是非常严厉的。塔高尔对自己的弟子也没有你对自己的孩子这样严厉。你不仅没把他们当作成人看待,有人甚至会说你担心他们过早地长大成人。当他们搞不懂一些问题时,还有比向懂事的人询问更确定也更合适的办法吗?那些巴黎的夫人们该怎么看待你教育孩子的准则呢?她们甚至以为自己的孩子说话还不够早,她们甚至从小孩子说出的荒唐话语中,揣测孩子长大后的才智如何。伏尔玛尔也许会告诉我,在一个以善于言辞为主要美德的国度,只要口齿伶俐就无须进行思考。然而你希望孩子拥有快乐的未来,可是你怎么协调这种快乐和限制呢?你限制了孩子之后留给他们的自由又是什么样的呢?"

"你难道认为,"她立即回应我说,"防止他们侵犯我们的自由,就是对他们自由的限制吗?难道你认为只有整个家庭都默默地欣赏他们幼稚的胡言乱语,他们才能感到快乐吗?我们要防止他们产生虚荣心,或者至少要阻止其发展,这样才真正有利于他们的幸福。因为虚荣心是痛苦的最大根源,而且没有人如此完美、如此值得赞誉,以至虚荣心给他带来的快乐会多过痛苦。"

"如果一个孩子看见周围所有明智的人都在倾听他,鼓励他说下去,赞许他,带着奉承之心热切地期望从他嘴里说出什么箴言,然后对他那只是粗糙的话语欢呼雀跃,那么他该怎么看待自己呢?要防止这样荒谬的赞美俘获自己的虚荣心,对那些大人来说都很难,想想这会对孩子产生什么影响吧!孩子的胡言乱语像天文历书一样,如果在如此多的空话里,不会偶然碰到一句话变成事实,那倒是一个奇迹。"

"试想一下,对一个内心受到蒙骗的可怜母亲来说,对一个都不知道自己所说的话是什么意思的儿童来说,这样的奉承会产生怎样的影响呢?不要以为揭发这种错误就能让我对它产生免疫力。不会的,尽管我知道这是错误的,但我也会深陷其中。即使我称赞我儿子的反应,我也是悄悄地称赞,不让他看到,这样他就不会变成夸夸其谈的人了。"

"有一天家里来了客人。我交代完一些事情回来后,看见四五个傻乎乎的家伙正在跟我的孩子一起玩耍。他们把刚刚听到的无数阿谀奉承的话大肆地对我宣讲,好像他们对这种话充满惊喜。'先生们',我冷冷地对他们说,'我知道你们有叫木偶讲很有趣的故事的能力,但是我希望我的孩子有一天能够成为大人,能够像一个大人那样说话和做事,那样我就会衷心欣赏他们说的和做的所有美好的事情。'人们看到这样的讨好之举不起作用,就会像对待孩子一样和我的孩子玩耍,而不是把他们当作牵线木偶。从那以后再没有人奉承他们了,他们也有明显的进步了。"

"至于向大人提问,我并不禁止他们提出任何问题。我最先告诉他们,无论想知道什么,都要私下里悄悄地向他们的父亲或者我提问。但我不会让他们在大人们严肃的讨论中直接插嘴,使大家的注意力转移到他们古怪的念头上。提问的艺术并不像人们想象的那样简单:在这方面,老师往往比学生做得要好。因为一个人需要学习很多事情,才知道如何正确地询问那些未知的事情。印度有句谚语说,智者不仅有学问,而且懂得如何询问。一个无知的人甚至不知道该询问什么。因为缺少必要的知识,无人指导的孩子几乎总是问一些愚蠢的问题。他们的问题要么漫无目的,要么太过深奥而难以回答,即便回答了他们也难以理解。既然他们并不需要知道一切,让他们无权质问一切就变得十分重要。这就是通常他们从我们提出的问题而不是他们自己问的问题中能够学到更多知识的原因。"

"既然提问这个方法像人们认为的那样有益于他们,那么,他们首先应该学习的最重要的学问便是谨慎和谦虚。难道还有其他优点是需要以谨慎和谦虚为代价来换取的吗?在孩子学会表达之前,就让他们说个不停,并且冒失地向大人问这问那,这样会对孩子产生什么影响呢?有些爱问问题的小家伙缠着大人不放并不是为了学习,而是为了催促别人,为了吸引别人的注意力。当他们粗鲁的问题把别人弄得尴尬的时候,他们甚至会从中得到乐趣,以致当他们开口说话的时候,每个人都不会感到轻松。这并不是教育他们的好方法,因为这会让他们变得糊涂和浮夸。因为这样做虽然无知会一点一点地减少,但虚荣心会逐渐增加。

"如果我长时间地限制他们提问,可能导致的最严重的后果是:到了具备理性的年龄,我儿子说话不那么流利,他的言辞不那么有活力,不那么丰富。不过,考虑到把时间用来说无意义的事的习惯会使他的心灵变得狭隘,我倒愿意把这种语言上的贫乏看成好事而不是什么坏事。人类社会有更崇高的追求,而且真正的快乐要充实得多。口是人用来说真话的器官,是人最有价值的器官。正是这个器官的使用才使人区别于其他动物。当他只是为了说空话而说话的时候，他还不如动物呢。即使在消遣的时候，人也必须表现得像个人一样。如果用无聊的话语来扰乱别人有什么礼貌可言的话，对我来说让别人优先说话则要更礼貌，这样做能显示我们在很认真地思考他们所说的话。这样他们就不会认为我们是在用自己的无聊来取悦他们。不要害怕一个智慧的人因为自觉地不说话就被当作傻子。在任何一个国家，一个人不可能因为自己没有说话而被起诉，也不会因为保持安静而被蔑视。相反，我们通常发现当我们和沉静的人说话时，我们会留意自己的话，他们说话的时候我们也会很认真地倾听，这样我们就不会忽视他们所说的话。即使是最有智慧的人在长篇大论中也难以保证不会说错话，也难以保证说出的每一句话都是他以后不会后悔的。所以有智慧的人宁愿不说好话，也不会冒险去说一句不好的话。总之，如果不是为了寻求智慧，他就可以保持沉默。"

"但是一个人在6岁时和在20岁时的差异是很大的。我的儿子不会永远都是一个孩子。当他的理性开始显现的时候，他父亲的意愿是让他的理性得到发挥。对我来说，我的使命到那天就将完成。我负责养育孩子，并不想把他们培养为成人。"她看了看自己的丈夫说："我希望更有资格的人来接管这项崇高的任务。我是一个女人和一个母亲，我知道怎样尽我的职责。重申一下，我所承担的任务不是教育我的孩子，而是让他们做好受教育的准备。"

"即使在这个问题上，我也只是按照德·伏尔玛尔先生的方法一步一步去做。而且我越深入，我就越觉得他的教育理念是多么优秀和正确，是多么适合我。想想我的孩子，尤其是我的女儿。你还见过世上有比她更幸福、更快乐和更招人喜爱的孩子吗？你看，他们跳啊笑啊，整天四处跑却没有烦扰过谁。无论我在不在场，他们都不会感到不自在。甚至我在场的时候，他们会更有信心。虽然是我让他们受到限制，但是他们并不觉得我很严厉。因为如果他们不把我当作他们在这世上最爱的人，我一定会感到非常难过。"

"我要求他们遵守的唯一规则是自由本身的规则，就是别人不打扰他们，他们也不要妨碍别人。大人说话时他们不能大喊大叫。我们不要求他们关心我们，同时也不希望他们过分要求我们关心他们。当他们违反了规则时，对他们的惩罚只是把他们赶走。而要保证他们把被赶走当作受惩罚,我唯一的策略就是让他们觉得在我身边比在其他地方都好。此外,他们不受任何限制,我们从不强迫他们去学习某种东西。我们也不会徒劳地纠正他们。我们从不责怪他们,他们所接受的唯一教育是纯朴的自然给予的教育。用这种方法教育的每个人都如我所愿地养成了同心同德和勤勉的品格。如果有什么错误出现,我很容易就能加以防范或者纠正。"

"例如昨天,哥哥抢了弟弟的鼓,还把弟弟弄哭了。开始方勋什么也没说,但一个小时后,当他正玩得起劲的时候,姐姐把鼓抢了回来。他到处追她,带着哭腔要她把鼓还给他。她对他说:'你从弟弟那里强行把鼓抢走了,我用同样的方式把鼓抢了过来,你还有什么好抱怨的呢?难道我的力气不比你更大吗?'然后她学着他的方式打起鼓来,好像这很好玩似的。到这时为止,一切都做得不错。但过了一会儿,她要把鼓还给弟弟,这时我阻止了她。因为这已经不再是自然的教育了,两兄弟之间可能会因此萌生出一颗嫉妒的种子。因为失去了鼓,弟弟忍受了严厉的需要法则,哥哥认识到了自己的不公正,两人都意识到了自己的弱点,不一会儿就都感到心安理得了。"

开始的时候,这样一个新奇的、不同于大众观点的计划让我感到很忧虑。在向我做了很多解释后,他们终于把我变成了这一计划的赞赏者。我也认为,要引导一个人,自然的方法总是最好的。我发现这个方法的唯一缺点,而且我认为这个缺点很严重,那便是忽视了儿童已经发育成熟的能力,而这种能力会随着儿童年龄的增长逐渐减弱。我认为就儿童的整体水平来说,理解力越是不足和欠缺,就越需要练习和提升记忆力,这样才能适应这一阶段对儿童的培养。我说:"在理性显现之前,记忆力给予了很好的弥补。人的头脑如果不加训练,就会因为缺少活动而变得迟钝和呆滞。种子是不会在一片胡乱准备的土地上发芽的。想要通过学习变得理性,在开始时却先把他们变得愚蠢,这实在是一个奇怪的方法。""那怎么是愚蠢!"德·伏尔玛尔夫人马上叫起来,"你是不是把记忆与判断这两种极为不同的甚至相反的品质混淆了呢?这就好像把那些消化不良的和不相干的事情塞满未成熟的小脑袋,对于理智不是坏处多于好处吗？我承认，在所有的能力中，记忆力是孩子最早发展且最容易培养的。但是，按照你的观点，是应该优先教他们最容易学的呢，还是应该优先教他们最应当知道的呢？"

"想想人们是怎样利用记忆力的！为了让他们能够炫耀他们的记忆力，人们不惜使用强迫的手段。比较一下他们从中得到的好处，与他们被迫承受的痛苦，孰大孰小呢？什么！还要强迫一个孩子去学习他永远也用不到的外语，甚至在他还没学会母语之前就去学外语。让他不断地练习和分析那些他不理解的诗句，弄得他以为诗的韵律只不过在于用手指计算音节。或者用那些他没有一点概念的圆圈和球形来搅乱他的头脑，用那些成百上千的城市和河流的名称来困扰他，让他总是混淆不清。每天都要重新开始学习。这对他的判断力的养成有好处吗？所有这些无聊的学习真的值得他为此所流下的一滴眼泪吗？要是所有这些不过是无用的东西，那我还不至如此抱怨。比这更糟糕的是，教孩子满足于空乏的词汇，让他满以为自己已经知道了那些他不能理解的东西，这样的教育就不只是无用了。这样一大堆无用的东西难道不会歪曲人一开始就形成的观念吗？牺牲那些必备的知识，代之以这些混乱的知识，那还不如没有记忆力。"

"虽然自然让儿童的头脑有很强的接受力，以便他们适于接受各种印象，但这不是为了让我们在上面刻下国王的名字、各种日期，以及像纹章、球体、地理等这样的术语。对他们这个年龄的孩子来说，这些词汇毫无意义，或者对他们的一生都没有什么实际意义，而他们的童年却因此而变得了无生机。儿童的接受力应该用来接受那些与人的状况有关的、能影响他幸福的、启迪他责任感的思想，这些思想应当不可磨灭地印刻在儿童的头脑里，帮助他用一种有利于自己和自身能力的方式来驾驭一生的行为。"

"即使不从书本中学习，也不意味着儿童的记忆力就处于闲置状态。所有他看见的和听到的东西都刺激着他，他也会记住这些东西。他会记下人的言行。他周围的一切都是一本书。他可以不费力地用来丰富自己的记忆，等到他有判断力的时候就可以加以利用。培养孩子能力的最佳方法在于选择事物，要注意不断向他呈现他必须知道的事物，并将他不该知道的事物隐藏起来。我们应该借此为儿童建立一个知识库，以利于他年轻时接受教育，并成为指导他终生行动的依据。确实，这种方法既没有创造年轻的奇才，也没有让教师有炫耀的机会，但是它造就了身心都健康的人。虽然这样的人在年轻的时候没有受到人们的夸赞，但他们长大后受人尊敬。"

"尽管如此，"朱莉继续说，"也不要认为我们完全忽视了你关心的问题。一个细心的母亲能够掌握孩子的思想状况。有很多方法可以刺激和培养他们学习或者做某件事情的欲望。只要这些方法与孩子们享有的充分自由不冲突，并且不会在他们心里留下坏毛病的种子，我都会大胆地使用它们。如果它们不能带来成功，我也不会一味地坚持。虽然孩子有很多时间去学习，但是培养他们自然形成的性情是一刻也不能耽误的。而且对理性最初的发展，德·伏尔玛尔先生有这样的观点，他坚持只要儿子在 15 岁的时候受到的教育不比别人少，那么哪怕在 12 岁的时候他什么也不知道也是可以接受的，更不要说没有学会那些不值得学习的东西了。他们接受的教育应该利于理性的发展和良好行为习惯的养成。"

"你知道我们的大儿子已经可以独立阅读了。他阅读的兴趣是这样养成的：我曾计划时不时地给他读一些拉·封丹的寓言故事以供他消遣。事实上，我也给他念了一些寓言。有一天，他问我乌鸦会不会说话。我马上意识到让他弄明白寓言故事与谎言的区别是很难的。我尽力克服这个困难。寓言确实是写给成人看的，而对于小孩子，我们必须讲平常的大实话。我放弃了拉·封丹的寓言，改读一本有趣并有教育意义的短篇故事集——其中大部分是从《圣经》中摘选的。看到孩子对我的小故事产生了浓厚的兴趣，我便设想为他编一些更有用的书，于是，我写下一些有趣的故事，然后在讲的时候按照临场需要做及时的调整。我把它们抄写在一本有精美插图的书上，然后小心地保管着。我不时地给他读几个书上的故事，但每次都不会读很久，而且在开始一个新故事之前，我经常带着评论重复同一个老故事。无所事事的孩子会感到无聊，小故事就权当他的消遣了。不过，看他如饥似渴、专心致志地倾听着，有时我会说有

附录三　卢梭的家庭教育思想——《新爱洛伊丝》节选

一些事情要去交代一下,然后就会在讲到最精彩的地方离开他,并且不经意地把书留在那里。他马上就会去请家庭教师、方勋或者别的人为他把余下的部分讲完。但是,他没有权利命令任何人,而且我向所有人都交代过,让他们不要总是听他的,这样有的人会拒绝他,有的人有其他事情要做,有的人又讲得太慢或者不好,还有的人像我一样讲到一半就走了。当看到他因为总要依赖别人才能听故事而烦恼时,有人就悄悄地建议他自己学习阅读,这样就可以摆脱对别人的依赖,有空的时候就可以自己阅读了。这个建议对他很有吸引力。我们需要找到一个愿意给他上课的人,但这是个新的困难。尽管我们这样诱导他,但他还是有三四次对阅读表示了厌倦。对此我没有过多干涉,而是把故事写得更加有趣,这样他又对阅读产生了极大的热情。自从他开始热切地学习阅读,不到6个月他就能自己阅读完整本书了。"

"我差不多就是用这种方法来激发他的热情和意愿,让他去学习那些适合他年龄的科目。尽管他在学习阅读,但他真正学到的东西并不是来自书本。从书本中学不到什么,而且啃书本的方式也不适合孩子。我希望他能尽早习惯于学习那些能充实头脑的知识,而不是一些空洞的词汇。正因为如此,我从来不让他死记硬背地学习。"

"从来都没有吗?"我打断了她,"那太绝对了吧,他自然还是需要知道他的教义课和祈祷课的。""你错了,"她回答说,"每天早上和晚上,我都会在孩子们的房间里大声地、虔诚地做祷告,这样不需要我们强求,他们就自然地学会祈祷了。对于教义,他们不知道它是什么。""什么!朱莉,你的孩子不学习教义课吗?""是的,朋友,我的孩子不学习教义课。""什么!"我吃惊地说,"一个如此虔诚的母亲怎么会……我完全不明白。那为什么你的孩子不学习教义课呢?""这样将来有一天他们会相信教义,"她说,"我的意思是要他们有一天成为基督徒。""哦,我明白了!"我叫了出来,"你不希望他们的信仰只停留在口头上,也不希望他们只是学习他们的宗教而已,而是要去相信他们的宗教,而且你认为让一个人去相信他所不理解的事情是不可能的。""你的阐释很准确。"德·伏尔玛尔先生笑着对我说,"难道你是在机缘巧合之下才成了基督徒的？""我努力成为基督徒，"我坚定地对他说，"宗教中我能理解的一切我都相信，对于余下不理解的部分我给予尊重而不反对。"朱莉向我做了个手势表示认同，然后继续我们讨论的话题。

我们谈论了其他一些细节，从中我感受到朱莉作为一个母亲对孩子的爱是多么的细致入微、持久和具有远见。之后，她总结道，通过观察她发现，她的方法正好与她为自己确立的两个目标一致，那就是既让孩子的自然本性得到发展，又研究孩子的自然本性。"孩子的天性不会受到限制，"她说，"我也不会滥用他们的自由。他们的性格既不会受到腐化，也不会受到限制。我不会阻碍他们身体的生长，也不会妨碍他们判断力的萌生。他们的心灵不会被塑造成奴隶，别人的赞誉也不会激起他们的虚荣心。他们既不会把自己看作强势的人，也不会把自己看作拴着链条的动物。他们是自由快乐的儿童。为了防止他们沾染他们没有的那些恶习，在我看来，与他们不能理解的或者马上就会感到疲倦的谈话相比，他们需要一种更强有力的预防办法，那就是：围绕着他们的、一切好的风气和榜样。例如，他们听到的不刻意修饰的、自然而然的谈话。他们观察到的平静和友谊。他们看到的人际关系的和睦以及个人言行的和谐。他们在这样的氛围中成长，怎么会染上他们从未见过的恶习呢？怎么会产生他们从未体会过的激动情绪呢？又怎么会产生从未有过的偏见呢？如你所见，他们不会犯什么错误，也不会表现出任何坏的习性。他们虽然无知，但并不愚蠢；他们虽有欲望，但不会固执己见。一切事情都已向我表明，我们所责备的孩子身上的错误，不是自然造成的，而是我们自己造成的。"

"所以留在他们心里的倾向是自然的，没有任何事物掩饰它和腐蚀它。我们的孩子没有受到外在的或人为的限制，而是保持着他们的天性。所以每天在我们眼前自由成长的正是这原初的性格。我们可以研究这种天性的活动，也可以探讨它们最神秘的源头。孩子们肯定不会受到告诫或者惩罚，所以他们既不知道如何撒谎，也不知道如何隐藏自己的想法。无论是在他们的谈话中，还是在他们与我们的谈话中，他们总是坦然地向我们展露出来，让人看到他们内心深处的想法。他们之间可以不受限制地说上一天。在我们面前他们一刻也没有感到过尴尬。我们从来不纠正他们，也不要求他们保持安静。要是他们说了最不得体的话，我也会装作什么都没有听到。事实上，我很认真地倾听他们，只是他们没有察觉罢了。我精确地记录了他们的言行，它们是我们耕耘的土地上结出的自然的果实。从他们口中说出的一句恶毒的话，便是一株种在他们心中的由风吹来的种子所长成的外来植物。如果我用责备将它砍除，很快它就又会发芽。如果我耐心地寻找它的根须，然后就可以小心地把它拔除了。我只是园丁的仆人而已。"她笑着对我说，"我负责除草，除去有害的植物，然后将种植花朵留给园丁去完成。"

"必须承认，要获得成功，除了我的努力之外，还必须有很好的协助。而我得到的帮助来自环境中各种因素的综合，这是别的地方所不可比拟的。这需要有一个开明的父亲能够从已经存在的偏见中，找出从孩子出生起就开始教导孩子的方法。他应该有足够的耐心来实施他的教育，从不会让自己不当的行为与教育存在自相矛盾之处。这需要孩子出生时有很好的天赋，自然在他身上已经做了足够的工作，以至我们只需要欣赏自然的手艺就够了。这需要我们身边有聪明善良的佣人。他们不会与主人的观念相违，要知道一个粗暴的或者一个阿谀奉承的佣人就足以毁掉这一切。想想有多少外在的因素可以破坏最美好的设想、破坏最精细周全的计划。我们应当感谢命运让自己做了许多好事，也不得不承认我们智慧的行为在很大程度上依赖于幸福的家庭。"

"那不如说，幸福的家庭更依赖于智慧的行为，"我脱口而出，"你没看到，那些让你如此快乐的事情正是你所做的事情，还有那些生活在你身边的人也不自觉地表现得像你一样吗？母亲们，当你们抱怨自己没有得到帮助的时候，你们都没有意识到自己的强大力量！成为你应该成为的那样吧，这样你将克服一切障碍。如果你尽到自己的所有职责，那么所有的人也将在你的影响下，尽到他们的职责。难道你的职责不是自然赋予的吗？尽管有人散布邪恶的说法，但你们的职责应当永远都受人尊敬。努力做一个称职的妻子和母亲吧，世上最温柔的权威同样也是最受人尊敬的！"

在我们谈话的最后，朱莉提到自从昂利爱特出生以后，所有的事情都变得容易了。她说："当然，如果我愿意让他们两兄弟互相竞争，那么我就不需要这么操心。但是，在我看来采用这种方法是危险的。我宁愿花更多的心思去做更多的事，也不愿有任何冒险之举。昂利爱特可以发挥一些作用。因为她和他们的性别不同，又是他们的姐姐，而且他们两个都很爱她。她也有超出自身年龄的聪明才智。我让她做他们的第一任家庭教师。他们越听她的话，这样的安排就越能获得成功。"

"对她的教育则是我的工作，不过那是极为不同的教育，需要我们另做讨论。至少我可以预言，在她身上，我们将很难为自然的杰作增添光彩。她会像她的母亲一样出色。如果还有谁能比得上她的母亲，那一定就是她。"

万千教育图书目录

代号	书目	著、译者	定价(元)
教育经典名著丛书			
J1327	教育的目的（汉英双语版）	（英）怀特海 著 靳玉乐 刘富利 译	48.00
J1302	儿童教育心理学	（奥）阿德勒 著 杨韶刚 译	35.00
J1273	爱弥儿（精选本）	（法）卢梭 著 檀传宝 等 译	48.00
J1155	民主主义与教育（英文版）	（美）John Dewey 著	68.00
J1060	民主主义与教育（中文版）	（美）杜威 著 陶志琼 译	42.00
J1118	课程与教学的基本原理（英汉对照版）	（美）泰勒 著 罗康 张阅 译	42.00
教育经典名著丛书合计			**283.00**
班主任专业发展丛书			
J1304	好班是怎样炼成的 ——小学班主任班级建设之道	谢云 主编	40.00
J1349	好班是怎样炼成的 ——中学班主任班级建设之道	谢云 主编	38.00
J1311	班主任如何破解德育低效难题	赵坡 著	35.00
J1341	正思维、正能量和正教育 ——魅力班主任的幸福教育生活	钱碧玉 著	36.00
J1230	如何上好班级心理辅导活动课 ——钟志农答疑50问	钟志农 著	42.00
J1201	德育主任新方略（《中小学德育主任工作指导手册》修订版）	丁如许 著	32.00
J1037	初中主题班会设计技巧与优秀案例	郑学志 主编	34.00

编号	书名	作者	定价
J1036	高中主题班会设计技巧与优秀案例	郑学志 主编	32.00
J1039	中职主题班会设计技巧与优秀案例	李迪 著	35.00
J1205	缔造完美教室 ——小学班本课程的开发与实践	李亚敏 刘娟 著	39.00
J1082	打造小学卓越班级的38个策略	许丹红 著	30.00
J1102	打造初中卓越班级的40个策略	刘令军 著	32.00
J1101	打造高中卓越班级的42个策略	覃丽兰 著	38.00
J1225	打造中职卓越班级的41个策略	李迪 著	32.00
J1178	小学家校沟通的艺术	王怀玉 著	35.00
J1083	接手新班	郭学萍 著	38.00
J1049	今天怎样爱学生——师爱的智慧与艺术	陈晓华 著	28.00
J1044	班主任，青春万岁——王君带班之道	王君 著	34.00
J986	做学生最好的"心理营养师"	梁岗 彭玉华 著	35.00
J967	班主任如何带好差班	赵坡 著	30.00
J917	班主任工作中的心理效应	刘儒德 主编	35.00
J728	把班级还给学生 ——班集体建设与管理的创新艺术	郑立平 著	26.00
J729	班主任工作的55个"鬼点子"	刘坚新 等 编著	26.00
J727	德育智慧源何处 ——心灵感悟德育经典案例	张万祥 编著	25.00
J732	魅力班会是怎样炼成的	杨兵 著	25.00
J730	与学生家长"过招" ——班主任的家长工作艺术和技巧	郑学志 著	26.00
J731	遭遇问题学生 ——问题学生的教育与转化技巧	万玮 编著	25.00

……
欲了解更多图书信息，请登录：www.wqedu.com
联系地址：北京市朝内大街188号D座902室　万千教育（邮编：100010）
咨询电话：400-698-1619，010-65125990　传真：010-65262933

*本目录定价如有错误或变动，以实际出书为准。